음악치료 수용기법 원서 2판

Katrina Skewes McFerran · Denise Grocke 공저
문소영 · 박지원 · 윤주리 · 이주영 공역

Receptive Music Therapy
Second Edition
by Katrina Skewes McFerran, Denise Grocke

Korean Translation Copyright © **2026** by Hakjisa Publisher, Inc.
The Korean translation rights published by arrangement with
Taylor & Francis Group, LLC.

역자 서문

1997년 호주 멜버른 대학교에서 음악치료에 입문하면서 만난 저의 스승이자 멘토인 Denise Grocke 교수님은 음악치료 분야에서 세계적인 석학이십니다. 저는 대학원 시절 교수님께서 고(故) Tony Wigram 교수님과 공동으로 저술한 『음악치료 수용기법(Receptive Music Therapy)』의 초판을 읽고, Grocke 교수님께 "언젠가 꼭 이 책을 한국에 소개하겠다."라고 약속을 드렸습니다. 2011년에 이윤진 선생님과 함께 『음악치료 수용기법』을 번역하여 출간하면서 마음의 짐을 덜었던 것이 엊그제 같은데 벌써 15년이 다 되어 갑니다.

음악치료는 지난 수십 년간 국내외 석학들의 연구를 통해 점차 그 이론과 실천적 토대를 견고히 다져 왔으며, 대중의 관심 또한 꾸준히 증가해 학문적, 임상적으로 큰 주목을 받는 전문 영역으로 자리 잡았습니다. 이러한 흐름 속에서 수용적 음악치료는 청취와 감상이라는 인간의 가장 본질적인 음악 경험을 치료적으로 구조화하여, 다양한 클라이언트 그룹에 적용할 가능성을 열어 주고 있습니다.

이러한 시대적인 변화와 음악 경험이 다변화되는 요즘, 『음악치료 수용기법(Receptive Music Therapy)』 개정판이 Katrina Skewes McFerran 교수님과 Denise Grocke 교수님에 의해 발간되었는데, 반가운 마음뿐만 아니라 음악치료학과 교수로서 새로운 도전에 직면하게 되었습니다. 이 놀라운 성과를 다시 한국의 독자들께 소개할 수 있게 된 것은 매우 의미 깊은 일입니다.

이번 개정판은 수용적 음악치료의 이론과 실제를 보다 체계적으로 재구성하고, 임상에서의 구체적 활용 가능성을 한층 넓힌 것이 특징입니다. 특히 치료사가 수용적 방법을 선택할 시점에 대한 임상적 판단, 음악을 감상하는 상황에서의 치료적 존재감, 음악 선곡의 기준과 다양한 장르의 임상적 활용, 그리고 음악에 대한 언어적 중재 방식까지 아우르는 통합적 시각을 제공합니다. 치료적 음악 감상의 다양한 유형, 감정 조절과 삶의 주제를 반영한 플레이리스트 구성, 노래와 가사 분석, 음악을 통한 이완 및 심상 유도, 예술 매체와의 결합 등도 구체적인 사례와 함께 소개되어 있어 음악치료사가 실제 임상에서 활용할 수 있는 실천적 도구가 될 것입니다.

무엇보다 이 책은 치료사가 단순히 음악을 '선택'하는 존재가 아니라, 음악을 통해 클라이언트의 정서와 경험에 민감하게 반응하고, 그 음악적 흐름 안에서 언어와 감정, 관계를 조율해 나가는 치료적 동반자로서의 자질을 강조합니다. 수용적 음악치료가 단순한 음악 감상이 아니라, 치유적 여정을 가능하게 하는 예술적 · 임상적 통합 작업임을 이 책은 일관되게 강조하고 있습니다.

이번 번역 작업은 저와 박지원, 윤주리, 이주영 교수가 함께하였는데, 여러 번의 토의와 숙고를 통해 원서가 가진 의미를 정확히 전달하면서도 한국 독자들의 이해를 돕기 위해 최선을 다하였습니다. 함께한 역자들은 국내외적으로 음악치료의 임상과 교육 현장을 선도하는 전문가이며, 각자의 경험과 이해를 바탕으로 충실하고도 진정성 있게 번역 작업에 임하였습니다. 모쪼록 이 책이 국내 음악치료사에게 새로운 임상적 가능성과 이론적 자양분이 되기를 진심으로 바랍니다.

끝으로, 출판을 맡아 주신 학지사의 김진환 대표님과 편집팀 선생님들께도 깊이 감사드립니다. 또한 이 책을 통해 음악치료의 치유적 가능성을 만나게 될 클라이언트들과 늘 묵묵히 저희의 학문적 여정을 응원해 주시는 동료들과 제자들에게도 진심 어린 감사의 마음을 전합니다.

2026년 1월

대표 역자 문소영

한국의 독자들께 드리는 글

한국의 독자 여러분께 『음악치료 수용기법(Receptive Music Therapy)』 2판을 소개하게 되어 매우 기쁩니다. 임상에서 수용기법을 활용하고 있는 음악치료사에게 이번 개정판이 새로운 영감과 흥미로운 도구가 되기를 바랍니다.

이번 2판에서는 음악치료사가 다양한 음악 장르 중에서 어떻게 음악을 선정하는지, 그리고 음악 선택 과정에서 협력적인 의사결정과 클라이언트가 주도하는 접근이 얼마나 중요한지를 다루었습니다. 또한 초점화된 음악 감상과 플레이리스트 구성에 관한 새로운 장(章)이 추가되었고, 가사 분석, 이완, 음악과 심상에 대한 최신 내용도 업데이트되었습니다.

이 책이 여러분의 임상 실천에 깊이를 더해 주는 계기가 되기를 바라며, 유익한 시간이 되기를 바랍니다. 끝으로, 이 책을 번역한 문소영 박사를 비롯하여, 박지원, 윤주리, 이주영 박사에게도 감사를 표하며, 여러분의 앞날에 평안과 행운이 함께하기를 기원합니다.

2026년

멜버른 대학교

Katrina Skewes McFerran 교수,

Denise Grocke 명예교수

헌사

이 책을 『음악치료 수용기법』(2007) 초판의 공동 저자인
Tony Wigram 박사에게 헌정합니다.
Wigram 교수는 전 세계 많은 사람에게 영감을 주는
교육자이자 연구자이며 멘토이자 친구였습니다.

차례

제2장 수용적 음악치료를 위한 치료사의 음악 선곡 • 39

제3장 초점화된 음악 감상 • 59

제4장 플레이리스트 구성 • 83

제7장 음악, 심상, 예술 매체 • 153

제8장 음악치료사 및 기타 전문가를 위한 최종 원칙 및 고려사항 • 179

부록 A 이완 유도 스크립트 • 205

부록 B 이완을 위한 음악 선곡 • 223

부록 C 아동을 위한 심상 스크립트 • 229

도입

이 책을 집필하기 시작한 2020년 초반에는 코로나19 바이러스가 전 세계 뉴스를 지배하던 시기였다. '사회적 거리두기'와 '격리'는 특정한 지역을 넘어 전 세계 모든 문화권의 시민에게 새로운 표준(new normal)이 되었다. 우리가 집 안에만 머무르게 되면서 대처하는 과정이 명확해졌다. 초기 몇 주 동안은 유머가 대처의 중심이었고, 이는 인터넷을 통해 여러 나라로 빠르게 퍼져 나갔다. 그 후 우리의 자유를 제한하는 전례 없는 규칙에 따라야만 하는 과정이 있었다.

이 시기에 나타난 중요한 대처 방법 중 하나는 음악의 활용이었다. 이탈리아에서는 오페라 가수들이 발코니에서 유명한 아리아를 부르며 집 안에 고립된 이웃들로부터 박수를 받았다. 일부는 노래를 따라 불렀고, 대다수는 노래에 귀를 기울이며 고립감이 해소되는 듯하였다. 교외 거리에서 이루어진 단체 노래 부르기는 공동체 정신을 강화하고 희망과 의욕을 되살렸다. 여러 합창단은 전자 플랫폼을 통해 합창 음악을 녹음하여 이러한 상황에 따른 활로를 모색하였다. 가수들은 노래를 작곡하고, 영상을 제작하고, 온라인 콘서트를 개최하여 기금 모금에 경이적인 성공을 거두었다.

역사적으로 음악은 지금과 같은 어려운 시기에 중요한 역할을 해 왔다. 우리에게는 가창, 연주, 작곡, 즉흥연주, 동작, 감상 등 음악과 소통할 수 있는 다양한 기회가 있다. 이 책은 이러한 방법 중에서 노래와 악기 편성을 포함한 음악 감상이 어떠한 치료적 기능을 담당할 수 있는지에 초점을 맞추고 있다. 이 장에서는 다양한 음악 장르를 포괄하고 전 연령대에 걸쳐 수용적 음악치료의 활용에 대해 설명할 것이다. 이는 음악의 선호도와 음악의 분위기에 대한 연상의 중요성이 새로운 협력적 접근 방식과 맞닿아 있기 때문이다. 클라이언트와 치료사가 함께 플레이리스트를 만들고, 음악의 분위기가 끼치는 영향이나 노래와 가사가 삶의 상황에 미치는 의미에 대해 논의하는 것이 이에 해당한다.

2007년 이후 달라진 점은 무엇인가

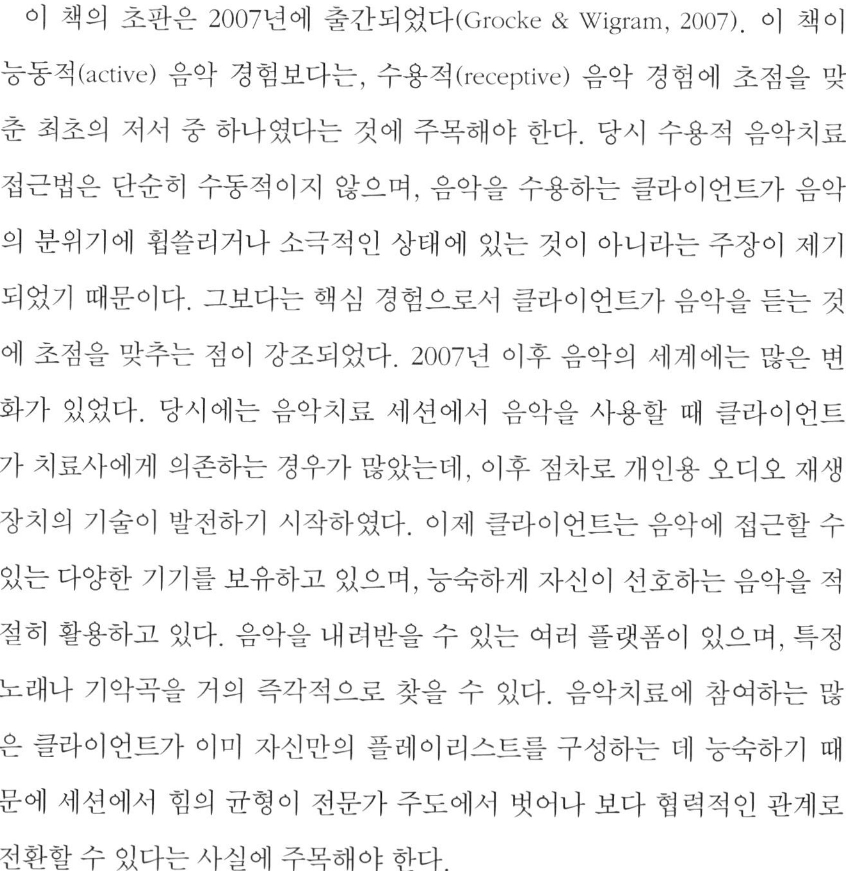

이 책의 초판은 2007년에 출간되었다(Grocke & Wigram, 2007). 이 책이 능동적(active) 음악 경험보다는, 수용적(receptive) 음악 경험에 초점을 맞춘 최초의 저서 중 하나였다는 것에 주목해야 한다. 당시 수용적 음악치료 접근법은 단순히 수동적이지 않으며, 음악을 수용하는 클라이언트가 음악의 분위기에 휩쓸리거나 소극적인 상태에 있는 것이 아니라는 주장이 제기되었기 때문이다. 그보다는 핵심 경험으로서 클라이언트가 음악을 듣는 것에 초점을 맞추는 점이 강조되었다. 2007년 이후 음악의 세계에는 많은 변화가 있었다. 당시에는 음악치료 세션에서 음악을 사용할 때 클라이언트가 치료사에게 의존하는 경우가 많았는데, 이후 점차로 개인용 오디오 재생장치의 기술이 발전하기 시작하였다. 이제 클라이언트는 음악에 접근할 수 있는 다양한 기기를 보유하고 있으며, 능숙하게 자신이 선호하는 음악을 적절히 활용하고 있다. 음악을 내려받을 수 있는 여러 플랫폼이 있으며, 특정 노래나 기악곡을 거의 즉각적으로 찾을 수 있다. 음악치료에 참여하는 많은 클라이언트가 이미 자신만의 플레이리스트를 구성하는 데 능숙하기 때문에 세션에서 힘의 균형이 전문가 주도에서 벗어나 보다 협력적인 관계로 전환할 수 있다는 사실에 주목해야 한다.

2007년 이후 음악에 관한 신경과학적 연구는 비약적 발전을 이루었다. 뇌에서 음악의 개별적인 가사 프로세싱을 탐구하는 연구가 대중과 언론에 소개되었고, 음악이 기분에 미치는 영향에 관한 연구는 음악으로 인한 긍정적인 변화에 대해 더 깊은 이해를 도모하는 동시에, 건강에 유해한 음악 선곡으로 인한 부정적인 영향에 대한 새로운 관점을 불러일으켰다.

전 세계적으로 수용적 음악치료는 어떻게 시행되고 있는가

2016년에 세계음악치료협회(World Federation of Music Therapy: WFMT) 임상 실무위원회는 전 세계 음악치료사를 대상으로 설문 조사를 실시하였다(Kern & Tague, 2017에 보고). 2,495명이 응답하였으며, 그 내용은 다음과 같다. 응답자의 24.4%는 미국 국적을 가진 음악치료사였다. 이 설문 조사에는 음악치료의 여러 영역에 대한 정보가 담겨 있으며 음악치료 기법에 대한 질문도 포함되었다. 노래와 가창, 악기 연주, 즉흥연주가 가장 자주 사용되는 기법이었으며, 응답자의 43%는 미리 녹음된 음악을, 42%는 라이브 음악을 듣는다고 보고하였다. 이렇듯 많은 음악치료사가 수용적 방법을 사용한다.

수용적 음악치료란 무엇인가

2007년에 출간된 『음악치료 수용기법』(1판, Grocke & Wigram, 2007)에서 저자들은 수용적 음악치료가 수동적이지 않다는 점을 명확히 하였다. 음악치료사가 의도와 목적을 가지고 클라이언트로 하여금 음악을 감상하게 할 때, 음악 감상은 치료 목적을 달성하기 위한 능동적인 요소가 된다. 영향력 있는 음악치료 이론가인 Kenneth Bruscia(2014)는 '수용적 방법'을 다음과 같이 정의하였다.

> 수용적 경험에서 클라이언트는 음악을 감상할 때 침묵하거나, 혹은 대화 또는 다른 방식으로 반응한다. 사용되는 음악은 클라이언트 또는 치료사가 라이브로 연주할 수도 있고, 녹음된 즉흥연주, 일반적인 연주, 작곡된 음악 또는 다양한 스타일로 출시된 상업 음원일 수 있다. … 감상 경험은 음악의 신체적·정서적·지적·미적 또는 영적 측면에 초점을 맞출 수 있으며 치료적 목적에 따라 클라이언트의 반응을 유도한다(Bruscia, 2014, p. 368).

Bruscia는 수용성 증진, 정서 상태, 심상과 환상 불러일으키기, 아이디어와 생각 탐색, 기억과 회귀 촉진, 이완, 카타르시스 및 영적 경험 자극 등 수용적 음악치료의 목적 또는 목표를 나열한다(2014, p. 369).

'음악 감상' '음악유도이완(Music-Assisted Relaxation: MAR)' '이완을 위한 음악' '음악 감상 중재(Music Listening Intervention: MLI)' 등 수용적 음악치료를 나타내는 대체 용어가 많이 사용되고 있다. 놀랍게도 일부 음악치료사의 경우 미리 녹음된 음악을 사용하는 것을 음악치료 방법으로 간주하지 않는다. 이것은 종종 다음과 같이 이루어지는 중재와 변별하기 위함이다. 의료전문가들이 사전에 녹음된 음악을 사용하는 경우 이를 음악치료가 아닌 의료진의 역할로 생각한다. 이 담론에서 녹음된 음악의 사용은 '수동적(passive)'인 것으로 간주되는데, 의료진이 음악을 사용하는 경우 음원을 단지 재생하고 환자와 음악에 관한 별다른 교류가 없이 치료실을 나오는 상황이 이에 해당한다. 이 논쟁의 최전선에 있었던 Dileo(1989)는 음악 의학(music medicine)과 의학에서의 음악치료(music therapy in medicine)의 주요한 차이를 명확히 제시하였는데, 음악치료에서는 음악치료사가 음악 중재 과정에서 환자와 관계를 형성하는 반면, 음악 의학의 경우, 의료 환경에서 음악이 단순히 종종 배경 음악이나 주의를 환기시키는 정도로 활용된다는 것이다(Dileo, 1989, p. 23).

수용적 음악치료에 해당하는 음악과 심상(Music and Imagery: MI), 유도된 심상과 음악(Guided Imagery and Music: GIM), Bonny 방식의 유도된 심상과 음악(Bonny Method of GIM: BMGIM) 등의 다양한 접근 방법은 능동적 음악치료[1]와 변별점을 보이는데, 수용적 음악치료가 어떻게 실행되는지 구분해서 살펴볼 필요가 있다. 〈표 1〉에서는 이 네 가지 방법의 특성이 제시되어 있다.

음악치료사는 공인된 고등 교육과정을 이수하게 되는데, 자격을 갖춘 음악치료사가 시행하는 능동적 음악치료와 수용적 음악치료는 엄밀하게 구분되는 지점이 있다. 한편, 여타 전문가(예: 커뮤니티 음악가, 음악 교사, 기타 의료 관련 전문가 등)가 유사한 방법을 사용할 수 있는데, 이처럼 직역 간 전문적 경계가 모호해질 수 있다. BMGIM의 경우, 명확한 경계가 있는데, BMGIM 치료사의 범주에는 음악치료사 이외의 보건 관련 전문가, 사회복지사, 심리학자 및 심리치료사 등이 포함되기도 한다.

능동적 음악치료, 수용적 음악치료, MI, GIM, BMGIM 간의 차이점

능동적 음악치료와 수용적 음악치료, MI, GIM, BMGIM이라는 각각의 접근법에서 기법이 지향하는 목적에 차이가 있다. 능동적 음악치료는 표현적

1 역자 주: 능동적(active) 음악치료는 기존 학술문헌에서 '적극적' 음악치료로도 종종 번역되어 왔다. 이는 'active'라는 용어가 연주나 작곡과 같은 활동에서 클라이언트가 직접 참여하는 것에 비해, 수용적 음악치료는 감상 위주라는 점을 강조한 것이었다. 이 경우 수용적 음악치료가 상대적으로 소극적이라는 뉘앙스를 갖게 되어, 'receptive' 본연의 깊은 내면 탐색과 곡목 선정에 참여하는 클라이언트의 역할이 축소될 우려가 있다. 따라서 이 책에서는 'active'를 '능동적'으로 번역하고자 한다.

이고 외현적인 반면, 수용적 접근인 수용적 음악치료, MI, GIM 및 BMGIM은 내향적이다. 이는 수용적인 접근이 더 깊은 이완 또는 삶의 문제에 대한 통찰을 구체화함으로써 유익을 준다.

또 다른 차이점은 치료사의 역할과 기술에 관한 것이다(〈표 1〉 참조). 능동적 음악치료에서 치료사는 노래 부르기, 송라이팅, 작곡 및 즉흥연주를 통해 음악을 만드는 데 관여한다. 반면에 수용적 방법에서 치료사의 역할은 클라이언트의 치료적 경험을 지원하기 위해 음악 선곡을 용이하게 하는 것에 주력한다. 음악치료사가 선곡을 하려면 작곡된 음악에 대한 지식과 음악 작곡을 뒷받침하는 음악의 요소에 대한 사전 이해가 필요하다. 때때로 음악치료사는 수용적 경험을 지원하는 음악을 즉흥적으로 만들 수도 있으므로 수용적 방법 또한 클라이언트의 필요에 맞게 음악을 만드는 방법에 대한 이해가 선행되어야 한다.

수용적 음악치료 기술은 일반적으로 음악치료 교육과정에서 가르치는 경우가 많지만, 전 세계적으로 교육과정의 방향에 차이가 있으며 일부 프로그램에서는 음악 감상을 교육에 포함하지 않는 경우도 있다. 또한 특정 MI 접근법이 점점 더 많아지고 있다. 일례로 Lisa Summer(2015)는 지원적 · 재교육적 · 재구조적 MI 경험의 서로 다른 수준을 가진 연속적 모델을 설명하였다. Fran Goldberg와 Louise Dimiceli-Mitran은 초점화된 음악 심상(Focused Music Imagery: FMI) 접근법을 개발하였고(Dimiceli-Mitran, 2020), Margareta Wärja(2015)는 코트라 무지크레소르(kotra musikresor: KMR, 짧은 음악 여행)를 개발하였다. 이러한 방법은 기본적인 음악치료 교육 이후 어느 정도의 훈련이 필요하며, 음악과 심상에 대한 특정 기술을 활용할 수 있다는 자격 증명이 되기도 한다.

이러한 다양한 접근법을 변별함에 있어서 가장 어려운 점은 전문적인 경계가 아직은 명확하지 않다는 것이다. 자격을 갖춘 음악치료사가 능동적 음악치료를 하는 반면, 커뮤니티 음악가, 음악 교사 및 기타 의료 관련 전문가도 노래 세션을 진행하고, 작곡을 하고, 그룹 구성원들과 함께 작곡 및 즉흥연주를 하기도 한다. 다양한 의료 관련 전문가들도 수용적 음악치료에서 사용되는, 음악과 함께하는 이완이나 MI와 같은 몇몇 기법을 사용하기도 한다. 또한 일부 훈련 프로그램이 음악치료 이외의 전문가들에게도 개방되어 있기 때문에 여러 MI 기법 간의 경계가 모호하다. BMGIM의 경우는 자격증을 반드시 취득해야 하지만, 모든 BMGIM 치료사가 음악치료사는 아니다. 이렇듯 수용적 접근은 다양한 분야가 있지만, 이 책에서는 자격을 갖춘 전문 음악치료사가 음악 감상을 치료 접근법으로 사용하는 방법에 특히 중점을 두도록 하겠다.

표 1 능동적 음악치료, 수용적 음악치료, MI · GIM, BMGIM의 차이점

	능동적 음악치료	수용적 음악치료	다양한 방식의 MI · GIM	BMGIM
목적	• 표현을 목적으로 음악을 사용(가창, 연주, 움직임)	• 의도적인 감상, 심층적인 감상을 목적으로 심상을 활용하거나 하지 않을 수 있으며 라이브 연주 또는 녹음된 음악 모두 사용 가능	• 의도된 심상에 초점을 맞춘 심층적인 감상(deep listening)	• 의미 심화를 위한 내면 탐구
	• 외현적(outward-focused)	• 내향적(inward-focused)	• 내향적	• 내향적
기법	• 노래 부르기 • 송라이팅 • 즉흥연주 • 음악과 동작	• 음악과 이완 • 음악과 심상 • 노래 공유(듣고 논의로 반영) • 음악과 예술, 예를 들어 음악과 그리기, 음악 콜라주	• MI의 연속적 모델(Summer) • 개인음악심상작업(Scott-Moncrieff) • 초점화된 음악 심상(Dimiceli-Mitran & Goldberg) • 코트라 무지크레소르(Wärja) • 지시적 음악과 심상 • 음악, 그리기, 이야기를 결합한 기법	• 은유적이고 상징적인 심상을 위한 촉매제로서 적절한 악곡(주로 클래식) 선정이 필요한 내적 경험을 심화시키는 MI 여행
치료사의 역할	• 연주와 가창에 적극적으로 참여	• 의도적인 감상에 초점화된 질문으로 감상 경험을 촉진 • 클라이언트가 음악을 직접 선곡하거나 음악 선정을 위해 클라이언트와 협업할 수 있음	• 클라이언트와 공동으로 플레이리스트 만들기(MI의 연속적 모델, Summer) • DMI(Dimiceli-Mitran)를 활용 • 예술 작품을 음악 감상에 활용(Wärja)	• 깊은 수준의 감상을 촉진하여 클라이언트가 대화를 통해 은유적이고 상징적인 심상에 몰입할 수 있도록 도움 • 클라이언트의 경험을 이해하고 반영하는 역할

기술	• 노래, 반주, 작곡 및 연주에 능숙하고 유능한 음악가로서 폭넓고 다양한 노래 레퍼토리 보유 • 즉흥연주(듣기, 맞추기, 반사, 확장) 증진에 능숙함	• 적절한 타이밍과 목소리 톤으로 이완 유도 제공 • 의도적이고 초점화된 음악 감상을 촉진하여 시각화/심상/그림을 통합할 수 있는 기술 • 음악 레퍼토리에 대한 지식을 보유하고 적절한 음악을 선정하거나 클라이언트와 협력하여 선곡	• MI에 적합한 음악에 대한 지식이 있고 적절한 음악을 선정하거나 클라이언트와 협력하여 원하는 심상에 맞는 음악을 사용	• 초점화된 질문을 유도하는 대화 촉진 • 이완 유도를 통해 변화된 의식의 상태를 이끎 • 30~40분 길이의 GIM 음악 프로그램 선택 • 클라이언트와의 대화를 촉진하여 경험의 깊이를 더함 • 만다라와 같은 예술 매체를 사용하여 토의를 촉진
교육 · 훈련	• 기본 음악치료 교육과정	• 기본 음악치료 교육과정의 방향에 따라 다름 • 모든 교육과정에 수용적 음악치료가 포함되는 것은 아님 • '음악 감상' '음악 보조 이완' 등으로 활용되기도 함	• Summer의 연속적 모델과 Wärja의 KMR에 대한 추가 훈련	• 추가적인 2~3년에 걸친 BMGIM 훈련
치료사 자격	• 공인 음악치료사	• 공인 음악치료사	• 각각의 기법에 따라 훈련과 자격 기준이 다양함	• BMGIM 인증 취득

책 개요

제1장에서는 능동적 방법보다 수용적 방법을 선택하는 것이 어느 시점에서 적절한지에 관한 의사결정 과정을 설명한다. 또한 치료사의 청취 기술과 클라이언트가 자신의 경험을 설명하는 데 필요한 언어적 의사소통 기술에 대한 필수적인 섹션도 포함되어 있다. 한편, 수용적 방법을 위한 음악의 가사 선택은 제2장에서 제시된다.

다양한 음악 장르에서 치료사가 주도적으로 악곡 선정에 따른 의사결정을 해야 할 때, 음악의 여러 요소에 대한 지식과 검토가 반드시 선행되어야 한다. 다양한 음악 양식으로 앰비언트(ambient) 음악 또는 환경(environmental) 음악 및 영화 음악, 클래식 예술 음악, 세계전통음악, 현대 청소년 음악 등의 장르를 중점적으로 다룬다. 음악 선곡에 대한 결정은 클라이언트의 참여 준비도에 따라 결정되며, 음악치료사는 음악의 복잡성과 음악에 대한 클라이언트의 경험 및 정서 조율 능력 등을 고려한다. 체계적 틀을 사용하여, 이후 제3장에서 제8장까지 다음과 같은 다양한 수용적 음악치료의 방법이 제시된다.

- 방법을 뒷받침하는 관련 개념
- 방법에 대한 설명
- 임상 사례
- 주의사항

제3장에서는 의도적이고 초점화된 음악 감상부터 건강에 해로운 음악 감상까지 다양한 수준의 음악 감상이 소개된다. 그리고 Suvi Saarikallio, Katrina McFerran과 Christian Gold의 음악 건강성 평가 척도(2015)가 사례와 함께 제시된다. 감상에 혼란을 느낄 수 있는 클라이언트를 위한 주의사

항도 설명된다.

제4장에서는 플레이리스트 구성에 초점화된 질문으로, 클라이언트의 특정 기분과 삶의 난관에 대한 플레이리스트를 만들 때 음악 프로파일을 고려하는 방법을 설명한다. 사례에서는 청소년 정신 건강 및 인생 회고가 포함될 것이다.

제5장에서는 사회 개혁, 관계 형성, 알코올 및 약물 오남용과 같은 민감하고 중요한 주제에 대한 다양한 분석 수준과 그룹 내 토의 참여 방법을 확인하면서 노래 토의와 가사 분석의 대중적 활용에 대해 다룬다.

음악을 활용하는 다양한 이완 유형은 제6장에 설명되어 있으며, 부록 A에 이완 유도 스크립트가 제공된다. 이완 유도 효과를 극대화하기 위한 필수 기술에 대해서도 다루어진다.

제7장에서는 심상의 구성 요소와 일상생활에서 심상의 중요성에 대한 소개로 시작하여 음악과 심상을 포함한 초점화된 질문을 다룬다. 다양한 연령 그룹에서 특정 목적과 용도에 따라 스크립트를 사용하는 방법을 설명한다. 음악, 그리기, 이야기를 결합한 기법(MDN; Booth, 2005~2006)과 같은 음악과 다른 예술 매체를 결부하여 접근하는 상호작용에 대해 간략하게 설명할 것이다.

이 책의 부록은 세 가지이다. 부록 A에는 다양한 연령대의 클라이언트에게 사용하기에 적합한 일반적인 이완 유도 스크립트가 있다. 부록 B에는 다양한 연령 그룹과 특정 목적에 따라 음악치료에서 일반적으로 사용되는 음악 선곡이 나열되어 있다. 부록 C는 아동을 위한 심상 스크립트를 제공한다.

용어에 대한 참고 사항

이 책에서는 수용적 음악치료의 대상자를 다양한 방식으로 지칭한다. 대체로 '클라이언트'라는 용어를 사용하는데, 이는 개인 중심적 치료 접근법에서 '환자'라는 의료적 언어를 지양하기 위해 이 용어를 도입한 Carl Rogers(1951)에서 유래한 것이다. 그러나 의료적 맥락에서 논의할 때는 '환자'가 더 적절한 용어이며, 다른 경우에는 대상자를 '참여자' 또는 '수용자'로 지칭하는 것이 더 적합할 수 있다. 사례에서는 수요자, 환자, 학생 등 다양한 맥락에 따라 이러한 용어를 적절히 구분하여 사용하고자 한다.

역량

이 책을 다 읽을 때쯤이면 다음과 같은 역량을 갖추게 될 것이다.

- 수용적 음악치료의 다양한 모델과 방법에 대한 이해
- 수용적 음악치료의 다양한 적용을 위해 미리 녹음된 음악을 잘 선정하는 음악 요소 습득
- 다양한 연령대의 클라이언트와 함께 플레이리스트 구성 촉진
- 클라이언트에게 음악 감상을 적용할 때 바람직한 사용과 부적절한 사용을 구분
- 정서 조절에 어려움을 겪는 클라이언트의 필요를 인지하고 그에 따른 수용적 음악치료 세션 조정
- 아동, 청소년 및 성인을 위한 효과적인 이완 유도 제공
- 심상과 일상생활에서 상상력의 역할을 이해
- 이완 및 심상 스크립트를 효과적으로 사용하는 능력
- 음악 및 예술을 활용한 세션 촉진

제1장

수용적 음악치료의 기본 역량

이 장에서는 클라이언트의 필요에 부합하는 음악치료 중재와 경험을 위한 의사결정 트리(decision tree)의 개념을 소개한다. 또한 수용적 방법으로 작업할 때 음악치료사가 갖추어야 할 경청 기술에 대해서도 다룬다. 특히 적극적 경청이 능동적인 과정이라는 점을 강조하며, 이를 위해 먼저 주의와 집중이 필요하고, 이후에는 클라이언트의 언어적 또는 비언어적 경험에 대한 공감적 반응이 이어져야 함을 설명한다. 이 장의 후반에서는 클라이언트의 경험을 더욱 심화하기 위한 언어적 개입 기술도 함께 제시한다.

수용적 음악치료 적용을 위한 의사결정

사례 능동적 음악치료와 수용적 음악치료 사이에서 결정하기

Meg는 암 치료 병동에 며칠째 입원 중이다. 그녀는 젊은 엄마이고 예후는 아직 알 수 없는 상황이다. 음악치료사는 그녀가 가족과 어린 두 자녀를 얼마나 그리워하는지 노래를 통해 표현하는 작업을 함께하고 있다. 음악치료사는 Meg의 눈 밑에 다크서클이 짙고 눈이 침침해 보이는 등 피곤해 보인다는 사실을 발견하고, 기분이 어떤지 물었는데, Meg는 조용하게 "별로 좋지 않아요."라고 하였다. 그다음 치료사는 노래 작업을 더 하고 싶은지 물었는데, Meg는 "정말 하고 싶지 않아요."라고 대답하였다. 이번엔 치료사가 노래를 불러 주어도 될지 물었고, Meg는 다시 고개를 저었다. 음악치료사는 현재 상태에서 Meg에게 능동적 음악치료가 적절하지 않다는 것을 느끼고 수용적 접근으로 전환하기로 한다. 치료사는 잠시 음악을 연주해도 좋을지 제안하고, Meg는 고개를 끄덕인다. 치료사는 Meg의 호흡이 느리고 힘들다는 것을 알아차리고 그녀의 호흡 패턴에 리듬을 맞추기로 한다. 그런 다음 Meg의 호흡에 맞춰 기타로 아르페지오 오픈 코드를 연주한다. 이어서 기타 반주와 함께 부드럽게 노래를 부른다. 음악치료사는 침대에 누워 숨을 깊게 들이쉬고 한숨을 내쉬는 Meg의 모습을 바라보며, 지금 기분이 어떤지 물어본다. Meg는 기분이 나아졌지만 쉬고 싶다고 말하고 결국 잠이 든다.

음악을 들으며 휴식을 취하는 것이 음악치료 세션의 주요 목적인 경우도 있고 능동적 음악치료 세션의 마지막에 사용될 수도 있다. 이 사례에서 볼 수 있듯이 수용적 접근 방식이 사용되는 경우는 다음과 같다.

- 육체적 또는 정서적으로 피곤한 경우
- 메스꺼움 또는 혼란을 겪는 경우
- 노래나 즉흥연주와 같은 능동적인 음악 만들기에 집중할 수 없는 경우
- 심리적 또는 신체적으로 고통스러워하는 경우

마찬가지로 그룹 음악치료에서도 수용적 접근 방식은 다음과 같은 경우에 유용하다.

- 그룹의 분위기가 단조로운 경우
- 그룹 구성원이 능동적인 활동에 대해 소극적인 경우

- 그룹 구성원이 육체적으로 피곤하거나 스트레스를 받는 경우

유방암 치료를 받는 여성을 대상으로 한 그룹 음악치료에 관한 Stephanie Thompson의 연구에서 Thompson은 당일 중재 선택을 위한 의사결정 트리(decision tree for choice of intervention)를 개발하였다(2011). 그녀는 "의사결정 트리는 대안 선택의 '위험과 이익'을 평가하고 변화하는 상황에 맞게 쉽게 수정할 수 있다."라고 언급한 내용을 인용하여 설명하였다(Pauker & Wong, 2005; Thompson, 2011, p. 51에서 재인용). Thompson의 연구에서는 그룹에서 사용하는 언어와 클라이언트의 신체 언어 및 대화 주제에 주의를 기울여 관찰한 다음, 당일 그룹에 어떤 중재를 활용할지 결정하기 위해 다음과 같이 여섯 가지 기준을 제시하였다.

- 그룹 내 분위기가 긍정적이고 활기찬가? (능동적 중재)
- 그룹 내 분위기는 긍정적이지만 에너지가 부족한가? (수용적 중재)
- 그룹 내 분위기가 양가적이며 에너지가 낮은가? (수용적 중재)
- 그룹 내 분위기가 성찰적이지만 여전히 에너지가 있는가? (능동적 또는 수용적 중재 중 하나)
- 그룹 내 분위기가 부정적이지만 활력이 넘치는가? (능동적 중재)
- 그룹 내 분위기가 슬프거나 침울하며, 에너지 수준도 낮은가? (수용적 중재) (Thompson, 2011, p. 64)

이러한 기준에 따라 Thompson은 세션을 시작하기 위한(필요한 경우 다른 중재를 포함하기 위해) 또는 세션의 유일한 방법으로 사용할 중재를 결정하였다. 송라이팅, 즉흥연주 및 노래 부르기(능동적 중재) 또는 음악과 심상, 음악을 통한 이완 및 노래 가사 분석(수용적 중재) 등 다양한 방법 중에서 상황에 맞는 방식을 선택하였다.

경청 기술 및 언어적 중재

사례 효과적인 경청을 통한 클라이언트의 언어적 참여 유도하기

노인 돌봄 분야에서 일하는 한 음악치료사는 노래를 통해 그룹원들이 적극적으로 음악 만들기에 참여할 수 있도록 한다. 그녀는 그룹 구성원들의 요청을 받아 기타로 반주하며 세션을 진행 중이다. 그룹에 속한 남성 중 한 명인 Bill이 <My Way>라는 노래를 신청하였고, 그룹은 노래를 완창하였다. 음악치료사는 Bill에게 이 노래에 대해 기억나는 것이 무엇인지 물었다(이 질문은 논의를 자극할 수 있는 다양한 대답이 나올 수 있도록 고안된 개방형 질문이다). Bill은 Frank Sinatra의 목소리를 들었던 것이 좋았다며 "그는 최고의 가수였고 목소리가 너무 부드러웠어요."라고 말하였다. 그런 다음 Bill은 음악치료사에게 Sinatra의 목소리로 연주된 노래의 원곡 버전을 들을 수 있는지 물어보았다.

치료사는 이것이 그룹 응집력을 높일 수 있다고 생각하여 스트리밍 플랫폼에서 노래를 찾아 휴대용 스피커로 재생한다. 그녀는 클라이언트들이 때때로 그룹이 재현한 노래보다 원곡자의 진짜 목소리로 노래를 듣고 싶어 한다는 것을 이미 알고 있다. 그룹은 조용히 노래를 감상하고 치료사는 각자의 반응을 관찰한다. 어떤 사람은 Sinatra가 노래하는 동안 가사를 읊조리고, 어떤 사람은 먼 곳을 응시하고 있다. 모두가 열심히 듣고 있지만 치료사는 Valerie가 눈물을 흘리는 것을 발견한다. 노래가 끝날 무렵 치료사는 그녀에게 다가가 "Sinatra의 목소리를 들으니 어땠나요, Valerie? 눈물이 글썽이는 것 같네요."라고 초점화된 질문을 던진다. Valerie는 그 노래가 남편이 가장 좋아하였던 노래였고 남편이 그리워진다고 말한다. 음악치료사는 그룹에 속한 다른 사람들이 Sinatra가 불렀던 다른 노래에 대해 이야기하고 있음을 알아차린다. 치료사는 '다음 노래가 당신을 위로해 줄 거예요.'와 같은 가벼운 어투로 Valerie의 답변을 폄훼하고 싶지 않다. 또한 그룹의 역동과 흐름을 유지해야 하기 때문에, 곧바로 Valerie와 친밀한 대화를 나눌 수도 없다. 치료사는 "그 얘기를 더 듣고 싶어요, Valerie. 그룹 세션이 끝난 후에 이야기를 나눌 수 있을 것 같아요.

당신 남편에 대해 더 알고 싶어요."라고 말한다. Valerie는 자신의 이야기가 수용되었고 존중받고 있다는 느낌을 받게 된다. 세션이 끝난 후 치료사는 Valerie에게 다가가 의자를 끌어당겨 가까이 앉는다. 치료사는 Valerie에게 온전히 집중하며 그녀를 마주 보고 부드러운 눈 맞춤을 유지한다. 그녀는 "남편이 그 노래를 어떻게 좋아했는지 생각해 보셨군요, Valerie."라는 부연 설명으로 대화를 시작한 다음 "남편과 이 노래에 대해 더 자세히 말해 주세요."라는 보다 초점화된 질문으로 대화를 이어간다.

이 경우 음악치료사는 언어적 기술을 활용하여 클라이언트가 자신이 들은 내용을 반영할 수 있도록 한다. 이러한 기술은 모든 치료사에게 공통적으로 요구되는 역량이며 다음과 같은 자질을 포함한다.

- 다음에 무슨 말을 할지 생각하기보다는 클라이언트의 말에 귀를 기울이며 주의 깊게 경청한다.
- 클라이언트가 자신의 경험을 설명할 단어를 찾는 동안 조용하고 안정적인 분위기를 유지한다.
- 개방형 질문으로 대화를 유도한 다음, 클라이언트가 감정과 정서를 탐색할 수 있도록 초점화된 질문을 던진다.
- 클라이언트가 음악의 분위기나 기억 또는 기타 연상되는 단어에 대해 말하는 키워드를 언어적으로 반영한다.
- 마주 앉아 고개를 돌리지 않고, 눈 맞춤을 유지하는 등 세심하고 개방적인 자세를 취한다.

적극적 경청

용어에서 알 수 있듯이 '적극적' 경청에는 치료사의 능동적인 주의, 즉 상대방의 말에 귀를 기울이고 상대방이 말하는 동안 전적으로 화자에게 집중하는 것이 필요하다. 일반적인 대화에서는 두 사람 간에 이야기가 동등하게 진행되지만, 치료적 맥락에서는 그러한 관계가 유지되지 않을 수 있다. 치료사의 역할은 클라이언트가 자신의 생각과 감정을 표현하도록 지원하는 것이다. 이때 치료사는 클라이언트가 자신의 삶에 대해 자기 성찰을 하는 것과 동일한 경험을 하지 않으므로 관계가 동등하지 않다는 점을 유의해야 한다.

'적극적' 경청의 기본 요건 중 하나는 말하는 내용에 온전히 귀를 기울이는 것이다. 주지의 사실임에도 불구하고, 초보 치료사들이 저지르는 가장 큰 실수 중 하나는 상대방의 말을 절반만 듣고 정신적으로 귀를 닫거나 마음속으로 대답을 진술하기 시작한다는 것이다. 클라이언트가 발언을 계속할 수 있도록 돕기 위해서 "음, 그렇군요."라는 추임새 정도로 충분하다. '적극적' 경청의 기술은 클라이언트가 말하는 초점을 일부만 걸러내는 것이 아니라 세심하게 반응하는 것이다. 적극적 경청을 위해서는 치료사가 클라이언트에게 집중하고 산만한 생각이나 행동에 빠지지 않으려는 노력이 필요하다는 점을 기억하는 것이 중요하다. Gerard Egan은 이를 잘 요약하고 있다. "생각하라, 내가 무엇을 말할 수 있는가가 '아닌', 내가 무엇을 들을 수 있는가를."(Egan, 1998, p. 87)

침묵 가운데 편안함

능동적 음악치료에서 치료사는 적극적으로 활동 참여를 제안하고 대화를 유도하여 세션의 동력을 유지한다. 그러나 수용적 음악치료에서 클라이언트는 일정 시간 동안 침묵할 수 있으며, 특히 생각을 반추하는 분위기의 경우, 질문에 답하기 위해 몇 초 동안 생각에 잠길 수도 있다. 침묵에 대한 편안함이 어색한 치료사는 세션에서 대화가 없는 시간이 지속되면 자신의 말로 공백을 메우려고 하거나 불안의 징후를 보일 수 있다. 그러나 세션에서의 침묵을 편안하게 받아들이는 것은 강력한 치료적 관계를 발전시키는 데 필수적이다. 직관력이 있는 치료사는 침묵 속에 앉아 있는 동안 클라이언트와의 연결의 깊이를 '느낄' 수 있으며, 이는 효과적인 치료적 관계의 일부이다.

우울감을 느끼거나 슬픔에 빠진 클라이언트는 종종 자신의 감정을 말로 표현하지 못하고 거의 반응하지 않거나 비언어적일 수 있다. 음악의 분위기를 경험한 후 매우 감정이 격해져서 그 경험을 말로 표현하지 못하는 클라이언트도 있다. 치료사는 "지금 기분이 어떤지 말하기 어려운 것 같습니다."와 같은 코멘트로 침묵에 대한 반영을 제공할 수 있다. 그런 다음 치료사는 또 다른 음악 감상 경험을 제공할 수도 있다.

주의 깊은 태도

앞선 사례에서 음악치료사는 세션이 끝난 후 Valerie에게 다가가 이야기를 나누며, 의자를 가져와 맞은편에 앉는다. 이를 통해 치료사는 Valerie에게 온전히 집중할 수 있게 된다. 음악치료사가 Valerie와 나란히 앉지 않는 이유는 Valerie가 음악치료사에게 주의를 기울이기보다는 무슨 일이 일어나고 있는지 둘러보며, 중재에 대한 몰입감이 떨어질 수 있기 때문이다.

눈 맞춤

또한 음악치료사는 Valerie와 '부드러운 시선'으로 눈 맞춤을 유지한다. 음악을 만들거나 음악을 들으며 클라이언트와 이야기할 때 눈 맞춤은 필수적이다. 눈 맞춤을 통해 관심을 표시하고 말하는 내용에 집중하기 위해

서이다. 그러나 지속적이거나 강렬한 눈 맞춤은 오히려 불편할 수 있으므로 치료사는 직관적으로 클라이언트와 직접적인 눈 맞춤의 정도를 모니터링하는 것이 필요하다. 일반적으로 클라이언트가 시도하는 눈 맞춤 횟수는 치료사가 시도하는 것보다 적다. 때때로 클라이언트는 고개를 돌릴 수도 있다. 그러므로 치료사는 '부드러운' 눈 맞춤을 유지하여 클라이언트가 치

표 1-1 효과적인 경청 기술과 부적절한 경청 습관 비교

효과적인 경청 기술	부적절한 경청 습관
클라이언트가 말하는 동안 적절한 눈 맞춤 유지하기	클라이언트를 과도하게 응시하거나, 시선을 회피하고 자주 전환하기
클라이언트의 말에 귀 기울이면서 편안함 유지하기	안절부절 못하거나, 자세를 자주 바꾸거나, 주위를 둘러보기. 이것은 치료사가 온전히 집중하지 않고 있음을 나타냄
클라이언트의 경험에 함께하기	클라이언트가 말하는 것에 정신적으로 '관심을 두지 않거나', 상대방의 말을 듣지 않고 어떻게 반응할지 생각하기
클라이언트가 자신을 표현할 단어를 찾을 수 있도록 침묵에 편안해지기	치료사가 자신의 언어로 침묵을 깨트리기
클라이언트가 말하고 있는 것을 마칠 수 있도록 충분히 기다려 주기	언어의 흐름을 방해하거나 클라이언트의 말을 추측하고 예단하기
클라이언트가 자신의 행동과 감정을 이해하도록 도와주기	클라이언트의 말이나 행동을 판단하여 다음과 같은 부적절한 발언을 하기. 이를테면, "당신이 해야 할 일은…."이라고 하거나, "하지만 어제 이 음악을 좋아한다고 했잖아요."라고 클라이언트에게 반박하기
클라이언트가 표현하는 것에 초점을 맞추고 그것이 얼마나 중요한지 이해하기	타인의 경험을 들려주면서 "아, 누구나 가끔 그렇게 느끼지요."와 같이 클라이언트 경험의 중요도를 평가절하하기
클라이언트가 처한 상황에 공감하기	클라이언트의 상황을 무시함으로써 중요성을 폄훼하기. 예를 들면, "내일이면 기분이 나아질 거예요." 또는 "다른 사람들도 같은 문제를 겪는 경우가 많아요."라고 말하기

료사를 다시 바라볼 때 치료사가 여전히 자신에게 집중하고 있다는 것을 깨달을 수 있도록 해야 한다.

〈표 1-1〉에서는 치료적 참여를 도모하는 효과적인 경청 기술을 부적절한 경청 습관과 비교하여 요약적으로 제시한다.

언어적으로 클라이언트의 참여 유도하기

클라이언트와 대화할 때 어떤 단어를 사용해야 하는지에 대해 포괄적인 지침을 제공하기는 어렵다. 너무 많은 변수가 존재하기 때문에 정확한 조언을 하기에는 무리가 있다. Paul Nolan(2005)은 음악치료에서 언어적 상호작용이 필요한 시점을, 세션의 시작과 마무리, 초점을 찾고 더 많은 정보를 수집할 때, 피드백과 해석을 제공할 때, 음악에 대한 클라이언트의 반응을 이해하도록 도울 때 등으로 설명하였다. 『Basic Verbal Skills for Music Therapists』의 저자 Elizabeth Schwartz는 음악치료에서 언어화는 구조화, 교환, 상호작용, 개입의 네 가지 범주로 나누어 볼 수 있다고 제안한다(2019, p. 48).

언어적 프레이밍(verbal framing)과 언어적 교환(verbal exchange)은 대부분의 음악치료 세션에 포함되어 있다. 이러한 범주에서의 언어화는 클라이언트에게 음악과 음악치료에 대한 방향을 제시하고 기대할 수 있는 경험에 대해 알려 주는 데 도움이 될 수 있다(예: "음악을 감상하는 동안 눈을 감고 음악의 분위기가 당신을 감쌀 수 있도록 음악의 이 파트를 잘 들어 보세요."). 이 문구는 클라이언트가 응답할 필요가 없으며, 단순히 앞으로 일어날 일에 대해 알려 주고 음악에 참여하는 방법에 대한 개방형 지침을 제공한다.

반면에 언어적 상호작용과 언어적 개입은 클라이언트가 구어를 사용할 수 있어야 하고, 이를 더욱 반영할 심도 있는 대화의 능력을 포함한다. 또한 치료사는 클라이언트를 더 깊은 성찰로 초대하는 데 편안함을 느껴야 하며, 때로는 슬픔과 절망, 화나 분노를 언어적으로 표출하는 것을 침착하게 들어야 한다.

주의사항

초보 음악치료사는 클라이언트의 경험을 심층적으로 접근하기에 역량이 충분하지 않다고 느낄 수 있으며, 더 고급 기술을 개발하기 위해 슈퍼비전이 필요할 수 있다. 또한 일부 음악치료사는 지금은 적절한 시기가 아니라고 느끼거나 클라이언트가 더 많은 것을 개방하는 것에서 이득을 얻지 못할 수 있다고 생각하기 때문에 더 깊이 탐색하는 것이 적합하지 않다고 판단할 수 있다. 또한 클라이언트가 심리적 위기나 정신 건강상의 어려움을 겪고 있는 경우 더 깊이 접근하는 것은 부적절할 수 있다. 가장 중요한 윤리적 지침은 클라이언트에게 '해를 끼치지 말아야 한다(do no harm)'는 것이다. 의구심이 들 경우에는 클라이언트를 정서적으로 안전하게 보호하는 것이 우선되어야 한다. 여기에 설명된 언어적 기술은 치료사가 갖추어야 할 핵심 기술이다.

언어적 기술

행동과 언어적 개입을 통해 언어적으로 소통하는 방법에는 개방형 질문하기, 핵심 단어 반영하기, 방금 일어난 일을 부연하여 클라이언트의 경험을 담기, 더 많은 정보를 얻기 위해 초점화된 질문과 탐색을 사용하기, 요약을 통해 다루었던 내용을 마무리하기 등이 있다.

개방형 질문

음악적 경험에 이어 언어적 처리 기법을 사용하여 클라이언트가 경험한 것에 대한 정보를 얻을 수 있다. 이때 '개방형' 질문은 '폐쇄형' 질문보다 더 효과적일 수 있다. 음악 경험에 따른 전형적인 개방형 질문은 "어떠셨나요?"로, 응답의 여지를 열어 두는 질문이다. 좀 더 대상의 감정에 초점을 맞춘 질문으로는 "기분이 어떠셨나요?"가 있다. 폐쇄형 질문은 "재미있으셨어요?"이다. 이 질문은 "예" 또는 "아니오."라는 대답을 유도하기 때문에 폐쇄형 질문이다. 이는 치료사가 클라이언트가 즐거웠는지 여부만 생각하기를 원한다는 의미에서 편향적일 수도 있다. 이 질문에는 답이 암시되어 있기 때문에 무의식적으로 "예."라고 대답할 수 있으며, 치료사가 "예."라고 대답하기를 원한다고 느낄 수 있다.

반영하기

클라이언트의 핵심 단어나 어구를 반영하는 것은 중요한 진술이나 느낌을 확인하는 효과적인 방법이다. 클라이언트가 음악의 분위기가 슬프다고 말한 경우, 클라이언트가 사용한 단어와 비슷한 어조로 "오, 슬퍼요."라며 반영하는 것이 효과적일 수 있다. 그런 다음 가장 논리적인 질문은 "어떤 면에서 슬프게 느껴지셨나요?"이다. 상대방의 말이나 감정 상태를 반영하면 클라이언트는 그 순간에 머물 수도 있고 더 충분히 탐색할 수도 있다. 여러 경우에서 이것은 치료의 독특한 측면으로, 클라이언트가 자신의 페이스를 유지하며 편안하게 감정을 확인할 수 있는 시간을 적절하게 제공한다는 점에 있어서 중요하다.

그러나 반영 기법을 과도하게 사용해서는 안 된다. 치료사가 클라이언트가 하는 모든 단어나 진술을 단순히 반영하는 경우, 클라이언트는 치료사가 자신을 흉내 내거나 조롱한다고 느낄 수 있다. 그러나 중요한 내용을 강조하기 위해 반영을 적절히 사용한다면 이는 매우 효과적이다.

부연

부연은 클라이언트가 여러 가지 생각을 표현하거나 긴 이야기 또는 복잡한 사건을 전개할 때 사용된다. 부연 설명을 통해 치료사는 클라이언트가 말한 내용을 요약하고 클라이언트의 진술이 올바른 것인지 확인할 수 있다. 예를 들어, "…처럼 들리는데…." 또는 "제가 당신이 말한 것을 이해했는지 확인할 수 있을까요? … 이렇게 들리는군요. …이 일어났고 당신은 이렇게 느꼈다고…. 제가 이것을 올바르게 이해했나요?"라고 질문함으로써 클라이언트가 말한 내용을 명확히 하는 것이 유용할 수 있다. 이를 통해 클라이언트는 동의하지 않거나 더 명확하게 설명할 수 있다. 또한 부연은 클라이언트가 치료사가 자신의 말을 주의 깊게 듣고 있다는 것을 깨닫도록 도와주며, 클라이언트가 말을 천천히 하거나 명확히 하는 데 도움이 된다.

부연 설명은 음악치료에서도 클라이언트와 치료사가 세션 내에서 새로운 주제를 발전시키는 데 도움을 주기 위해 사용된다. 이를 통해 치료사는 이미 일어난 일을 요약하고 다음에 일어날 수 있는 일에 대한 제안을 할 수 있다. 이전 사례에서 음악치료사는 Valerie에게 〈My Way〉라는 노래가 남편이 가장 좋아하였던 곡이라는 것을 상기시키고 남편에 관한 대화를 시작하기 위해 부연 기술을 사용하였다.

더 많은 정보를 이끌어 내기 위한 초점화된 질문 및 탐색

개방형 질문과 클라이언트의 핵심 단어를 반영한 질문을 결합하면 상대방의 감정을 정확하게 파악하는 데 도움이 될 수 있다. 또한 치료사는 토의를 더 깊이 진행하기 위해 초점화된 질문과 탐색 기술을 사용할 수도 있다. 예를 들어, 클라이언트가 음악을 어떻게 느꼈는지를 설명할 때 치료사는 조금 더 초점화된 질문을 할 수 있다. "이 감정이 당신에게 특별히 중요한 것으로 느껴지네요. 더 깊이 탐색해 볼까요?"라고 질문하는 것도 한 가지 방법이다. 또는 치료사는 다음과 같이 질문할 수도 있다. "이전에 어머니(또는 아버지)에게 이런 감정을 느꼈다고 말씀하셨죠. 이것은 가족과의 문제였던 것으로 기억합니다. 이에 대해 조금 더 이야기해 볼 수 있을까요?"라는 식으로 클라이언트의 과거에 대한 정보를 바탕으로 추가적인 탐색을 진행한다. 또 다른 예로는 "그 음악을 들을 때 매우 불편하고 집중을 못 하는 것 같았어요. 듣기가 힘들었나요?"와 같이 관찰을 통해 이슈를 제기할 수도 있다. 더 깊은 수준의 언어적인 참여를 위해서는 치료사의 경험, 치료적 과정에서 무엇이 적절하고 시기적절한지 아는 것, 클라이언트와의 더 깊은 이해와 안전한 관계를 고려해야 한다.

종료

음악치료 세션이 끝나면 치료사는 세션에서 일어난 일을 요약하여 설명함으로써 세션을 마무리할 수 있다. 다시 만나거나 이미 다른 세션이 있는 경우 다음 세션을 상기시키는 것으로 마무리한다.

음악 체험을 증진하기 위한 언어적 상호작용

Paul Nolan(2005)은 음악에 대한 클라이언트의 경험을 증진하기 위해 언어적 상호작용을 사용하는 경우를 이렇게 설명하였다. 클라이언트는 음악의 분위기를 설명할 적절한 어휘를 구사하기 어려운 경우가 많으므로 음악치료사는 이를 돕기 위해 가이드를 제공해야 한다. Nolan은 음악의 미적 측면, 클라이언트의 음악적 행동과 내적 경험, 대인 관계 과정에 대한 인식을 증진하는 목적으로 음악 경험에 대해 클라이언트와 어떻게 대화해야 하는지 규명하였다.

또한 치료사는 클라이언트 목소리의 음악적 질(quality)에 주의 깊게 귀를 기울이는 것이 필요하다. Elizabeth Schwartz는 "클라이언트의 말과 언어에 담긴 음악적 질에 귀를 기울여 암시적이거나 불분명한 의미와 메시지를 '듣기(hear)'"(2019, p. 63)를 제안한다. 그녀는 특히 멜로디의 이동, 음정의 범위, 다이내믹(셈여림)의 강약, 템포가 부담을 주는가의 여부, 특이한 아티큘레이션이나 프레이징을 언급한다.

이러한 음악적 단서는 치료사가 클라이언트의 경험에 대해 후속 조치를 취할 방법을 결정하는 데 도움이 될 수 있다.

다음 장에서는 음악의 수용적 경험에 대한 클라이언트의 준비 상태에 좀 더 초점을 맞추며, 이 장의 아이디어를 바탕으로 음악 감상이 지닌 고유한 특성 및 기능을 탐구할 것이다.

제2장

수용적 음악치료를 위한 치료사의 음악 선곡

이 책 전반에 걸쳐 설명하듯이, 음악치료 임상 현장에서는 다양한 개인 및 대상군을 위한 세션을 설계할 때 무엇을 실행할 것인가에 관한 의사결정의 순간을 빈번히 마주하게 된다. 때로는 음악의 가사 선택과 음악의 활용을 위한 방법을 치료사가 주도하는 것이 가장 적절한 경우도 있다. 반면, 클라이언트와 협력하여 이들이 수용적 음악치료 경험을 할 준비가 되었는지, 어떤 음악이 가장 적절한지, 특정한 상황에 그에 따른 맥락에 맞게 경험을 제공하는 것이 나은지 결정하는 것이 더 나을 수 있다.

이 장에서는 음악치료에 사용되는 다양한 레퍼토리에 대한 전문 지식을 바탕으로 치료적 관계 안에서 선곡해야 하는 것에 관한 몇 가지 기초적인 아이디어를 제공한다. 여기에는 어떤 음악이 가장 적합한지에 대한 통찰을 이끌어 내는 일련의 음악 선곡 원칙이 포함된다.

특히 이 장은 다양한 음악 장르에 적용할 수 있는 음악 선곡 원칙에 초점을 맞춘다. 즉, 음악의 성격, 복잡성, 음악이 무엇을 연상시키는지, 악곡의 길이, 의미 만들기를 유도하는지 여부를 고려해야 한다. 예를 들어, 기악곡의 경우, 인식 가능한 가사와 반복적으로 구조화된 형태를 가진 악곡보다 음악 외적인 의미 만들기를 더 쉽게 유도할 수 있다. 의도적 또는 초점화된 음악 감상, 음악을 통한 이완, 음악과 심상(Music and Imagery: MI) 경험 등 수용적 음악치료 세션에서는 사용되는 기존의 녹음된 음악(기악 및 성악)의 선곡을 고려해야 할 때가 있다. 음악치료에 있어 클라이언트가 듣고 싶어 하는 음악을 협력하여 선택하는 것이 이상적이지만, 음악 선곡을 치료사가 책임지고 결정해야 하는 상황이 많으며, 다음의 경우가 이에 해당한다.

- 클라이언트가 너무 어려서 선택할 수 없는 경우(예: 영유아 및 아동)
- 심각한 정신 질환, 치매, 외상성 뇌손상 또는 학습장애 및 발달장애로 인해 선택이나 의사결정이 어려운 경우
- 클라이언트의 상태가 매우 좋지 않아 두 곡 중 하나도 선택하기 힘든 경우(예: 완화의료 또는 별도의 의료 처치를 받는 경우)
- 시간의 제약이 있어서 클라이언트와 공동 작업 시간이 충분하지 않은 경우(예: 세션 마무리 직전)
- 협력적 선택을 하는 데 시간이 오래 걸리는 그룹 세션의 경우

수용적 음악치료 경험을 위한 음악 선정에 책임을 느껴야 하는 다른 중요한 이슈들이 있다. 이 장의 후반부에서는 초점화된 음악 감상, 이완 및 MI와 같은 수용적 경험을 위한 기악곡 선정에 초점을 맞출 것이다.

음악의 요소

특정 목적을 위해 기악곡을 선정할 때 음악을 구성하는 다양한 요소들은 중요한 고려 대상이 된다. 음악의 구조는 일반적으로 리듬 기반, 멜로디 라인, 화성 구조, 악기 편성에 따른 음색, 즐거움과 분위기를 고양하는 다이내믹한 변화 등 다층적으로 이루어져 있다. 이러한 층은 서로 얽혀 있고 종종

표 2-1 음악의 요소 및 속성

음악의 요소	각성	예측 가능성	분위기
리듬	복잡한 리듬은 더 높은 각성을 유도하며, 단순하고 반복적인 리듬은 안정감을 준다.	반복적인 리듬 패턴에 따른 일정한 리듬, 인식 가능한 주제로의 회귀는 예측 가능성을 높인다.	강한 리듬은 단호한 분위기를 조성하며, 부드럽고 리드미컬한 패턴은 더 많은 상상력과 유영(floating)을 불러일으킨다.
템포	빠른 템포는 일반적으로 높은 에너지와 연관되고, 느린 템포는 평온함과 반영적 상태를 유도한다.	일정하고, 급격한 변화가 없는 템포는 예측 가능성을 증가시킨다.	느린 템포는 종종 부드럽고 우수에 찬 분위기를 반영하며, 빠른 템포는 역동적이고 활기찬 분위기를 만든다.
선율	음정 간격이 좁은 선율은 진정시키는 효과가 있으며, 음정의 도약이 큰 선율은 주의를 끈다.	기억하기 쉽고 예측 가능성이 있어 노래할 수 있는 선율은 안정감을 조성한다.	선율은 종종 기억과 연상을 자극하며, 음악의 다양한 정서와 분위기를 투영하고 전달한다.
화성	복잡하고 변화가 많은 화성은 참여도와 각성 수준을 높인다.	예측이 가능한 화성 진행은 고도의 인지적 요구가 없이도 음악적으로 잘 전달된다.	단조로 쓰인 음악은 종종 슬프고 우울하거나 성찰적인 분위기를, 장조는 일반적으로 밝고 경쾌한 분위기를 유도하지만, 항상 그런 것은 아니다.
다이내믹(셈여림)	다이내믹이 극적일수록 각성 효과가 크며, 움직임이 클수록 각성 수준이 높아진다.	다이내믹의 변화는 음악의 색채를 더하지만, 반복적으로 지속되는 셈여림의 특성은 예측 가능성을 높인다.	점진적인 크레셴도는 음악의 분위기를 절정으로 이끌어 내며, 강한 셈여림의 변화는 감정의 격동을 유도할 수 있다.
악기 편성	현악기와 목관악기가 종종 내면을 성찰하는 것과 연관되며, 금관악기와 타악기의 음색은 군악대와 같이 활동적인 상태를 연상시킨다.	서로 다른 악기 간에 멜로디를 주고받는 방식은 단조로움 없이 반복을 가능하게 하는 일반적인 악곡 구성이나, 갑작스러운 변화는 예측을 어렵게 한다.	개인마다 선호하는 음색에 차이가 있고, 오보에에서 고음 현악기 또는 베이스 음향에 이르기까지 악기 편성에 따라 다양한 분위기를 연상시킨다.

평행적으로 배치되어 끊임없이 변화하는 음악적 레이아웃을 만들어 낸다.

주요 음악의 요소는 다음과 같다.

- 리듬
- 템포
- 선율
- 화성
- 다이내믹(셈여림)
- 악기 편성

〈표 2-1〉은 각성(arousal), 예측 가능성(predictability) 및 분위기(mood)와 관련된 음악의 요소를 제시한다.

음악의 복잡성 평가하기

수용적 음악 경험에서 악곡 선정의 적합성을 통찰하는 또 다른 방법은 음악의 강도(intensity)와 복잡성(complexity)을 평가하는 것이다. Lars Ole Bonde(2005, p. 35)는 음악의 강도 프로파일(intensity profile) 그래프와 관련하여 최초로 '지원적(supportive)' '도전적인(challenging)' '혼합적(mixed)'이라는 유형으로 음악을 범주화하여 제시하였다. 이 세 가지 범주는 이후, Margareta Wärja에 의해 확장되어 코트라 무지크레소르(Kotra Musikresor: KMR, '짧은 음악 여행'이라는 뜻의 스웨덴어)라는 치료적 음악의 분류법을 형성하게 되었다(Wärja, 2015).

Wärja와 Bonde(2014, pp. 18-19)는 이 세 가지 음악 유형을 다음과 같이 설명한다.

- 지원적 음악은 음악 감상 경험을 둘러싼 안전한 틀을 만드는 데 사용된다. 이는, ① 안전하며 안아 주는(holding) 공간, ② 안전하고 개방적인 공간, ③ 안전하며 탐색적인 공간이 될 수 있다. 이러한 음악은 안정적이고 상당히 예측 가능하며 밝은 분위기의 스펙트럼을 지닌다. 음악의 형식은 단순한 ABA, 오스티나토 기반, 2부 또는 3부 형식이 될 수 있다. 예를 들어, Secret Garden의 〈Papillon〉 같은 곡이 있다.
- 지원적 음악과 도전적인 음악이 혼합된 음악은 전반적으로 음악의 도입부와 마무리가 지원적이다. 그러나 일부 에피소드에서는 분위기, 템포 또는 음량에 변화를 주어 클라이언트에게 도전을 제시할 수 있으며, 긴장감과 강도가 높아질 수도 있다. 이는, ① 놀라움과 대비가 있는 탐색형, ② 탐색적이고 심화된 형태, ③ 탐색적이고 도전적인 형태가 가능하다. 음악의 형식은 좀 더 대조되는 파트로 구성되거나, 랩소디 형태이다. 예를 들면 Elgar의 〈Sospiri〉나 Rodrigo의 〈Concerto de Aranjuez 2악장〉이 이에 해당한다.
- 도전적인 음악은 매우 강렬하다. 힘이 넘치고 극적이며, 특정 파트에서는 안정적 분위기가 지속될 수 있으며 클라이언트가 문제를 직면하거나 정서적 딜레마 또는 상실을 탐색하도록 유도한다. 도전적인 음악의 세 가지 유형은 다음과 같다. ① 랩소디(서사적이고 영웅적이며 내용 및 형식이 자유로운 판타지풍의 기악곡) 분야, ② 변형(metamorphosis) 분야, ③ 신비(mystery)와 형태의 전환(transformation) 분야이다. 음악의 형식은 더욱 복잡하며 많은 음악 요소에서 대비를 이루고 있다. 예를 들면, Copland의 〈Appalachian Spring〉이나 Barber의 〈Adagio for String〉이 있다.

음악 장르에 대한 선호도

일반적으로 클라이언트를 위해 음악을 선정할 때는 클라이언트가 선호하는 음악이 가장 적합하다고 알려져 있다. 음악 장르가 워낙 다양하기 때문에 선호하는 장르를 파악하는 것은 어려울 수 있다. 일반적으로 선호되는 '대중적인' 음악은 현재 유행하는 노래이지만, 듣기 좋은 음악, 편안한 음악, 심상을 떠올리기 좋은 음악을 탐색하고자 한다면 더 넓은 스펙트럼의 음악 선호도에 대해 클라이언트와 대화를 나눌 필요가 있다. 두세 곡의 짧은 선곡 예시를 들려주고 클라이언트가 선택하게 하는 것도 한 가지 방법이지만, 때로는 클라이언트가 의사결정을 하지 못하는 경우도 발생한다.

다양한 음악 장르가 존재하며 항상 새로운 음악 장르가 등장하고 있다. 수용적 음악치료에 사용되는 주요 장르는 다음과 같다.

- 앰비언트 음악 또는 환경 음악과 영화 음악
- 유럽 전통의 고전 예술 음악(즉, 클래식 기악곡과 성악곡)
- 세계전통음악
- 최신 청소년 음악(힙합, 팝, K-pop)

앰비언트 음악 또는 환경 음악과 영화 음악

음악 특성을 설명할 때 장르 전체에 걸쳐 일반화하기는 어렵지만, 앰비언트 음악(ambient music)은 인지적인 처리가 거의 필요하지 않고 감상자가 음악이나 내용을 이해하도록 요구하지 않는다는 점에서 전체적으로 '듣기 쉬운' 음악이며, 가볍게 즐길 수 있다. 이는 Wärja와 Bonde의 분류법(2014)에서 '지원적' 프레임워크에 속한다. '이지 리스닝(easy listening, 편안하고 잔잔한 음악)'은 음악 스타일이 형식적으로 친숙하다는 것을 의미한다. 즉, '노래할 수 있는' 예측 가능한 선율, 복잡하지 않은 화성 구조, 음악을 안정적으로 잡아 주는 일관된 베이스 라인이 있음을 의미한다. 음악은 기타, 현악기, 감미로운 피아노, 플루트 또는 다른 기분 좋은 음색으로 연주될 가능성이 높으며 때로는 신시사이저로 연주되기도 한다. 현시대의 앰비언트 음악가의 예로는 Enya, Daniel Kobialk와 피아니스트 Ludovico Einaudi가 있다.

앰비언트 음악 또는 환경 음악

자연의 소리는 쾌적하고 편안하며 차분한 느낌을 불러일으킬 수 있으며, '자연의 한 장면, 나무의 초록색, 근처에 폭포가 있는 것 같은 심상을 상상하는 것'과 같은 보조 심상과 결합함으로써 이러한 심상을 마음에 떠올리도록 유도할 수 있다. 바닷물이 해안에 '찰랑찰랑' 부딪히는 소리도 도움이 될 수 있다.

반대로 환경 음악은 때때로 혼동을 일으킬 수 있다는 점에 유의해야 한다. 예를 들어, 마치 방에 새가 있는 것처럼 새 울음소리가 그대로 들릴 수 있다. 이는 치매 환자나 이러한 경험의 복잡성을 처리할 수 없는 클라이언트에게 당혹스러울 수도 있다.

영화 음악

영화 음악은 스크린에서 재생되는 장면을 연상시키는 경향이 있다. 대다수는 〈Superman〉의 테마 음악, 〈Star Wars〉의 음악, 〈Harry Potter〉와 〈The Lord of the Rings〉의 주제곡을 쉽게 떠올릴 수 있을 것이다. 이러한 테마는 영화가 여러 차례 상영되었기 때문에 잘 알려진 경우가 많다. 치료적 목적으로 음악을 선택할 때, 영화에 대한 기억뿐만 아니라 이야기 속 인물과의 동일시에서 발생하는 연상 작용이 있으므로, 악곡 선정 시 영화에 대한 일반적인 연상을 함께 고려하는 것이 중요하다. 이는 음악을 감상하기 전 또는 필요에 따라 감상 후에 해당 개인 또는 그룹과 논의할 수 있다.

Aaron Copland(1953, p. 205)는 '영화 장면을 살려 주는' 음악의 몇 가지 방법을 제안한다. 여기에는 말하지 않은 생각과 보이지 않는 함의를 강조하는 등 배경과 전경의 역할을 모두 포함하며, '장면의 연극적 구축을 뒷받침하고 최종적인 느낌으로 마무리하는' 분위기 조성에 기여함으로써 시간에 걸쳐 연속성을 구축하는 것(Copland, 1953, pp. 205–206)과 같은 예측 가능한 역할이 있다.

이러한 목적은 John Williams의 〈Star Wars〉 영화 음악에서 강력하게 느껴진다. 어떤 곡은 희망과 사랑, 악을 이긴 선의 승리에 대한 영감을 불러일으킨다. 다른 곡들은 슬픔과 배신을 묘사한다. 각각의 메인 테마의 구조는 길게 상승하는 선율로 관객의 기분을 즉각적으로 끌어올리고 흥분과 영감을 불러일으킨다. Williams는 주제를 주도 동기(leitmotifs, 유도 동기)처럼 사용하여 주제의 구성 요소를 가져와 시청자에게 배우가 맡은 역할의 주요 특징을 상기시키고 캐릭터가 느끼는 감정을 표현한다. 또한 합창과 같이 여러 사람이 동시에 내는 중첩된 목소리를 사용하여 평범함을 뛰어넘는 무언가를 암시하기도 한다.

Williams는 〈Schindler's List〉의 영화 음악도 작곡하였는데, 곳곳에서 참혹한 이야기가 음악으로 전달되어 다양한 감정을 묘사한다. 이 영화의 메인 테마는 바이올리니스트 Isaac Stern이 연주하였으며, 단조(Dm)의 5도와 6도의 하강 간격(라레라레 시♭라파라)으로 구성된 인상적인 선율을 통해 이야기의 고뇌를 전달한다.

유럽 전통의 고전 예술 음악

'클래식' 음악이라는 용어는 바로크 시대(1600~1750)부터 현재에 이르기까지 수많은 작곡가와 양식의 시대를 포괄하기 때문에 다양한 장르의 음악에 대해 논의할 때 문제의 소지가 될 수 있다. 유럽 음악의 '고전' 시대(대략

1750~1820)와 혼동할 수 있기 때문이다. Debussy, Ravel, Fauré, Respigi 등을 포함한 인상파(1890~1925)의 음악은 '클래식'이라는 장르에 속하지만, 바로크와 고전 시대의 음악 형식 구조와는 극명한 대조를 이룬다. 음악치료 세션의 의도에 따라, 유럽 클래식 음악 장르에서의 각각의 악곡은 특히 성인 대상군에서 치료적으로 적용이 가능하다.

자신의 이름을 딴 유도된 심상과 음악(Bonny Method of Guided Imagery and Music: BMGIM)을 창시한 Helen Bonny는 클래식 음악의 특성에 대해 광범위하게 저술하였다(2002, pp. 301−324). 그녀는 서양 클래식 음악에 대한 몇 가지 신념을 다음에서 명확하게 설명한다.

- 서양 클래식 음악은 오랜 세월의 검증을 거치며, 과거와 마찬가지로 오늘날에도 여전히 유효하다.
- 클래식 음악은 긴장감을 조성하였다가, 시간이 지남에 따른 음악의 흐름과 전개를 통해 이를 해소한다. 이러한 해소는 카타르시스를 느끼게 한다.
- 클래식 음악에는 형식적인 구조가 있으며, 이 구조는 감상자의 감정적 경험을 담아내는 데 도움이 된다. 작은 그릇(container)으로서의 음악은 예측 가능하고, 반복적이며, 명확한 경계를 가지고 있다. 한편, 큰 그릇의 음악은 예측 불가능하고, 감상자가 감정적으로 조절해야 이에 휩쓸리지 않을 수 있는 변화무쌍함을 지닌다.
- 클래식 음악에는 심상과 감정선을 뒷받침하는 흐름이 있다. 선율, 화성, 악기의 음색, 그리고 다이내믹(셈여림)의 변화는 시간이 지남에 따라 음악이 확장되는 것을 더해 준다. 이러한 음악의 층은 심상을 자극하고 분위기를 변화시키는 데 기여한다.
- 클래식 음악은 다양한 자극을 제공한다. 예를 들어, 장조 주제 다음에 대조되는 부드러운 주제(종종 단조)가 뒤따르며 서로 다른 분위기를 불

러일으키는 것이 일반적이다.

- 클래식 음악은 멜로디 라인, 화성 순서, 악기의 음색, 크레셴도와 디미누엔도의 다이내믹 등 여러 요소의 조합을 통해 분위기를 전달한다. 또한 감상자는 음악 스타일과 관련된 연상을 통해 기억을 활성화할 수 있다.

이러한 특성은 다른 음악 장르에도 많이 적용되지만, 클래식 음악은 특히 긴장과 이완이 가능한 구조로 되어 있어 흐름과 움직임을 자극하고 다른 장르보다 장시간에 걸쳐 분위기를 조성하거나 지속할 수 있는 특징이 있다.

미니멀리즘

유럽 클래식 음악의 현대적 발전은 미니멀리즘(minimalism)에서 볼 수 있다. 명칭에서 알 수 있듯이 이 음악의 주요 특징은 요소 중 하나를 단순한 형태로 반복하는 것이다(Hanning, 2002). 미니멀리즘의 대표적인 인물로는 Steve Reich, Philip Glass, 에스토니아 작곡가 Arvo Pärt, Max Richter 등이 있다. 수용적 음악치료에서 자주 사용되는 Pärt의 곡 중 하나는 '거울 속의 거울'이라는 뜻의 〈Spiegel im Spiegel〉이다. 독주 악기는 첼로 또는 비올라이며 피아노가 반주를 담당한다. 음악의 구조는 순환적이어서 거울 속의 거울을 관찰하는 순환적인 경험을 담고 있다. 템포는 느리고[분당 72비트(72bpm)], 솔로 악기의 음색은 깊고 풍성한 음색으로 길게 유지되는 음이 특징이다. 피아노 반주는 상단부에서는 분산화음, 하단부에서는 부드러운 옥타브를 사용하여 음악의 분위기를 '안정감 있게' 유지한다.

세계전통음악

유럽 전통의 고전 예술 음악에 대해 논의하면서 다른 문화의 전통 예술 음악도 살펴볼 필요가 있다. Ng Wai Man(2015, 2018)은 중국 문화 중 음악에 대해 저술하였는데, 특히 중국의 전형적인 상징과 풍경의 심상을 불러 일으키는 데 음악이 어떻게 효과적인가에 관해 방대하게 집필하였다. 중국 전통 음악은 5,000년 전으로 거슬러 올라가며, 모든 음악 장르와 마찬가지로 새로운 형식에는 전통 중국과 서양 요소, 특히 서양 하모니가 혼합되어 있다. Ng은 유도된 심상과 음악(Guided Imagery and Music: GIM)에서 사용할 다섯 개의 중국어 프로그램을 개발하였지만, 개별적으로 선정된 곡 중 일부는 다른 목적으로도 사용될 수 있다.

다양한 문화권의 광범위하고 오래된 음악의 전통을 요약하는 것은 불가능하지만, 서양에서 수용적 음악치료에 자주 사용되는 일부 음악의 특정 측면을 강조하는 것은 어느 정도 가치가 있다. 예를 들어, 하루 중 특정 시간에 사용되는 인도 문화의 라가(ragas)는 특별한 의미를 지니고 있다. 라가는 그것이 나타내는 분위기에 따라 고정된 상승 및 하강 순서로 연주되는 일련의 음의 배열로, 의식의 깊은 상태를 유발할 수 있다(Clark & Kini, 2011, p.140). 마찬가지로 중동 음악의 모드 음계는 수천 년 전으로 거슬러 올라가며, 에올리안(aeolian) 모드를 기반으로 하는 음계는 독특한 음악의 분위기를 자아낸다. 중동의 악기로는 우드(oud, 배 모양의 악기), 사즈(saz, 목이 긴 류트), 카눈(qanun, 현악기)이 있다.

컨템포러리 음악

수용적 음악치료에서 사용할 수 있는 음악 장르로, 컨템포러리 팝(contemporary pop) 음악에는 많은 기악 연주 트랙이 있다. 전자 음악과 어쿠스틱(acoustic) 음악 모두 긴 멜로디 라인, 예측 가능한 구조, 눈에 띄는 베이스라인, 반복적인 화성 구조 등 〈표 2-1〉에 설명된 많은 특징을 포함하는 작곡이 이루어졌다. 이러한 특징은 동일하면서도, 사운드는 매우 다를 수 있고, 젊은 층이나 현대적인 사운드를 선호하는 사람 또는 이와 다른 음악 장르를 대표하는 오케스트라 사운드를 좋아하지 않는 이들이 선호할 수 있다.

전자 댄스 음악(Electronic Dance Music: EDM)은 최소 300개 이상의 하위 장르로 구성되는 슈퍼 장르이다(McLeod, 2001). 반복적인 비트는 EDM의 특징이며, 4분의 4박자 리듬이 일관되게 유지되며, 보통 120~180 bpm(Cannon & Greasley, 2021) 사이이다. EDM은 가사를 강조하지 않는다는 점에서 힙합과 구별되며, 대체로 가사가 없는 것이 특징이다. 이러한 특성으로 대다수는 EDM을 수월하게 생각하는데, 이는 예측 가능성과 안정감을 유도하는 데 도움이 된다.

컨템포러리 음악은 그 양이 워낙 방대하여 수용적 음악치료의 목적에 맞는 특정 트랙을 전반적으로 파악하기 어려울 수 있다. 한편, 이러한 작업은 검색 엔진이 내장된 디지털 음악 스트리밍 서비스를 만들면서 조금 더 간단해졌다. 키워드를 사용하여 듣고자 하는 곡의 하위 집합을 식별하고, 어떤 노래가 유용할지 결정할 수 있다. 〈표 2-2〉에는 특정 목적에 부합하는 음악을 검색하는 데 도움이 될 수 있는 유용한 검색어의 몇 가지 예가 나와 있다. 이와 같은 방식으로, 다른 사용자가 만든 플레이리스트가 포함된 검색 결과가 나오는 경우가 많으며, 여기서 키워드와 연관된 사운드의 리스트를 발견할 수 있다. 이러한 검색은 모두 목적에 맞는지 확인해야 하지만, 훌륭하고 자극적인 출발점을 제공한다.

표 2-2 음악의 스타일 및 키워드

음악 스타일	핵심어
EDM	휴식, 여유, 주말 분위기
트랜스 음악	휴식, 해변, 여유로움, 선(zen)
대중음악, 기악곡	평화로운, 명상, 편안함, 배경, 진정
재즈, 기악곡	크룬(croon, 작게 부르는 창법), 부드러운, 커피, 여유로움, 시원한

음악 선정의 적절성 평가하기

치료사는 음악을 클라이언트와 함께 사용하기 전에 선정한 악곡을 미리 들어 보고, 주관적으로뿐만 아니라 객관적으로도 감상하고 적절성을 파악하는 것이 바람직하다(Copland, 1953, p. 15). 다음의 세 가지 조건에 따라 선정된 곡을 감상하는 것이 중요하다.

- 조건 1: 눈을 감은 채로 선정된 음악에 전적으로 주의를 기울인다. 운전이나 요리 등 다른 일에 몰두하는 동안 배경으로 음악을 재생하지 않도록 해야 한다. 음악에 완전히 주의를 집중한다. 리듬, 선율, 화성 진행, 악기 편성 등 다양한 요소를 파악하고 이러한 요소가 모두 맞물려서 치료사가 원하는 효과를 창출하는지 인지적으로 평가한다.
- 조건 2: 선곡된 음악을 다시 들으면서, 이를 적용하려는 클라이언트 또는 그룹에서 어떤 유형의 심상이나 감정이 유발될 수 있는지를 상상해 본다. 특히 선정한 악곡이 슬프거나 우울한 감정을 불러일으킬 가능성이 있는지 유의한다. 예를 들어, 많은 이완 음악 트랙이 단조로 작곡되어 하강하는 멜로디 라인을 지니므로 병원이나 노인 요양 시설에서 취약한 상태에 있는 클라이언트의 경우, 쉽게 우울해질 수 있기 때문이다.
- 조건 3: 악곡의 시작부터 끝까지 주의 깊게 감상한다. 시작 부분이 의도하는 분위기를 조성하는가? 아니면 실제로 사용하려는 섹션이 시작되기 전까지 도입부가 너무 길지 않은가? 음악의 결말이 잘 마무리되어 있는가? 아니면 클라이언트로 하여금 음악이 끝났다고 느끼기 어렵게 만드는 유동적인 마무리인가?

치료사는 개인과 그룹에 따라 어떤 악곡이 효과가 있고, 어떤 음악이 부적절한지 기록해 두는 것이 중요하다. 이를 통해 치료사는 스스로 교육하는 과정을 촉진하며, 치료사 자신의 고유한 레퍼토리를 구축하여 치료 목적을 달성할 수 있게 된다.

개인 세션을 위한 음악 선정하기

치료사의 악곡 선정 근거

음악치료사는 클라이언트의 연령대와 신체적 또는 인지적 한계를 고려한 다음, 다양한 조건에서 음악을 선택할 수 있어야 한다. 음악치료 전문가가 선곡하는 음악이 가지는 장점이라면, 치료사가 자신의 결정을 뒷받침할 수 있는 음악의 요소, 예를 들어, 음악의 템포, 장조인지 단조인지 또는 음악의 주된 분위기에 대한 이해와 지식을 가지고 있다는 것이다.

아동은 음악의 분위기를 주의 깊게 듣고 상상의 이야기를 만들어 낼 수 있는 능력이 있다(Reher, 2015). 치료사는 일반적으로 아동에게 적합하고 도움이 될 수 있는 음악 장르와 스타일에 대한 전문 지식을 가지고 이를 기반으로 음악을 선정한다. 그러나 그 외에도 아동이 선호하는 음악이 있을 수 있으며, 가능한 경우 치료사는 아동과 협력하여 음악을 선정하는 것에 참여시킨다.

노인 돌봄, 특히 치매 환자의 경우 치료사는 클라이언트가 선호할 가능성이 높은 음악에 대한 지식을 바탕으로 음악을 선정한다. 음악에 대한 선호도가 청소년기에 확립되는데(North, Hargreaves, & O'Neill, 2000), 치료사는 해당 연령대를 고려하여 노인이 선호할 가능성이 있는 음악을 추천할 수 있어야 한다. 이것은 완전무결한 도구가 아닐지라도, 좋은 출발점이 될 수 있을 것이다. 시간이 지남에 따라, 치료사는 음악 감상에 초점을 맞춘 세션에서 클라이언트가 선호하는 음악에 대한 정보를 수집할 수도 있다.

클라이언트가 신체적으로 피곤하고 통증에 시달리는 상황에서는 선택권이 주어졌을 때 그 단순한 요청조차 압도될 수 있는 경우가 발생할 수 있으므로, 치료사가 주도적으로 악곡을 선정하는 것이 적합하다. 마찬가지로 외상성 뇌 손상을 입은 환자는 인지 장애가 있어 선호하는 음악을 결정하는 것에 제약을 받을 수 있다. 또한 인지 기능에 영향을 받는 중증 정신 질환 환자의 경우에서도 하나의 곡을 선정하기까지 어려움을 겪을 수 있으므로 치료사가 적합한 음악을 선정하는 것이 요망된다.

협력적 음악 선정에 관한 근거

음악 선정에 있어 협력적인 과정을 통해 클라이언트는 음악 감상에 대한 의사결정에 참여하며 자신의 역량과 전문성을 개발할 수 있다. 치료사는 클라이언트의 당시 기분에 가장 잘 맞는 음악에 초점을 맞춘 질문을 통해 클라이언트에게 건강한 음악과 건강에 해로운 음악에 대해 논의할 수 있는 방식으로 선곡을 안내할 수 있다. 여기에는 클라이언트의 기분과 일치하고 이를 반영하는 음악, 분위기를 바꾸고 싶을 때 사용할 다른 음악, 특정 심리 상태와 연결하고 싶을 때 다시 다른 레퍼토리를 선택하는 것이 포함된다. 이러한 음악 선곡에서의 변별은 "나는 그 곡이 좋아요./나는 그 곡이 싫어요."보다 더 미묘한 차이가 있으며, 더 많은 것을 촉진하여 음악의 분위기에 맞추어 효과적으로 사용할 수 있다. 또한 음악치료사에게 의존하지 않고, 클라이언트 스스로 치료적으로 또는 안녕감을 목적으로 하는 적합한 음악을 선곡하는 것을 안내할 수 있다.

협력적 음악 선정 과정에는 클라이언트가 자발적으로 선곡을 시도할 수 없을 때 선택권을 제공하는 것도 포함될 수 있다. 종종 클라이언트가 치료사에게 "당신이 선택하세요."라고 말하는 경우가 발생한다. 이 경우 치료사는 두 곡을 짧게 발췌하여 들려준 다음, 클라이언트에게 둘 중 하나를 선택하도록 함으로써 의사결정 과정의 발판을 제공할 수 있다. 이는 클라이언트가 위축되거나 우울하거나 신체적 또는 감정적으로 어려움을 겪는 경우 적절한 프로세스가 될 수 있다. 이는 클라이언트를 수동적인 형태의 음악 감상으로부터 좀 더 적극적인 참여로 부드럽게 이끄는 매개의 중요성을 강조한다.

클라이언트의 음악 선정 근거

클라이언트가 직접 음악을 선정하는 것에 관한 한 가지 장점은 클라이언트와 선곡하는 그 음악 간에 이미 관계가 형성되어 있다는 것이다. 이렇게 선곡된 음악은 클라이언트가 선호하는 음악 장르와 스타일이 반영되어 있기 때문에 친숙하고 안전하다. 또한 클라이언트가 음악을 선정할 때, 클라이언트는 선택을 통해 자기 결정권과 주체성을 증진할 수 있다. 치료사는 클라이언트가 선호하는 플레이리스트에 친숙해질 수 있으며, 이는 토의에서 유용한 정보를 제공한다. 또한 치료적 관계를 도모하고, 치료사와 클라이언트 간의 호혜성이 더욱 커져서, 치료사와 클라이언트 간의 신뢰감 형성을 지원하게 된다.

의도적인 선택을 스스로 할 수 있는 클라이언트는 가능성을 숙고하고 반영할 수 있는 인지적 능력이 있기 때문에, 일반적으로 이러한 맥락에서 음악 감상의 목적은 토의를 통해 개인적인 통찰력을 촉진하는 데 있다. 이때의 토의는 감각적 심상 경험을 통해 새롭게 생성되는 의미보다는, 클라이언트에게 해당 악곡이 지닌 의미에 초점을 맞춘다.

이 과정의 첫 번째 단계는 클라이언트에게 어떤 음악이 중요한지 파악하는 것이다. 치료사는 일반적으로 다음과 같은 비형식적인 질문을 한다.

- 혼자 있을 때 어떤 음악을 즐겨 듣나요?

- 다른 사람과 공유하고 싶은 음악은 무엇인가요?
- 슬프거나 화가 나거나 상실감이나 외로움을 느낄 때 어떤 음악을 듣나요?
- 기분을 전환하고 싶을 때는 어떤 음악을 듣나요?

다음 단계는 함께 음악을 감상하는 것이다. 대다수 사람은 음악을 배경으로 틀어 놓은 상태에서 대화하는 것에 익숙하기 때문에, 치료사는 이 과정에서 음악 감상에 초점을 기울이도록 격려하는 것이 필요하다. 이를 위해 치료사는 클라이언트가 음악 감상에 집중할 수 있도록 눈을 마주치기보다는 뒤로 물러나 먼 곳을 바라보거나 바닥이나 특정 지점을 응시하는 등 감상 기술을 모델링할 수 있다. 만약 클라이언트가 말을 건다면, 이를 무시하지 말고 자신이 무엇을 하고 있는지 설명하는 것이 중요하다. 예를 들어, "네, 흥미롭네요. 저는 지금 음악을 듣는 데 집중하고 있어요. 우리 함께 들어 볼까요?"와 같은 말로 응대할 수 있다. 이렇게 하면 클라이언트에게 특정 방식으로 행동하도록 강요하지 않으면서도 음악 감상의 의도를 분명히 알릴 수 있다.

음악이 끝난 후에 치료사는 다음과 같은 개방형 질문으로 클라이언트에게 음악 감상에서 의미 있는 것이 무엇이었는지 묻는다.

- 이 음악에서 어떤 부분이 좋았나요?
- 오늘 이 곡을 들으면서 가장 인상 깊었던 부분은 무엇인가요?
- 그 음악을 나누는 경험은 어떠셨나요?

클라이언트는 종종 치료사가 음악 자체의 내용이나 작곡가 또는 연주자에 대한 설명에 집중하기를 기대한다고 생각한다. 이러한 접근은 유용한 시작점이 될 수 있는데, 의미를 만들어 가는 과정은 단순한 미적 감상의 영역을 넘어, 클라이언트가 지닌 연상으로 확장되어야 한다. 이는 과거의 경험과 연결될 수 있다. 예를 들어, "처음으로 이 음악을 들었을 때/이것을 보았을 때/저것을 샀을 때가 기억나요." 또는 특정 인물이나 특별한 사건에 대한 기억과도 연관될 수 있다.

그룹 세션을 위한 음악 선정하기

그룹 세션을 위한 음악 선정에는 일정한 기술이 요구되며, 그룹에 속한 대다수가 편안하게 받아들일 수 있는 '중간 지점'의 음악에 대한 감각과 지식이 필요하다. 이때 음악적 선호는 그룹 구성원의 문화적 배경과 연령에 따라 매우 다양해질 수 있다. 예를 들어, 치매 환자 가족을 위한 그룹에는 환자의 배우자뿐만 아니라 환자의 자녀 세대인 딸이나 아들이 참여할 수 있으며, 이 경우 참여자의 연령대는 40세부터 90세까지 다양하게 분포할 수 있다. 따라서 선정하는 음악은 가능한 한 모든 세대가 낯설지 않게 받아들일 수 있는 음악이어야 한다.

음악 선정 시 고려해야 할 요소는 다음과 같다.

- 그룹이 음악을 감상하고 이를 처리할 수 있는 시간
- 그룹의 연령대별 특성을 반영하는 음악 장르
- 현재 그룹 내 지배적인 정서나 분위기
- 음악 감상 활동의 치료적 의도
- 그룹의 역동성

의사결정에서 중요한 또 하나의 요소는 바로 시간 제약이다. 일반적으로 클라이언트가 음악 감상 후 자신의 경험을 반영하고 표현할 수 있는 시간을 충분히 제공하는 것이 중요하다. 시간이 얼마나 필요한지 그리고 악곡은 어느 정도까지 길게 사용 가능한지를 고려할 때 의도는 중요한 요소이다. 따라서 수용적 음악 감상 수행 시 논의를 촉진할 수 있는 음악이나 세션을 마무리하기 위해 이완에 도움이 되는 악곡을 선택할 것인지, 아니면 전체 세션에서 주된 방법으로 사용할지 고려하는 것이 중요하다. 그룹 세션의 마지막에 수용적 음악 감상 활동이 이루어진다면 음악을 들을 수 있는 시간은 2~3분 정도로 제한될 수 있으며, 논의에 할애할 시간도 짧기 때문에 음악 장르와 선호도에 대한 긴 논의는 생략될 수도 있다. 이러한 상황과 맥락에 따라 음악 선정에 영향을 주는 요소는 다양하다.

또한 그룹 내 지배적인 분위기 역시 음악 선정의 중요한 기준이 된다. 그룹의 정서가 위축되어 있거나 우울한 경우, 가사와 분위기가 그룹의 에너지 수준과 어울리고 성찰을 일으키는 음악을 선택하는 것이 바람직하다. 반면, 보다 밝고 생동감 있는 분위기의 세션이라면, 장조(major key)를 기반으로 하고, 자극적이면서도 경쾌한 악기 편성을 가진 음악이 적합할 수 있다.

음악 감상 활동의 의도는 그룹의 필요에 따라 다르며, 구성원들이 감정에 대해 어느 정도까지 성찰하고 깊이 있는 대화를 나눌 준비가 되어 있는가에 따라 달라진다. 치매 환자 보호자 그룹은 스트레스를 줄이기 위한 '이지 리스닝'이 적절한 반면, 암 생존자 그룹은 투병의 복잡성과 감정을 다루기 위한 심도 있는 음악이 필요할 수 있다.

마지막으로, 그룹의 역동성도 음악 선정에 영향을 준다. 특정 구성원이 그룹 내에서 강한 영향력을 발휘하고 있다면, 때로는 그 사람의 선호도를 반영한 음악을 선택해 청취 활동 참여를 유도하는 것이 효과적일 수 있다. 그러나 이러한 역동성을 완화하거나 다루기 위해 선택지를 제시하는 협력적 접근법을 활용할 수도 있다. 이 경우 치료사가 두 가지 음악 중 하나를 제안한 후, 그룹이 다수결이나 토론을 통해 최종 선택하도록 하면, 다이내믹을 직접적으로 조절하는 기회가 될 수 있다.

다음 장에서는 치료의 초점화된 질문, 감정의 깊이, 의사결정에 영향을 주는 또 다른 중요한 고려사항을 다룬다. 개인이나 그룹이 음악을 통해 감정을 더 깊이 있게 다룰 준비가 되어 있는가, 혹은 보다 완만한 접근을 선호하는가를 판단하는 것은 치료 설계에 있어 핵심적인 요소가 된다. 어떤 치료사들은 이것이 초점화된 음악 감상에서 가장 중요한 결정 요소라고 보기도 한다.

제3장

초점화된 음악 감상

'초점화된 음악 감상(focused music listening)'은 적극적으로 주의를 기울이고 몰입하여 음악을 감상하는 방식을 의미한다. 인도 고전 음악의 연주자이자 창의적 예술가인 Ansuman Biswas는 이것은 연습이 필요한 기술이며, 깊이 있는 감상을 통해 더욱 큰 통찰을 얻을 수 있다고 강조한다(2011, pp. 102-103). 미국의 음악가 Aaron Copland(1900~1990) 또한 음악 감상이 감각적이고, 표현적이며, 즐겁고, 주관적이며 동시에 객관적이라고 제안하였다. 궁극적으로 그는 우리가 '무언가를 듣기 위해 귀를 기울이고 있다.'라고 강조하였다(1953, p. 15). 이 장에서는 '의도적 감상(intentional listening)' 또는 '딥 리스닝(deep listening)'이라고도 불리는 초점화된 음악 감상에 관해 설명하려고 한다. 시작점은 참여자가 의도적으로 감상할 준비가 되어 있는지를 평가하는 것이다.

클라이언트의 참여 준비도

이 장의 핵심은 수용적 음악치료 경험에 참여하고자 하는 클라이언트의 준비도이다. 대부분의 사전에 나오는 '수용적(receptive)'이라는 단어의 정의는 기꺼이 받아들이는, 반응하는, 열려 있는, 수용하거나 고려할 준비가 되어 있는 상태를 포함한다.

- 『Cambridge Dictionary』: 새로운 아이디어와 제안을 기꺼이 경청하고 받아들이는 것
- 『Merriam-Webster』: 아이디어, 인상 또는 제안에 대해 열린 태도로 반응하는 것
- 『Dictionary.com』: 받아들이거나 흡수하거나 수용하는 특성을 가진 것
- 『Collins』: 새로운 아이디어나 제안을 받아들이고, 이를 고려하거나 수용할 준비가 되어 있는 것
- 『Macmillan』: 타인의 의견을 경청하거나 제안을 고려할 의향이 있는 태도

음악치료에서 수용적 태도는 다차원적이다. 개인은 음악뿐만 아니라 치료사와의 관계에도 개방적이어야 하기 때문이다. 사람마다 삶의 경험, 개인적 성향 그리고 치료적 관계가 형성되는 상황에 따라 음악과 치료사 모두를 신뢰하는 능력에 상당한 차이가 있다. 이에 저자들은 개인에게 어떤 깊이의 수용적 음악치료가 적합할지를 판단하는 데 있어 신중히 고려해야 할 네 가지 차원을 제안하며, 이에 대해 자세히 설명하고자 한다.

- 클라이언트와 음악의 기존 관계
- 클라이언트의 의도적 경청 의지
- 클라이언트의 정서 조율 능력
- 클라이언트의 각성 수준

개인이 음악과 맺은 기존 관계의 이해

음악치료 초기에는 개인이 음악과 맺고 있는 기존 관계의 본질에 대해 배우는 것이 매우 중요하다. Randi Rolvsjord(2010)는 이러한 관계를 클라이언트가 음악치료에 가져오는 자원으로서 치료의 목적에 맞게 적절히 활용할 수 있는 것이라고 설명하며, 치료 목적으로 활용될 수 있다고 주장한다. 물론 이 설명이 타당할 수 있지만, 일부 클라이언트는 오히려 도움이 되지 않는 방식의 음악과의 관계를 형성하였을 가능성이 있으므로, 어떤 형태의 수용적 음악치료 경험이 적절한지 제안하기 전에 이러한 점을 신중히 고려해야 한다. 예를 들어, 일부 사람들은 자신의 주체성을 음악에 승화시켜 기분을 좋게 만들기 위해 음악에 의존하는 습관을 개발하였을 수 있다. 또는 슬픔이나 분노와 같은 부정적인 감정을 강화하기 위해 음악을 사용하면서 나중에 기분이 나아지는 감정 분출의 이점을 누리지 못하였을 수도 있다. 음악의 분위기를 이용하여 자신을 고립시키기 위해 음악을 사용할 수도 있다. 더 나아가, 예술가의 페르소나에 동화되어 관계 영역 내에서 제공되는 인간관계를 거부하며, 이를 통해 타인으로부터 자신을 고립시킬 수도 있다.

음악과 개인의 관계를 평가하기 위한 여러 가지 도구가 개발되었다. 예를 들어, 음악 건강성 평가 척도(Healthy-Unhealthy Music Scale: HUMS; Saarikallio et al., 2015), 음악 관심도 평가 도구(the interest in music tool; Gold et al., 2013) 등이 있다. 그러나 가장 간단한 방법은 음악의 선호도에 대해 클라이언트와 대화하면서, 그 과정 안에 음악과 맺은 관계의 본질에 대한 질문을 자연스럽게 포함시키고, 미적 선호도를 함께 파악하는 것이다. 이렇게 하면 기존의 음악 감상 습관을 이해하는 동시에 치료적 관계를 발전시키는 데 도움이 되어, 향후 어떤 방향으로 나아갈지 결정하는 데 활용할 수 있다.

클라이언트가 음악과의 기존 관계에 대해 성찰하도록 유도할 수 있는 질문의 예시는 다음과 같다.

𝄞 반추(rumination)를 위한 질문

- 그 노래가 당신이 겪은 특별한 경험과 연관이 있나요?
- 그 경험을 자주 떠올리시나요?
- 항상 동일한 방식으로 그 경험과의 연관성을 다시 떠올리는 것이 도움이 된다고 느끼시나요?
- 그것이 의례(ritual)처럼 느껴지나요?

𝄞 감정의 심화를 확인하기 위한 질문

- 슬픔, 분노, 외로움에 관한 노래를 들은 후 기분은 어떠신가요?
- 음악 감상 전후로 기분의 변화가 있었나요? 기대했던 방향으로 바뀌었나요?
- 기분이 나아지길 바라며 그 노래를 선택했나요? 효과가 있었나요?

𝄞 타인과의 거리감을 확인하기 위한 질문

- 가족이나 친구와 함께 있는 것보다 음악 듣는 것을 더 선호하시나요? 그 이유는 무엇인가요?
- 주변 사람 중 선호하는 노래의 연주자(음악가, 아티스트)만큼 당신을 잘 이해하는 사람이 있나요?
- 연주자들이 항상 같은 말이나 노래를 반복하는 것이 지겹게 느껴지나요?

음악치료사의 역할은 사람들이 건강과 웰빙에 도움이 되는 음악 감상 방법을 개발할 수 있도록 지원하는 것이다. 다만, 음악이 사람들의 삶에 항상 긍정적인 영향을 미친다고 단정하는 것은 다소 순진한 생각일 수 있다. 사람들은 쇼핑이나 운동, 음식과 음주, 약물 그리고 일을 활용하는 것 같이 음악도 다양한 방식으로 사용한다. 음악은 남용될 수도, 자원으로 활용될 수도 있으며, 그 자체에 고유한 에너지나 긍정적인 힘이 내재되어 있지 않다.

오히려 음악은 각자의 내면적 특성에 따라 대처 수단으로 활용되는 도구이다. 치료사의 역할은 음악 감상을 대처 방법으로 사용할 때 도움이 되지 않는 경우를 찾아내고, 반대로 도움이 되는 방식의 활용을 촉진하는 데 있다.

따라서 어떤 유형의 음악이 다른 유형의 음악보다 더 유익하다고 단정하는 것은 잘못된 생각임을 인식하는 것이 중요하다. 예를 들어, Richard Wagner의 음악은 영감을 주기도 하고, 우울하게 만들기도 하며, 메탈 음악은 긍정적 에너지를 불러일으키거나 부정적인 감정을 촉발할 수 있다. 또한 컨트리 음악은 위로를 주기도 하고, 기분을 가라앉게 할 수도 있다. 음악치료사로서 우리는, 다른 어떤 전문가보다도 특정한 종류의 음악이 특정 반응을 유발한다고 일반화하는 경향에 주의해야 한다. 이러한 이유로, 우리 직업은 사람들의 음악 선호도에 기반하여 객관적으로 진단하기보다는, 기존의 관계를 주관적으로 평가하는 데 중점을 둔다. 그것이 그렇게 쉬웠다면, 우리는 폭력과 불의, 불공정한 문제를 완화할 수 있는 음악의 유형을 제공함으로써 세상을 치유할 수 있을 것이다. 만약, 그것이 가능하다면 말이다.

의도적으로 경청하는 태도를 갖도록 독려하기

수용적 음악치료의 다양한 수준에 대한 개인의 준비도를 이해하는 또 다른 측면은, 의도적으로 경청하려는 의지에 초점을 맞추는 것이다. 많은 사람은 음악과 깊은 관계를 맺고 있지만, 그 관계를 치료적 영역에서 항상 사용하고 싶어 하는 것은 아니다. 오히려 자신이 원하는 그대로 음악과의 관계를 유지하고자 하며, 치료로 이어진 문제들과 연결 짓는 위험을 감수하고 싶지 않을 수도 있다. 음악치료 연구자인 Libby Flynn(2014)은 사람들의 음악과의 관계가 매우 소중하며, 음악치료가 기존의 연상을 변화시키고 새로운 연상으로 대체할 수 있음을 보고하였다.

때때로 이러한 변화가 매우 긍정적인 결과로 이어지기도 한다. 예를 들어, 실패한 관계를 계속 회상하기 위해 음악을 사용하던 사람들이 다른 노래를 선택하여 힘을 얻는 노래로 사용하기로 결정한 경우이다. 또는 좋아하는 노래의 의미를 보다 긍정적으로 재해석하기도 한다. 한 청년은 기분이 우울하고 위로받고 싶을 때 노래를 듣는 대신, 긍정적인 사회적 경험을 할 때마다 자신이 좋아하는 노래를 반복적으로 재생함으로써 이러한 변화를 이끌어 냈다. 자신이 좋아하는 곡을 듣는 시간을 의도적으로 변경함으로써, 부정적인 상태를 강화하는 대신 자신의 기분을 북돋는 도구로 음악을 사용하기 시작하였다. 그러나 Flynn의 연구에 참여한 사람 중에는 개인이 선호하는 노래를 치료에 사용한 후, 선호하는 곡들이 슬픔과 연관된 의미나 연상을 유발하게 되어 오히려 정서적으로 더 큰 고통을 경험한 사례도 있었다. 이는 사람들이 음악 감상을 치료의 일부로 사용할 것인지 선택해야 하는 이유를 설명하는 한 가지 예에 불과하다.

음악과의 관계를 활용하는 데 있어 개인이 충분한 정보를 바탕으로 동의한 이후에는, 치료적 목적에 대한 합의가 이루어져야 한다. 치료는 개인 혹은 그룹이 그것을 얼마나 수용하는지에 따라 그 효과가 달라지며, 이는 치료를 통해 혜택을 받으려는 의지가 필수적이다(Duncan, Miller, & Sparks, 2004). 수용적 음악치료에서 이러한 의지는 성장의 도구로서의 치료적 관계에 대한 책임을 넘어, 음악 감상 자체를 동등하게 강력한 요소로 포함하는 데까지 확장된다. 이는 음악이 단지 치료의 도구로서만 기능하는 것이 아니라, 공동 치료사의 역할을 하며, 또 다른 성장의 기회를 제공한다는 믿음에 기반한다. 이러한 관점은 치료적 신념 체계의 일환으로, 치료의 과정과 목적에 대한 의도적인 책임을 요구하며, 수용적 음악치료에서는 의도적인 음악 감상이 그 과정에서 핵심적인 역할을 한다.

음악치료사 Katarina Mårtenson Blom(2011)은 치료 과정에서 음악 감상 경험을 위한 공동의 의도를 수립하는 것의 중요성을 강조한다. 그녀는 치료사와 클라이언트가 치료의 목적을 위해 '의도'와 '주의'를 공유해야 하며, 이러한 결합을 통해 음악이 제공할 수 있는 해답에 자신을 내맡기는 상태에 이를 수 있다고 설명한다. 그녀의 연구는 특히 유도된 심상과 음악(Guided Imagery and Music: GIM)에 중점을 두었으며, 이는 감상과 치료 모두에서 매우 심층적인 수준이라고 할 수 있다.

그러나 자신을 내맡긴다는 개념은 심리치료 문헌 전반에 걸쳐 지속적으로 등장하며, 이는 다양한 수용적 음악치료 경험에도 관련이 있다. Mårtenson Blom은 음악에 자신을 내맡기는 능력을 초월의 가능성을 여는 것으로 보고 있으며, 이는 종종 '복종(submisson)'이라는 개념과 혼동되는 것을 지적하며, 이에 대해 Immanuel Kant의 말을 인용하였다.

> '자기 내맡김(surrender)'을 경험한다는 것은 완전히 현재에 존재하는 상태, 즉 과거와 미래, 이차적 정신 과정이 필요한 두 시제가 의식에서 물러난 상태를 경험하는 것이다. 이러한 경험의 궁극적인 방향은 자기 정체성, 자아감(sense of self), 온전함의 감각, 나아가 다른 생명체와의 일체감까지 발견하는 데 있다. 이는 단순한 '복종(submission)'과는 전혀 다른 차원의 것이다(Ghent, 1990, p. 216; Mårtenson Blom, 2011, p. 187에서 재인용).

이 인용문은 주의 집중의 중요성을 분명히 강조한다. 수용적 음악치료의 핵심 중 하나는 음악에 집중할 수 있는 능력을 기르는 것이다. 이는 평소보다 더 산만해지지 않고 음악을 경청할 수 있는 인지 능력 등 여러 요소가 포함된다. 음악의 다양한 요소에 주의를 기울이며 따라가는 데는 훈련이 필요함에도, 많은 아마추어 음악가는 오랜 시간 연습을 통해 훌륭한 음악 감상 능력을 스스로 훈련하였다. 이들은 음악에 집중하는 것을 비교적 쉽게 느끼며, 치료적 대화의 초점은 바로 이러한 음악 감상의 목적에 맞춰진다. 이러한 이유로 음악 감상은 몰입(flow)을 얻는 방법 중 하나로 설명되어 왔다(Csikszentmihalyi, 2002).

음악을 주의 깊게 듣는 연습을 해 보지 않은 사람들은 이 능력을 개발하기 위해 충분한 시간을 투자하는 것이 중요하다. 음악치료사인 Scott-Moncrieff는 치료 초기 단계에서 깊이 있는 경청 능력을 개발하기 위해 반복적인 음악 감상의 가치를 강조한다(Scott-Moncrieff, Beck, & Montgomery, 2015). 그녀는 음악 청취 중에 집중력을 유지할 수 있도록 유도하는 안내문(prompt)을 활용할 것을 제안하며, 음악을 즐기도록 자신을 허용하고, 시간을 충분히 갖고 감상하면서 모든 요소에 주의를 기울이며, 나아가 더 깊이 있게 감상하는 방법에 대해 구체적인 제안을 하였다(Scott-Moncrieff, 2019).

Lisa Summer(2009)의 연구에 따르면, GIM에서 클라이언트가 음악을 경험하는 방식에 관해 조사한 결과, 반복되는 음악과 음악 중심의 언어적 안내가 클라이언트에게 수용적 감상 태도를 형성하고, 음악에 대한 관계적 역량을 심화시켰다(2009, p. 60). 이는 수용적 음악치료 경험의 일부로서 의도적으로 음악을 듣기 위한 연습 또는 준비의 한 방법으로 볼 수 있다. 이러한 과정은 진정으로 경청하는 것이 필요하며, 그 행위가 개인 내면에서 쉽게 얻기 어려운 해답을 발견하는 데 도움이 될 수 있음을 의미한다.

정서 조절(Emotional Regulation)

수용적 음악치료 경험이 의미 있으려면 주의(attention)와 의도(intention)를 공유하는 것만으로는 충분하지 않다. Katarina Mårtenson Blom(2011)은 여기에 더하여, 치료적 관계 내에서 공유된 정서와 조율(attunement)을 포함하는 세 번째 차원에 주목한다. 정서적 준비는 음악과 치료사 모두와 밀접하게 연결되어 있으며, 이 두 요소는 함께 작용할 때 그 영향력이 더욱 커지므로 신중한 고려가 필요하다.

정신 건강의 회복 과정에 있는 성인들과 함께 자주 노래를 연주하는 음악치료사 Jennifer Bibb은 그룹 구성원들이 서로가 제안한 노래에 강한 정서적 반응을 보이는 경우가 많다는 것을 발견하였다(Bibb & McFerran, 2018). 일부 구성원들은 특정 노래가 자신에게 '방아쇠(trigger)' 역할을 하며, 이에 따른 정서적 반응을 조절해야 한다고 설명하였다. 이 과정에서 그들은 음악치료사를 신뢰하며, 필요한 경우 치료사가 자신들의 감정을 안전하게 담아낼 수 있을 것이라는 믿음을 바탕으로 감정 조절을 시도하였다. 그들이 음악에 강한 정서적 반응을 보이는 장소는 그룹 내에 국한되지 않았으며, 음악 외에도 비슷한 영향을 주는 요소들이 있었다. 비록 그들이 음악의 감정적 영향으로부터 보호받고 싶다고 직접적인 표현을 하지 않았더라도, 많은 구성원이 내면적으로 반응하고 있었으며, 이러한 반응이 때로는 주의 깊은 관찰자에게도 명확히 드러나지 않을 수 있다는 점을 음악치료사가 인식하는 것이 중요하다.

이는 그룹 치료와 개인 치료의 중요한 차이점일 수 있다. 개인 세션에서는 음악에 대한 강한 정서적 반응을 말로 표현하고 다룰 수 있을 것이라 기대하기 때문이다. 그럼에도 불구하고, 수용적 음악치료에서는 내면적 관계와 음악에 대한 개인적 반응의 가치를 강조한다. 이는 능동적 음악치료 경험보다 더 자주 일어날 수 있는데, 능동적 음악치료에서는 감정의 공유가 보다 구체적이고 신체적으로 표현되기 때문이다. 따라서 치료사로서 클라이언트가 자신의 정서를 얼마나 효과적으로 조절할 수 있는지를 이해하는 것이 중요하며, 클라이언트의 안전을 보장하는 데 필수적인 요소가 된다.

많은 사람은 음악 감상이 직접적으로 표현하는 형태의 음악치료 방식보다 더 안전하다고 생각한다. 실제로 간호사들이 병원에서의 바쁜 일정 속에서 수행하는 다양한 업무 중 하나로 음악을 활용하는 사례를 다룬 연구들이 다수 존재한다. 때로는 치료사의 개입 없이 음악 감상을 활용하는 중재도 효과적인 것으로 보고되며, 이는 음악과 통증에 대한 코크란 리뷰

(Cochrane Reviews)에서도 확인할 수 있다(Cepeda et al., 2006). 따라서 음악 감상을 활용하는 모든 웰빙 중재가 위험하다고 단정할 필요는 없다. 다만, 특정 개인이 다른 사람들보다 감정적 트리거에 취약하다는 점을 고려하는 것이 중요하며, 특히 부정적인 생애 경험이 있는 사람들에 대해서는 세심한 주의가 필요하다.

트라우마에 관한 문헌에서는 안전을 강조하며, 이는 트라우마와 회복에 관한 Judith Herman(1992)의 획기적인 연구의 기본 요소이다. 그 이유는 부정적인 경험을 한 사람들은 신뢰하는 능력에도 손상을 입은 경우가 많기 때문이다. 수용적 음악치료에서 어떤 사람들에게는 단순해 보일 수 있는 행동이 다른 사람에게는 매우 어려울 수 있다. 타인을 신뢰하는 능력이 손상된 경우, 눈을 감고 음악에 몰입하는 것이 얼마나 어려울 수 있는지 생각해 보아야 한다. 따라서 어떤 경험의 '쉬운' 부분이 무엇일지에 대해 섣불리 단정 짓지 않는 것이 중요하며, 안전함을 전제로 모든 만남에 대해서는 신중하게 접근해야 한다. 일부 클라이언트에 대해 주의해야 할 것은 치료사가 제공하는 신뢰 관계뿐만이 아니다. 그들이 음악에 어떻게 반응할지에 대한 자기 신뢰 또한 중요한 문제이다. 이와 관련한 한 가지 측면은 Bibb과 McFerran(2018)의 연구에서 설명된 '촉발(triggering)' 현상으로, 이는 사람들이 예상하지 못하였던 음악을 들을 때 개인이 가지고 있는 기존 연상이나 기억과 관련되어 있다. 그러나 익숙하지 않은 음악조차도 강한 정서적 반응을 불러일으킬 수 있다. 음악에는 여러 가지 가능성이 동시에 존재하기 때문이며, 이것이 바로 음악이 치료적 작업에 풍부한 재료를 제공하는 이유이다. 그러나 악기의 소리, 특정 유형의 클라이맥스, 갑작스러운 전개 변화, 혹은 다이내믹의 대조와 같은 요소들은 기본적인 평정심으로 침착하게 반응하는 능력이 손상된 사람에게는 놀랍고 당황스러울 수 있다.

이러한 강한 정서적 가능성은 음악이 치료에서 큰 가치를 지니는 이유이기도 하다. Alf Gabrielsson(2011)의 연구는 사람들이 일반적으로 묘사하는 음악과의 강렬한 경험들을 자세히 다루고 있으며, 이 중 다수는 감정 및 정서와 관련되어 있다. 여기에는 강하고 강렬한 감정, 긍정적인 감정, 부정적인 감정뿐만 아니라 복합적이고 모순적이며 변화하는 감정도 포함된다. 이러한 정서적 경험은 매우 유익할 수 있지만, 동시에 두렵거나 불안하게 만들 수도 있다. 감정 상태를 조절하기 위해 많은 에너지를 할애하는 취약한 사람이 예기치 않게 음악을 통해 감정을 자극받게 되면, 그것은 혼란스러운 경험이 될 수 있다.

다시 한번 강조하지만, 사람들을 자신의 감정으로부터 반드시 보호해야 하는 것은 아니다. 대부분의 경우, 사람들은 언제 자신이 조심해야 하는지를 알고 있으며, 치료에서 음악과의 접촉에 대해 우려를 표현하거나 아예 단호히 거절하기도 한다. 이러한 반응을 방어적이거나 저항적인 것으로 단정해서는 안 된다. 이는 충분히 숙고된 판단일 수 있으며, 감정 조절 전략으로서 음악을 피하는 결정은 뛰어난 자기 이해의 표시일 수 있다. 그러나 이런 사람들의 경우 감정 조절 전략으로 음악 자체를 완전히 피할 필요는 없다. 그들에게 진정으로 필요한 것은 자신의 우려에 주의를 기울이고, 필요를 존중하며, 음악이 다양한 강한 감정을 유발할 수 있음을 인식하고, 경험을 안전하게 조율할 줄 아는 치료사이다.

각성

치료적 맥락에서 사람들이 음악에 대해 가질 수 있는 또 다른 반응은 각성 수준과 관련이 있다. 이 주제는 트라우마에 관한 논의에서 다시금 주목받고 있는데, 이는 각성 수준이 부정적이고 강한 스트레스 경험, 다양한 의학적 상태 및 인지적 차이에 의해 손상될 수 있는 자아의 또 다른 영역이기 때문이다. 음악이 사람들의 각성 상태를 끌어올리는 힘은 단지 감정에만 국한되지 않으며, 에너지 수준을 포함하는 더 넓은 개념으로, 종종 최적의 기능 상태를 의미할 때 사용된다.

각성 상태를 설명하는 한 가지 방식은 Dan Siegel(1999)의 연구에서 처음 소개된 '정서 내성 범위'의 구성을 통해 설명할 수 있다. 이는 수용적 음악치료 경험에 있어 이상적인 상태로, 개인이 과도하게 각성된(hyper, 과각성) 상태도 아니고, 지나치게 낮은 각성(hypo, 저각성) 상태도 아닌 중간 지점을 의미한다. 트라우마를 겪은 사람이 과각성 상태에 있는 경우, 과도한 경계심을 보이거나 불안감을 느낄 수 있으며, 이때 음악은 이들을 진정시키고, 치료적 작업이 가능해질 수 있는 균형 잡힌 상태로 되돌리는 데 활용될 수 있다. 이러한 상황에서 마음챙김 기반 중재(mindfulness-based interventions)가 권장되어 왔으며, Patricia Ogden(Ogden, Minton, & Pain, 2006)의 연구에서도 보고된 바 있다. 정량적 데이터를 사용한 여러 연구에서 음악 감상이 외상후 스트레스 장애(Post Traumatic Stress Disorder: PTSD) 환자에게 생리적 조절에 영향을 미치고 수면의 질 향상, 이완 증가, PTSD의 부정적 증상 감소 등에 효과적인 것으로 보고되었다(Beck et al., 2018; Bensimon, Bodner, & Shrira, 2017; Jespersen & Vuust, 2012; Rudstam et al., 2017).

반면에 스펙트럼의 또 다른 한쪽 끝에서는, 일부 사람들이 스트레스에 대처하는 방식으로 무반응을 보일 수 있다. 이는 감정적 무감각으로 나타나거나, 극단적인 경우에는 마비 상태로 이어질 수 있으며, 이러한 사례가 Sigmund Freud(1966)의 초기 사례 연구에서 보고된 바 있다. 다른 맥락에서는, 스트레스나 질병으로 인해 무기력감이 생기고, 침대에서 일어나기, 집 밖으로 나가기, 의미 있는 활동에 참여하기, 가족이나 친구들과 교류하기 등에 어려움을 겪을 수 있다. 이러한 상황에서는 음악이 자극제로 사용되어, 사람들의 행동을 지원하고, 더 나아가 통찰력 있는 작업을 할 수 있는 최적의 상태로 동기를 부여할 수 있다.

'정서 내성 범위(window of tolerance)'는 사람들의 정서 조절 장애를 이해하는 데 유용한 개념이지만, 사람들이 수용적 음악치료 경험에 참여하기 전에 반드시 최적의 상태에 있어야 한다고 제안하는 것은 아니다. 그렇게 되면 음악이 지닌 많은 유용한 가능성이 소수의 특권층에게만 허용되는 결과를 초래할 수 있다. 오히려 중요한 것은, 음악치료사가 클라이언트의 각성 상태를 파악하고, 그 상태에 맞게 수용적 음악치료 경험을 동기부여, 안정화 또는 깊이 있는 치료 작업을 위해 어떻게 활용할 수 있을지를 신중히 고려하는 것이다. 이는 개인, 상황, 그날의 상태나 시간에 따라 달라지며, 더 자주 변동될 수 있다. 음악은 각성 상태에 영향을 미칠 수 있기 때문에, 우리는 이러한 변화가 어떻게 일어나는지에 대해 항상 민감하게 주의를 기울여야 한다. 클라이언트에게 무엇이 필요할지를 고려하는 것뿐만 아니라, 수용적 음악치료 경험 전반에 걸쳐 그들이 어떻게 반응하는지를 세심하게 관찰하는 것이 중요하다. 우리는 클라이언트의 얼굴, 호흡, 몸의 움직임, 눈빛을 주의 깊게 관찰하며, 필요한 경우 말로 확인하기도 한다. 그리고 그 순간, 그 사람에게 가장 적절한 치료적 경험이 될 수 있도록 조율한다.

의도적인 감상

의도적인 음악 감상에 대해 연구한 최초의 음악치료사 중 한 명은 '음악-중심 가이드(music-centred guiding)'라는 개념을 개발한 Lisa Summer(2009)이다. 그녀의 접근 방식은 한 곡의 음악을 반복적으로 듣도록 참여자에게 요청하고, 이 과정에서 음악 중심 가이드를 통해 음악 자체를 주요 매개체로 설정하는 것이었다(Summer, 2009, p. 3). 그녀는 네 명의 음악치료사 참여자가 이러한 깊은 감상의 과정을 통해 자신의 내면세계를 더 깊이 들여다볼 수 있었음을 확인하였다. 세션 이후, 그들은 음악 경험에 대한 풍부한 서술을 제시하였으며, 이는 감상 태도의 점진적인 변화를 보여 주었고, 그로 인해 음악에 관계적 역량의 변화가 음악 프로그램이 진행되는 동안 더욱 심화되었음을 보여 주었다.

의도적인 감상은 Summer의 음악과 심상의 연속적 모델(continuum model of music and imagery)의 기초가 되기도 한다(2012, 2019). 이 모델은 음악치료를 Wheeler(1983)의 모델에서 차용된 3단계의 접근 방식에 기초하고 있으며, 이는 세 가지 수준의 실제적 적용을 위한 기반을 제공한다.

- 지원적 MI: 자원 지향적 접근으로, 반복적인 지지적 음악을 사용하며, 음악은 단순하고 긴장이 거의 없으며 구조적인 전개도 없는 것이 특징이다.
- 재교육적 MI: 문제 중심적 접근으로, 다루는 주제와 맞는 반복적인 음악을 사용하며, 음악은 여전히 단순하고 반복적이지만 일정한 긴장감과 구조적인 전개를 포함한다.
- 재구조적 MI: 변화 지향적 접근으로, 감정을 불러일으키는 복합적인 음악을 사용하며, 음악은 뚜렷한 구조적 전개를 지닌다.

Susanna Scott-Moncrieff는 Summer의 모델을 기반으로 치료에서 다양한 수준의 음악 감상에 맞는 여러 선택지를 제시하는 의사결정 트리(decision tree)를 개발하였다. 의사결정 트리는 선택을 결정하는 여러 변수(parameter)들에 근거하여 구성되며, 예를 들어, 가장 기본적인 질문 중 하나는 참여자가 감정 조절을 할 수 있는지의 여부이다.

만약 그 대답이 "아니요."인 경우, 선택은 지원적인 수준에서 작업하는 것이 된다. 참여자가 이미 음악과의 관계를 가지고 있으며 긴장감이 있는 문제를 가지고 있다면, 재교육적 수준의 작업을 선택할 수 있다. Scott-Moncrieff는 또한 모호하고 복잡할 수 있는 다양한 감정을 다룰 수 있는 개인의 역량과, 새로운 것을 탐색하려는 개방성이 있는지를 함께 고려한다.

Scott-Moncrieff(2019)는 Summer의 방법을 더욱 발전시켜 개인음악심상작업(Personal Music and Imagery: PMI)을 개발하였다. 이 접근의 기초는 세 가지 신념에 기반을 두고 있다.

- 음악은 듣는 사람의 내면 상태에 대한 암묵적인 지식이나 '해답'을 담고 있다.
- 반복적 음악 감상은 이러한 암묵적 지식을 조명한다.
- 음악을 깊이 있게 듣는 것은 곧 자기 자신을 깊이 있게 경청하는 것이다.

Scott-Moncrieff(2019)는 PMI가 클라이언트뿐만 아니라 치료사 자신에게도 자기돌봄(self-care)의 한 형태로 유익할 수 있다고 제안한다. PMI에서 먼저 자신의 내면세계를 점검하여 현재의 기분이나 감정을 찾고, 그 내면 상태와 어울리는 음악을 선택하는 데 초점을 맞춘다.

이 선택된 음악은 여러 번 반복해서 들을 수 있도록 하고, 매번 음악에 더 집중하며 감상하도록 유도한다. 음악을 들으면서 그림을 그리는 것도 가능하다. 그다음 단계는 하나의 구체적인 이미지를 선택하는 것이다. 이 이미지는 지금 이 순간의 내면 상태를 반영할 수도 있고, 원하는 어떤 것이나 긍정적인 무언가를 상징할 수도 있다. Scott-Moncrieff는 이 과정을 다음과 같이 설명한다.

1. 눈을 감고, 호흡하며, 천천히 가라앉는다.
2. 자신의 내면세계를 인식한다.
3. 음악 분위기와 동화한다.
4. 음악의 분위기를 유지하며 더 깊이 탐색한다.

이를 확장하여 재교육적(re-educative) 초점을 도입할 수 있다. 예를 들어, 하나의 생각, 감정이나 정서, 어떤 문제나 갈등 등이다. 이 과정은 해당 이슈에 집중하는 것으로 시작하며, 눈을 감고 그 감정과 신체 내부의 감각 또는 긴장을 느낀 다음, 그 감정 상태에 어울리는 음악을 선택한다. 그 음악을 반복해서 들으며 내면에서 해답이 떠오를 때까지 그 경험을 이어간다.

음악과 심상의 연속적 모델과 PMI 접근은 클라이언트와의 작업에서 심리교육적 접근으로 활용될 수 있다. 이때의 목적은 반복적 음악 감상을 통해 갈등 상황에 대처하는 방법을 클라이언트와 함께 다룰 수 있다. 치료사는 클라이언트의 기분에 맞는 음악을 찾을 수 있도록 도와주며, 이때 클라이언트의 기기 속 재생목록을 활용한다. 이후 클라이언트는 독립적으로 음악을 들을 때 해당 음악을 다시 활용하도록 할 수 있다.

유익한/유익하지 않은 음악 감상

음악치료사는 클라이언트의 음악 감상 경험에 동행하는 데 중점을 두지만, 사람들이 이미 음악을 사용하는 나름의 방식들을 가지고 있을 수 있다는 점을 인식하는 것도 중요하다. 많은 사람은 음악이 감정이나 어려운 상황을 다루는 하나의 전략이라고 말한다(Gabrielsson, 2001). 하지만 사람들이 혼자 음악을 들을 때 도움이 되지 않는 방식으로 음악을 사용하는 패턴에 빠질 수 있다는 연구 결과들도 보고되고 있다. 예를 들어, 음악 감상에 대한 습관이 반추적 사고(ruminative thinking)와 결합될 경우 문제가 될 수 있다. 같은 노래를 반복해서 듣는 것이 동일한 사고 패턴을 반복하게 만들 수 있기 때문에, 음악을 반복해서 듣는 것이 반추를 멈추게 하지 않고 오히려 해결을 방해할 수 있다. 비슷하게, 감정을 분출하기 위한 목적으로 음악을 사용할 경우에도 항상 해방감이나 정서적 해소로 이어지는 것은 아니다. 특히 공격적인 행동을 자주 보이는 사람들이 공격적인 기분과 결합된 음악을 사용해 자신의 힘이나 우월감을 강화하려 할 때는 더욱 그렇다. 마지막으로, 많은 사람이 노래의 가사나 가수의 삶의 이야기에서 깊은 공감이나 유대감을 느낀다고 말하는데, 이러한 경험은 자신을 긍정하는 데 도움이 될 수 있지만, 부정적인 자기 의심에 갇혀 있는 사람의 마음속에는 오히려 자기 비하의 도구로 작용할 수 있다.

따라서 클라이언트와 함께 음악 감상 경험을 진행할 때, 그들이 듣는 음악과 어떤 관계를 맺고 있는지를 질문하는 것이 중요하다. Hense, McFerran과 Silverman의 연구에서는 이러한 통찰이나 자기를 드러낼 수 있는 일련의 질문들을 도출하였으며, 그 질문에는 다음과 같은 것들이 포함된다(Hense, McFerran, & Silverman, 2018).

- 나쁜 기억을 떠올리게 하는 음악을 듣는 것을 멈추기 어렵나요?
- 기분을 나아지게 하려고 음악을 들었는데, 오히려 기분이 더 나빠진 적이 있나요?
- 음악이 사람들과의 관계를 차단하는 데 도움이 되나요?
- 기분이 더 나빠지는 걸 알면서도 같은 노래를 계속 반복해서 듣는 것을 좋아하나요?
- 음악이 당신 자신에 대한 부정적인 감정을 느끼게 하나요?
- 현실을 직면하지 않으려는 방법으로 음악을 사용하는 경우가 있나요?
- 음악이 때때로 하지 말아야 할 일을 하게 만드는 데 도움이 되나요?

이러한 질문은 사람들의 음악 사용에 도움이 되지 않는 방식에 초점화된 질문이다. 이러한 질문을 나열하여 질문하는 것은 효과적이지 않을 수 있다. 왜냐하면 그런 방식은 듣는 사람에게 판단 받는 듯한 인상을 줄 수 있어, 자신의 음악 사용에 대해 솔직하게 이야기하지 않게 만들 수 있기 때문이다. 실제로 많은 사람은 음악이 자신에게 어떤 영향을 미치고 있는지 잘 인식하지 못하는 경우가 많다. 사람들은 음악이 자기 삶 전반에 걸쳐 얼마나 도움이 되었는지에 대해 긍정적인 인식을 많이 가지고 있다. 음악을 통해 자신이 지지 받고, 이해받고, 활력을 얻고, 타인과 연결되는 경험을 해왔기 때문이다. 이는 음악과 관련된 가장 일반적인 경험이기도 하다. 음악치료사는 이러한 기존의 경험과 역량을 바탕으로, 사람들이 일상에서 음악을 건강하게 활용하도록 새로운 전략을 모색하고 발전시킬 수 있도록 돕는 데 능숙하다.

그러나 연구에 따르면, 사람들이 정신 질환을 경험하게 되면 음악적 정체성에도 변화가 나타남을 보고한다(Hense, McFerran, & McGorry, 2014). Cherry Hense는 청소년들이 급성 정신 질환을 겪으며 자신의 음악적 정체성이 달라졌다고 표현한 것을 바탕으로 '음악적 증상(musical symptoms)'이라는 개념을 제안하였다. 음악적 증상은 청소년의 병리적 상태와 관련되어 있으며, 자기 격리(self-isolation)와 같은 행동을 강화하는 데 영향을 줄 수 있다. 예를 들어, 우울증은 보다 폐쇄적인 음악적 증상으로 이어질 수 있고, 경계성 인격장애는 보다 분열된 음악적 증상과 관련될 수 있으며, 정신병적 증상은 단절된 음악적 증상으로 나타날 수 있다.

음악치료사는 음악의 사용 방식과 음악적 표현에 나타나는 이러한 변화를 인식하고 있어야 한다. 왜냐하면 일반적으로 사람들은 이러한 변화를 잘 인지하지 못하기 때문이다. 사람들은 음악이 전과 마찬가지로 자기 삶에서 동일한 역할을 할 것이라고 당연히 여기며, 실제로는 음악 감상을 통해 기대하였던 효과를 얻지 못하고 있는 사실조차 인식하지 못하는 경우가 많다. 이러한 점을 인식하게 되기까지는 매우 신중하고 조심스러운 질문이 필요하다. 음악치료사는 사람들의 음악 사용에 대해 비판이나 판단 없이 진심 어린 관심과 호기심을 갖고 접근해야 하며, 이는 우리 직업 정체성의 중요한 부분이자, 특히 클라이언트의 정신 건강 상태가 변화할 때 더욱 중요하게 작용한다.

청소년 대상의 한 연구에서 McFerran과 Saarikallio(2013)는 청소년들에게 음악 감상에 관한 질문을 다음과 같이 시작하였다.

- 음악을 듣고 나서 오히려 기분이 더 나빠진 적이 있나요?

연구에 참여한 청소년들은 대부분 "아니요."라고 대답하며, "음악은 나의 비타민/구원자/최고의 친구예요."와 같은 표현을 사용하곤 하였다. 이에 연구자들은 먼저 음악이 얼마나 강력한 지지 자원이 될 수 있는지를 인정하고 공감해 준 후, 조금 더 깊이 있는 질문으로 대화를 이어갔다.

- 오, 그렇군요. 음악이 그런 식으로 당신을 도와준 적이 있다면, 그중 한 가지 예를 말해 줄 수 있을까요? 그때 무슨 일이 있었나요? 어떤 음악을 선택했나요? 왜 그 음악을 선택했나요? 그리고 그 후에 기분이 어땠나요?

참여자들은 그들의 삶에서 음악이 도움이 되었던 이야기를 들려주고, 왜 음악이 그렇게 강력하다고 생각하는지를 설명하였다. 연구진은 그 이야기를 존중하며 다시 질문하였다.

- 그렇군요, 음악이 당신 삶에서 정말 중요한 역할을 하고 있는 것 같아요. 우리가 만난 많은 분도 비슷한 이야기를 해 주었어요. 그런데 대부분의 사람은 음악이 자신이 기대했던 결과를 주지 못했던 순간도 떠올릴 수 있더라고요. 혹시 그런 순간이 있었을까요?

잠시 생각할 시간을 주고 난 후에, 청소년들은 종종 이런 이야기를 꺼내곤 하였다.

● 음, 보통 부모님이나 형제자매와 싸우면 저는 결국 집을 뛰쳐나오게 돼요. 그럴 땐 음악을 들으며 나가요. 걷는 동안 음악을 들으면 마음이 가라앉고, 싸움을 해결할 수 있을 거라고 기대하거든요. 그런데 가끔은 음악이 오히려 화를 더 키우기도 해요. 제 분노를 정당화해 주는 느낌이 들어서 상황이 나아지지 않더라고요.

● 부모님이나 이웃이 싸울 때면 정말 미칠 것 같아요. 듣고 있으면 너무 답답하고 화가 나요. 그래서 저는 제 방으로 가서 음악을 크게 틀어 놓고 그 소리를 듣지 않으려고 해요. 그런데 음악이 끝났는데도 여전히 싸우고 있으면, 가끔은 제 안에 쌓인 감정을 참지 못하고 소리를 지르며 집 안을 뛰어다니면서 그만 좀 하라고 외치곤 해요.

● 제가 연인과 헤어졌을 때, 우리가 함께 좋아하던 노래가 하나 있었어요. 지금도 그 노래를 반복해서 들어요. 그 노래를 들으면 아직도 그 사람과 이어져 있는 느낌이 들어서 위안이 되지만, 동시에 눈물이 나요. 벌써 18개월이 지났는데, 지난주에 제 가장 친한 친구가 결국 제 핸드폰에서 그 노래를 지워 버렸어요. "이제 진짜 그만하자!"라고 말하면서요.

이러한 예시 중 어느 것도 특별히 문제되거나 놀라운 것은 아니다. 하지만 이 사례들은 도움이 되지 않는 음악 사용의 패턴을 드러내는 데는 확실히 도움이 된다. 이들은 감정을 더 격화시키거나, 반복적으로 곱씹게 하거나, 자신을 고립시키는 방식으로 음악을 사용하는 모습을 보여 주었다. 이러한 패턴들이 의식적으로 인식되기 시작하면, 사람들은 흔히 '아하!' 하는 깨달음을 경험하게 된다. 음악 감상이 때로는 도움이 될 수도 있지만, 반대로 해로울 수도 있다는 걸 그제야 인식하는 것이다. 이러한 깨달음은 더 의도적인 음악 선택의 기반이 된다. 또한 사람들로 하여금 '올바른 음악을 고르는 데 있어서 항상 본능만을 믿어서는 안 된다.'라는 것을 인식하게 도와줄 수 있다. 어려운 순간에는 '음악을 들으면 내가 어떤 기분이 들까?' '그게 지금 내가 원하는 감정 상태일까?' 이렇게 스스로에게 질문해 보는 것과 같이 보다 의식적이고 의도적인 의사결정이 필요할 수 있다.

사례 음악 선곡에 대한 책임

Mary는 자신의 삶에 대해 긍정적인 감정을 느끼기 어려워서 기분을 나아지게 해 줄 무언가를 찾고자 음악치료를 받기 시작하였다. 그녀는 음악을 매우 좋아하였고, 집안일을 하거나 분위기를 만들고 싶을 때 종종 집 안에 음악을 크게 틀어 놓곤 하였다. Mary는 성인이 되어서 주의력결핍 과잉행동장애(attention-deficit hyperactivity disorder) 진단을 받았으며, 집을 정리하거나 계획을 실행에 옮기는 데 어려움을 겪었다. 그로 인해 그녀는 자신의 외적인 환경이 바라는 모습과 다르다는 사실에 끊임없이 좌절하였다. Mary는 과거에 충격적이고 무서운 경험을 겪었고, 지난 10년 동안 침대에서 일어나지 못하는 시간을 많이 보내기도 하였다. Mary의 경우, 음악치료사는 음악 선곡에 대한 책임을 맡기로 결정하였다. Mary에게는 선택을 하는 것이 어려운 일이었고, 음악 선택에 많은 시간이 필요하였으며, 그녀의 선택권을 존중하는 방식은 도움이 되지 않았다. 이 치료의 초점은 행동 변화나 긍정적인 행동을 연습할 기회를 제공하는 데 있지 않았다. Mary는 삶의 이유를 탐색하거나, 자신의 내면과 더 깊이 연결되고 싶어 하였으나, 그것과는 단절되어 있었다. 따라서 치료의 의도는 그녀가 온전히 성장하는 데 방해가 되는 무의식적인 장벽들을 다루는 것이었고, 음악치료사가 그날그날의 목적에 맞는 음악을 선택할 수 있는 가장 적합한 사람이었다. 또한 이는 Mary가 인지적 사고에 집중하기보다는 자신의 내면과 자기 자신에 집중할 수 있도록 하는 계기를 마련해 주었다. 여덟 번째 세션에서 Mary는 매우 괴로워 보였다. 그녀는 자신과 가족과 관련된 여러 가지 속상한 경험을 이야기하였고, 앞으로 어떻게 해야 할지 몰라 혼란스러워하고 있었다. 일정 시간을 Mary의 고민을 경청하는 데 쓴 후, 음악치료사는 오늘 Mary가 무엇을 필요로 하는지 물었다. Mary는 자신에게 집중하고, 모든 압박감에서 잠시 벗어나고 싶다고 하였다. 음악치료사는 Mary가 불안정한 상태이기 때문에 오늘은 무의식적인 내용을 깊이 탐색하기에는 적절하지 않을 수 있으며, 탐색과 자기 분석의 과정이 도움이 되지 않을 수 있다고 말하며 이를 반영하였다. 따라서 음악치료사는 이번 세션을 Mary가 마음의 안정을 취하고, 한 주의 어려움에서 잠시 벗어나는 시간으로 사용하기로 결정하였다. Mary는 자신이 필요로 하는 것을 할 수 있게 되어 안도감과 기대감을 표현하였다.

음악치료사는 한 곡의 음악에 집중하기로 결정하였으며, 필요하다면 반복해서 들을 수 있도록 하였다. 그녀는 Mary가 자신만의 시간을 가질 수 있도록 어느 정도 길이와 안정감을 가진 곡을 선택하고자 하였다. 먼저 Debussy의 <Prélude à L'après-midi d'un Faune>과 같은 부드러운 인상주의적인 스타일을 떠올렸지만, 지나친 감상에 빠질 수 있다고 판단해 제외하였다. 그다음으로는 바로크 시대의 예측 가능한 스타일과 구조를 고려하며 Pachelbel의 <Canon>을 생각하였지만, 하강하는 선율 때문에 너무 슬프게 느껴질 수 있다고 판단하였다. 결국 그녀는 에스토니아 작곡가 Arvo Pärt의 <Spiegel im Spiegel>이라는 곡을 선택하였다. 이 곡은 약 10분 길이로 아름답고 평온하며 일관성이 있고, 두 개의 악기만으로 연주되어 여유롭고 명상적인 분위기를 자아낸다.

음악치료사는 Mary에게 음악이 흐르는 동안 눈을 뜬 채로 그림을 그리거나 글을 써 보는 것이 어떻겠느냐고 제안하였다. 이는 Mary가 의식이 흐릿한 상태에 빠지지 않도록 하기 위함이었다. Mary는 과거에도 종종 그림을 사용하였고, 그림을 그리면서 그것이 무엇을 의미하는지 이야기하곤 하였다. 그러나 이날은 음악이 흐르는 동안 마음에 떠오르는 단어들을 글로 써 내려가기로 하였다. 그녀는 말없이 글을 쓴 후, 음악치료사에게 그 이야기를 읽어 주었다. Mary는 삶이 힘든 한 젊은 친구에 대해 묘사하였고, 이 젊은 여성이 견뎌야 하였던 수많은 고통과 아픔의 순간들을 이야기하였다. 그녀는 또한 이 이야기가 자신의 자녀들의 삶과 어떻게 연결되었는지, 그리고 자신이 무엇을 해야 하는지를 "볼 수 있었다."라고 말하였다.

비록 이번 음악 감상의 목적은 Mary의 삶에서 겪고 있는 어려움으로부터 잠시 벗어나는 것이었지만, 그녀는 결국 음악 감상과 이야기 나눔의 경험을 통해 그 어려움들을 부드럽고 묘사적인 방식으로 다루기로 선택하였다. 그녀는 이 과정을 통해 마음이 한결 가라앉았다고 느꼈고, 그 경험이 자신을 압도하는 것이 아닌 어느 정도 거리감을 두고 바라볼 수 있게 되었다고 말하였다. 세션이 마무리될 무렵, Mary는 깊은 한숨을 내쉬며 다음 만남이 언제인지 물었다.

주의사항

초점화된 음악 감상을 활용할 때의 주의사항 중 하나는 집중하는 능력이 제한된 경우이다. 예를 들어, 뇌 손상이 있거나 인지적 혼란을 겪는 클라이언트의 경우 몇 분 이상 음악에 집중하여 듣는 것이 어려울 수 있다. 따라서 초점화된 음악 감상을 통해 기대되는 효과를 얻기 어려울 수 있다.

초점화된 음악 감상은 자신의 경험을 언어로 표현할 수 없는 사람들에게도 적절하지 않을 수 있다. 이런 경우, 클라이언트가 음악을 들은 후 오히려 기분이 나빠졌다고 하더라도, 치료사는 그 경험의 내용을 파악하기 어려울 수 있다. 따라서 경험을 말로 하거나 그림 등으로 표현할 수 있는 능력이 어느 정도 필요하다.

또한 건강하지 못한 회고에 대한 통찰의 부족도 초점화된 음악 감상이 부적절할 수 있다. 앞서 논의하였듯이 건강하지 않은 음악 감상은 부정적인 메시지를 담고 있는 노래에 대해 반복적으로 반추하는 것을 포함할 수 있으며, 반복해서 들을수록 기분이 나아지기보다 오히려 더 나빠질 수 있다.

이어지는 제4장에서는 이러한 개념 중 일부를 활용하는 구체적인 방법들을 설명하고자 한다. 여기서는 플레이리스트의 구성 방식에 초점을 맞출 것이다.

제4장 플레이리스트 구성

도입

'플레이리스트'는 새로운 기술을 통해 음악에 대한 접근성이 높아짐에 따라 생겨난 새로운 용어이다. 레코드플레이어 시대에는 독자적인 녹음 기술이 없었기 때문에 플레이리스트를 만들 수 있는 방법이 없었고, 음반 제작자나 라디오 프로그래머가 플레이리스트를 만들었을 뿐 개인이 직접 플레이리스트를 만들 수는 없었다. 하지만 테이프 리코더의 등장으로 여러 곳에서 가져온 노래들을 '믹스 테이프'로 한데 모을 수 있게 되었다. 이러한 기술 발전으로 다른 테이프나 라디오에서 흘러나오는 노래도 녹음할 수 있게 되었다. 이를 위해서는 때때로 '재생'과 '녹음' 버튼에 손가락을 올려놓고 앉아 있다가 디제이(Disc Jockey: DJ)가 원하는 노래가 다음에 나온다고 말하면 다급한 마음으로 버튼을 눌러야 하였다. 믹스 테이프는 그 당시에는 정말 기적과도 같았으며, 보통 좋아하는 노래들을 순차적으로 배열하였거나, 다른 사람이 정성스럽게 만들어 준 노래 모음(진정한 선물!)으로 구성되었다. 그러나 기술은 계속해서 발전하여 나만의 플레이리스트를 만들고자 하는 사람들의 요구를 충족시켰고, 이로 인해 저작권 문제와 음악가의 금전적인 문제도 함께 증가하였지만, 소비자의 욕구는 강력한 원동력이었다.

현재 대부분의 음악 소프트웨어에는 플레이리스트 기능이 내장되어 있어서 인터넷에 접속할 수 있는 사람이라면 누구나 자신이 선호하는 음악 리스트를 만들 수 있다. 일상적인 청취자들이 이 기능을 사용할 수는 있지만, 인기 있거나 좋아하는 트랙을 무작위로 재생하거나, 다른 사람이 순서대로 나열한 트랙을 듣는 것에 만족하는 청취자들이 항상 이 기능을 사용하는 것은 아니다. 또는 어떤 사람들은 음악들을 폴더에 그룹별로 저장하지만, 노래의 순서나 일관성에는 신경 쓰지 않는다. 이런 그룹화는 단순히 청취자가 다양한 음악들에 쉽게 접근하고 싶어서 사용하는 방법인 듯하다. 수용적 음악치료에서 플레이리스트라는 용어를 사용하는 방식은 좀 더 구체적이다.

> 플레이리스트는 치료적 목표를 달성하기 위해, 개인이나 그룹에게 의미 있는 노래들을 의도적으로 선택하고, 순서대로 배열한 세트이다.

여기에는 음악 선택과 순서 그리고 초점화된 음악 감상의 개념이 핵심이다(제3장 참조).

음악치료 문헌에서 플레이리스트에 대한 참고자료

플레이리스트를 구성할 수 있는 기술이 비교적 최근에 개발되었지만, 유도된 심상과 음악(Guided Imagery and Music: GIM)과 밀접한 관련이 있는 음악 프로그래밍의 역사는 오래되었다. 유도된 음악 감상 과정은 처음부터 클라이언트에게 상태나 가능성을 제안하기 위해 의도적으로 선택된 특정 음악 시퀀스를 만드는 데 기반을 두었다. Helen Bonny의 초기 프로그램들

(Grocke, 2019 참조)은 그녀가 바이올리니스트이자 오케스트라 리더로서 정기적으로 연주하던 오케스트라 레퍼토리에 대한 깊은 이해를 바탕으로 세심하게 선정된 것이었다. 많은 사람은 그녀가 지닌 고전 음악에 대한 깊은 친숙성과 통찰이, 특정 목적[예컨대, 정서의 방출(affect release), 정서적 양육, 감정 표현 등]에 가장 적합한 순서를 찾아내기 위해 레퍼토리를 선택하고 배열을 실험할 수 있었던 핵심 요인이었다고 평가한다.

음악치료 문헌에서는 기술 발전으로 인해 플레이리스트 만들기가 더욱 보편화됨에 따라 음악치료 방법으로써 플레이리스트 만들기에 대한 언급이 증가하고 있다. 하나의 적용 분야는 정체성 작업이었으며, 이 방법을 사용한 초기 연구들은 노르웨이의 Even Ruud(1997)와 이스라엘의 Dorit Amir(2012)에 의해 수행되었다. 이 두 학자는 음악치료사 훈련의 연습으로 플레이리스트 구성을 사용하여 학생들에게 개인적으로나 음악적으로 자신을 표현하는 데 사용하였던 노래 목록을 작성하도록 요청하였다. 교차성 정체성이론(intersectional identity theory; Crenshaw, 1991)이 직접적으로 언급되지는 않았지만, 이 이론은 플레이리스트 방법의 사용과 일치하는데, 학생들에게 노래 목록을 작성하면서, 자신의 정체성에 대한 다양한 측면을 심층적으로 탐구하고 설명하도록 하였다. Avi Gilboa는 이스라엘 대학생들과 함께 이 방법을 확장하여 다양한 인종적 배경을 가진 학생들 간의 문화적 갈등을 초월하기 위한 방법으로 사용하면서 이를 보다 명확하게 다루었다(Gilboa & Salman, 2019; Gilboa, Yehuda, & Amir, 2009).

대학이라는 맥락을 넘어, 플레이리스트 구성은 학교 및 정신 건강 분야의 다른 청소년들과 함께하는 상황에서도 활용되어 왔다. 대학과 마찬가지로, 이 방법은 처음에는 정신 건강 기관에서 정체성 탐색을 위한 수단으로 사용되었다. Carmen Cheong-Clinch의 박사학위논문(Cheong-Clinch & McFerran, 2016)에서는, 음악치료사가 정신 질환이 발병하는 시기에 청소년들이 일상생활에서 음악을 어떻게 활용하는지를 먼저 탐색한 뒤, 이러한 음악을 플레이리스트 형태로 치료 과정에 통합할 수 있는 방법을 모색하였다. 연구 결과, 젊은이들이 음악과 맺는 정서적 연결이 가장 중요한 요소로 나타났으며, 이는 그녀가 개발한 플레이리스트 구성 방법의 핵심이 되었다. 이와 동시에 Cherry Hense의 연구(Hense & McFerran, 2017)는 청소년들의 음악적 정체성(musical identities)이 정신 질환의 발병과 함께 큰 변화를 겪는다는 것을 보여 주었고, 이는 음악 사용의 이러한 변화를 적극적으로 탐구하는 플레이리스트 구성 방법의 개발로 이어졌다(McFerran et al., 2018). 청소년 정신 건강 치료에서 플레이리스트에 대한 다른 언급은 최근에 『음악, 청소년 및 웰빙 핸드북(Handbook of Music, Adolescents, and Wellbeing)』에 정리되어 있다(McFerran, Derrington, & Saarikallio, 2019; Cheong-Clinch, 2019; Geipel, 2019 참조). 몇몇 문헌에서 이 방법에 대해 언급이 드문 것은, 현실을 반영하지는 않는다. 청소년들에게 선호하는 음악이 일상생활에서 중요한 부분을 차지하기 때문에, 플레이리스트 구성은 청소년들과의 음악치료에서 흔히 사용된다.

플레이리스트 사용에 대한 추가 개발 사항이 문서화되었으며, 이는 연령 스펙트럼의 다른 쪽 끝에서 활용되는 방법이다. 최초의 참고문헌은 1990년대 초반(Hanser, 1990)으로 보이지만, 전 세계 사람이 노인 간호의 긴급한 필요성에 초점을 맞춘 2015년 이후, 보다 구체적인 보고서가 발표되었다. 몇 가지 플레이리스트 구성 방법은 심정지 환자를 위한 신체 운동 증진에 초점을 맞춰 설명되었다(Clark, Baker, & Taylor, 2016). Clark 등의 연구(2016)에서 음악치료사는 각 노인과 직접 협력하여 의미 있는 노래들을 선정하고 일상적 운동 수행의 동기를 부여하고 동반하는 데 사용할 수 있는 플레이리스트를 개발하였다. 흥미롭게도 이 연구에서는 노래들이 움직임을 촉진하기 위해 선정되었음에도 불구하고, 템포와 리듬 특성보다 사람들이 노래를 통해 연상하는 것이 더 중요하다는 것을 보여 주었다. 실용적인 측면에 초점을 맞춘 또 다른 연구에서는 목욕을 돕는 방법으로 플레이리스트 구성이 사용되었다(Ray & Fitzsimmons, 2014). 이 경우 음악치료사는 의료팀의 다른 구성원에게 관련 음악의 분위기를 파악하고 트랙들의 순서를 결정하는 방법에 대해 자세히 설명하여 이 방법이 팀에서 더 널리 사용될 수 있도록 하였다.

음악치료사는 특히 의료 분야에서 플레이리스트 구성과 관련하여 상담사로서 일하는 것이 점점 더 보편화되고 있다. 덴마크의 음악치료사들은 환자가 음악치료사의 존재에 의존하지 않고도 자신의 필요에 맞는 음악을 선택할 수 있도록 특수 소프트웨어(MusicStar)와 하드웨어를 개발하였다(Lund, Bertelsen, & Bonde, 2016). 그들은 하루 24시간 동안 다양한 상황에서 제공될 수 있는 여러 종류의 플레이리스트를 선별하고자 여러 연구를 수행하였으며, 이러한 플레이리스트는 환자들이 독립적으로 활용할 수 있도록 고안되었다. 물론 이러한 방식은 개인 맞춤형으로 구성된 플레이리스트에 비해 개별화 수준이 낮을 수 있으나, 여전히 치료적 목적을 충실히 수행하는 데 의의가 있다.

마찬가지로 호주의 두 음악치료사(Short & Ahern, 2009)는 병원의 바쁜 응급 병동에서 연구에 사용하기 위해 네 가지 장르별 이완 플레이리스트 세트를 개발하였다. 다시 한번 강조하자면, 그 목적이 각 환자의 필요에 따라 플레이리스트가 고유하게 맞춤화되지는 않았지만, 개별 환자에게 음악 선택의 자율성을 제공하여 환경의 소음 수준과 고통스러운 산만함을 관리하는 데 도움을 주기 위한 것이었다.

이와 유사한 방식의 플레이리스트 활용은 신생아를 대상으로 한 음악치료에서도 관찰된 바 있다. 이 경우의 치료적 목적은 복잡하고 과도한 청각 환경으로 인해 신생아의 발달에 부정적인 영향을 미칠 수 있는 소음의 영향을 감소하는 것이었다(Shoemark, Hanson-Abromeit, & Stewart, 2015). 이러한 플레이리스트 만들기 방법을 컨설팅 역할이라고 부르기도 하지만, 스칸디나비아에서는 이를 '생태적 음악치료(ecological music therapy; Bruscia,

1998a, pp. 229-238)' 또는 '환경음악치료(milieu music therapy)'라고 부르기도 하며, 플레이리스트 구성하기 이외의 방법과 관련하여 논의되기도 한다(Aasgaard, 2001).

음악 의학인가, 음악치료인가

이는 음악치료 분야에서 큰 논쟁의 원인이 되어 온 문제, 즉 음악치료사가 능동적 음악치료 방법에 초점을 맞추는 동안 다른 전문가들이 녹음된 음악을 사용하도록 지원을 제공해야 하는가 하는 문제를 강조한다. 다른 전문가들이 치료적 결과를 지원하기 위해 플레이리스트를 사용하는데 관심을 보인 것은 사실이며, 이는 노르웨이에서 먼저 참여형 CD 디자인(participatory CD design)에 대한 Kari Batt-Rawden의 박사연구(Batt-Rawden, DeNora, & Ruud, 2005)와 일상생활에서 자기 관리(self-care in everyday life)를 위한 MP3 플레이어 사용에 대한 Marie Skånland의 박사연구(2011)를 통해 볼 수 있다. 이 두 연구자 모두 건강 기술로서의 음악에 오랫동안 관심을 가져 온 음악치료사 Even Ruud(2002)의 지도를 받았다. 이는 음악치료 지식에 의존하지만 음악치료 전문가의 존재에 의존하지 않는다는 것을 보여 준다.

다른 연구자들은 음악치료 문헌을 근거로 삼고 있지만, 상담할 수 있는 전문가와 직접적인 연관이 있는 것 같지는 않다. 치매 치료에서 예를 찾을 수 있는데, 한 보고서에서는 간호 학생이 저녁 동요를 줄이기 위해 개인 맞춤형 플레이리스트(personalized playlists)를 개발한 방법을 설명한다(Long, 2016). 또 다른 보고서는 사회복지사가 개발한 음악과 기억(music and memories) 프로그램에 관한 것으로, 개인별 맞춤 플레이리스트를 사용한다

(Wagner, Lee, & Mason, 2016).

다른 전문가들에게는 녹음된 음악에만 의존하는 음악치료 방법을 사용하는 것이 더 실행 가능하기 때문에 일부 음악치료사들이 치료 서비스를 제공하는 방법으로 플레이리스트 만들기를 우선순위에 두지 않는 이유를 쉽게 이해할 수 있다. 그러나 우리의 경험에 따르면 이 방법을 성공으로 이끄는데 필요한 시간을 할애할 수 있는 전문가는 거의 없다. Long(2016)의 논문에서 아직 다른 업무에 종사하고 있지 않아 플레이리스트 프로젝트에 전념할 시간이 있는 간호학과 학생이 수행한 프로젝트에 대해 보고한 이유도 바로 이 때문이다. 또는 음악과 기억 프로그램이 '영리(for-profit)' 모델로 개발된 이유는 사회복지사가 프로그램에 소요되는 시간을 충당할 방법을 찾을 수 있기 때문으로 설명한다. 녹음된 음악을 사용하는 것은 즉흥연주와 같은 능동적인 방법을 사용하는 것보다 더 간단해 보일 수 있지만, 실제로는 상당히 복잡하며, 안전하고 효과적인 지원을 제공하기 위해 동일한 수준의 사려 깊음, 지식 및 통찰력이 필요하다.

이 프로세스를 더 효율적으로 만들기 위해 새로운 기술을 활용하는 여러 시도가 이루어졌다. 문서화된 첫 번째 시도는 Carmen Cheong-Clinch에 의해 시도되었다(https://tuneinnotout.com/factsheets/music-listening-mental-health 참조). Cheong-Clinch는 온라인 청소년 지원 프로그램과 플레이리스트 만들기를 상호적인 온라인 형식(interactive web format)에 통합하였다. 이 웹 페이지에는 목적에 맞게 신중하게 음악을 선택하는 방법에 대한 지침이 포함되어 있으며, 청소년들이 피드백을 받을 수 있도록 본인의 음악을 공유하기가 제안되어 있다. 최근에는 음악치료 원칙에 따라 플레이리스트 구성에서 선곡을 고려하도록 유도하는 앱이 미국에서 특허를 받았고, 이것은 완전히 자동화되어 있다(Pinkerton & Duggan, 2020). 이 발명가들은 사람들이 자신의 목적을 달성하는 데 도움이 되는 음악을 선택할 수 있도록 포괄적인 프롬프트를 포함시켰지만, 음악치료 원리 준수 여부 또는 효과를 모니터링할 수 있는 능력은 분명히 없다. 이 기술은 사회복지사, 간호사, 심리학자, 교사, 심리치료사 및 청소년 전문가뿐만 아니라 웹 엔지니어 및 기타 지원 기관들도 관심을 보이고 있다.

음악치료사는 이 방법을 효과적으로 도입하고 개인과 그룹의 고유한 요구에 맞게 조정하는 방법을 이해할 수 있는 독보적인 위치에 있다고 생각한다. 결국, 많은 치료사가 기타를 연주하고 노래를 부를 수 있지만, 우리는 이러한 이유를 우리의 활동을 중단하는 근거로 삼지 않는다. 음악치료사가 이 방법을 사용하는 방법은 이 장의 나머지 부분에서 다루어질 것이다.

목적 파악하기

음악치료에서 플레이리스트 제작의 핵심은 목적을 파악하고 그에 부합하도록 플레이리스트 구성에 신중하고 사려 깊은 접근 방식을 갖는 것이다. 문헌에서 알 수 있듯이 이러한 목적은 다양할 수 있으며, 음악치료사의 지원을 받으면서 삶의 순간순간 상황에 따라 개인 또는 그룹의 필요에 따라 항상 구체화된다. 다음은 플레이리스트를 만드는 가장 일반적인 목적의 목록이다(〈표 4-1〉 참조).

- 기분 관리(mood management)
- 감정 프로세싱(emotion processing)
- 인생 회고(life review)
- 수면 유도(sleep promotion)
- 주의 전환(distraction)
- 이완(relaxation)
- 불안 감소(agitation reduction)

- 정체성 작업(identity work)
- 관계 강화(relationship strengthening)
- 방향성 및 초점 잡기(orientation and focus)
- 활동 지원(activity support)

같은 사람과 함께 작업하더라도 좋아하는 노래들이 여러 개의 플레이리스트에 포함될 수는 있지만, 치료 목적이 달라지면 여러 가지 노래들이 다양한 플레이리스트에 다른 순서로 포함될 수 있다.

어떤 목적이 가장 도움이 될지 알아내기 위해 음악치료사는 일반적으로 공식 또는 비공식 진단 평가(assessment)를 실시한다. 이 평가는 다른 전문가들과 보호자의 의뢰 정보와 보고서를 바탕으로 환자의 필요를 파악하는 일반적인 진단 평가에 통합될 수 있다. 이 경우 음악치료사는 이 시기에 이미 파악한 목적을 환자에게 제시할 수 있으며, 이는 앞에 나열된 것 중 하나에 대한 변형일 가능성이 높다. 음악치료사는 플레이리스트를 만드는 것이 그 목적을 달성하는 데 어떻게 도움이 되는지 설명하고, 그 과정을 통해 기술적으로나 개인적으로 도움을 줄 것임을 클라이언트에게 확신시켜야 한다.

그러나 세션이 즉흥적이거나 사전에 파악된 요구 사항이 없는 경우 음악치료사는 그룹 또는 개인과 함께 작업할 수 있는 한 가지 방법으로 플레이리스트를 염두에 둘 수 있다. 플레이리스트 구성은 그들이 음악 듣기를 얼마나 좋아하는지에 대해 이야기 나누었거나, 조직에서 음악 감상 그룹을 만들었으나 구체적인 목적을 찾지 못하였을 때 선택될 수 있다. 이상하게 들리겠지만, 많은 사람이 음악에 대한 믿음과 관심이 강하기 때문에 정확한 이유를 설명할 수 없어도 음악 감상이 도움이 될 때를 직감한다. 이런 경우 음악치료사의 역할은 너무 멀리 진행하기 전에 플레이리스트를 만들어서 해결할 수 있는 목적을 알아내는 것이다.

이는 다음과 같은 질문을 통해 관련된 사람들과 협력하여 수행할 수 있다.

- 평소 분위기를 전환하기 위해 음악을 어떻게 사용하나요?
- 언제 음악의 도움을 받나요?
- 음악이 어떤 도움이 된다고 생각하나요?
- 음악 감상이 어떤 도움이 될 것이라고 생각하나요?
- 음악이 도움이 될 만한 어려운 문제가 있나요?

이러한 질문은 대부분의 사람이 생각하는 질문이 아니다. 그들의 음악 사용은 심사숙고하고 회고하기보다는 직관적이고 습관적인 경우가 많다. 따라서 클라이언트가 수용적 음악치료에서 필요한 것을 이미 '알고' 있는지 알아내기 위해 즉각적인 질문을 사용하는 것은 유용하고 통찰력 있는 방식으로 사용될 수 있다.

트랙 파악하기

목적이 정해지면 다음 단계는 어떤 곡이 적절한지 고려하는 시간이다. 다시 말하지만, 개방형 질문은 개인과 그룹이 선곡을 고려하는 데 도움이 될 수 있다. 이러한 질문은 치료사가 파악한 치료 목적과 관련이 있어야 하며, 사람들이 이미 알고 있는 것을 숙고하는 데 도움이 되어야 한다. 이는 음악치료사가 적합한 음악 옵션에 대한 지식을 바탕으로 제안을 하기 전에 클라이언트가 관련 음악을 식별하는 데 선호되는 전략이다. 〈표 4-1〉은 이러한 목적에 도움이 될 수 있는 다양한 프롬프트를 제공한다.

표 4-1 플레이리스트를 위한 트랙 파악하기

목적	선곡 프롬프트
기분 관리	• 그런 기분을 느낄 때 어떤 노래를 듣나요? • 그 노래가 당신의 기분과 어울리나요, 아니면 당신의 기분을 다르게 바꾸려고 하나요?
감정 프로세싱	• 고통/슬픔/분노/좌절에 대해 생각할 때, 어떤 노래가 떠오르나요? • 화가 나거나 슬프거나 스트레스를 받을 때 어떤 노래가 여러분의 감정을 묘사하는 것 같나요? • 이 문제에 대한 자신의 생각을 반영하는 노래가 있나요?
인생 회고하기	• 초등학교 · 고등학교 · 대학교 · 직장을 다니기 시작했을 때/아이를 낳았을 때/은퇴했을 때를 생각하면 어떤 노래가 생각나나요? • 여러분의 인생을 돌아볼 때 가장 먼저 떠오르는 주요 사건은 무엇이며, 그 사건과 함께 떠오르는 노래는 무엇인가요? • 다른 시기에 가장 중요했던 노래는 무엇인가요? 왜 그렇게 생각하나요?
수면 유도	• 어떤 음악이 당신을 졸리게 하나요? • 잠자기 위해 노력할 때 어떤 음악을 듣나요? 효과가 있나요? • 수면에 도움이 된다고 생각하는 특정 스타일의 음악이 있나요?
주의 분산	• 당신의 기분을 좋게 만드는 가장 좋아하는 노래는 무엇인가요? • 항상 특정 생각이나 시간을 떠올리게 하는 강한 연상이 있는 노래는 무엇인가요? • 어떤 스타일의 음악이 당신을 집중하게 하나요?
이완	• 이완을 취하려고 할 때 즐겨 듣는 음악이 있나요? 그 음악을 선택하는 이유는 무엇인가요? • 음악에 맞춰 이완을 시도해 본 적이 있나요? 효과가 있었나요? • 어떤 노래가 당신에게 평화를 가져다주나요? • 몸의 긴장을 풀어 주는 데 도움이 되는 트랙이 있나요? • 특정 스타일의 음악과 함께 휴식을 시도해 본 적이 있나요? 어떤 음악이었나요?
불안 감소	• 불안하거나 흥분하거나 스트레스를 받을 때 어떤 음악을 듣나요? • 그 상태에서 그 음악을 들으면 어떤 기분이 드시나요? • 긴장을 완화하는 데 도움이 된다고 생각하는 다른 음악이 있나요?

정체성 작업	• 당신의 정체성에 대해 얘기하는 노래가 있나요? • 여러분은 자신이 어떤 사람인지 알 수 있는 노래가 있나요? • 자신의 일부가 반영된 트랙이 있나요? • 특정 상황/장소/시간에 대한 감정을 표현하는 노래가 있나요? • 존경하거나 공통점이 있는 연주자나 작곡가가 있나요?
관계 강화하기	• 여러분 혹은 두 분 모두 어떤 노래를 좋아하시나요? • 두 사람의 관계에서 특정 순간을 떠올리게 하는 노래가 있나요? • 의미 있는 콘서트나 공연에 함께 간 적이 있나요? • 상대방이 들었으면 하는 메시지를 전달할 수 있는 노래가 있나요?
방향성 및 초점 잡기	• 가장 즐겨 노래는 무엇인가요? • 듣자마자 당신의 주의를 끄는 트랙이 있나요? • 어떤 스타일의 음악에 가장 매료되나요? • 항상 멈춰서 듣게 만드는 음악이 있나요?
활동 지원	• 이 활동을 할 때 어떤 음악이 자연스럽게 어울릴 것 같나요? • 이 활동을 하는 데 동기부여가 될 만한 노래가 있나요? • 이 활동에 가장 잘 어울린다고 생각하는 속도나 음악의 스타일이 있나요?

개인이나 그룹이 사용할 음악을 선택하는 데 어려움을 겪는 경우, 음악치료사는 레퍼토리에 대한 지식을 바탕으로 전문적인 제안을 제공할 준비가 되어 있어야 한다. 여기에는 개인이나 그룹에 대해 알려진 내용과 그들이 좋아하는 것으로 보이는 음악이 포함되며, 제2장, 특히 〈표 2-1〉에 자세히 설명된 대로 음악의 모든 요소와 속성도 고려해야 한다.

트랙을 알아내기 위한 과정은 듣고, 말하고, 반영하고, 고려하고, 숙고하는 과정의 조합이어야 한다. 음악치료사가 이 과정을 통해 작업하는 방식은 역동적이면서 사려 깊어야 하지만, 효율적이면서 간결해야 하는 것은 아니다. 함께 앉아 트랙을 듣는 것은 최종 플레이리스트만큼이나 중요하다. 치료적 관계를 희생하면서까지 플레이리스트라는 결과물에 집착하거나 단순히 가르치는 것이 아니라, 과정에 중점을 두는 것이 음악치료사가 클라이언트에게 서비스를 제공하는 데 있어 매우 중요하다.

트랙의 순서 배열

트랙의 순서를 정하는 것은 플레이리스트 구성에 매우 중요하며, 선곡을 한 후에도 정리하는 데 시간이 걸리는 부분 중 하나이다. 음악치료의 핵심 신념은 동질성 원리(the iso-principle; Altschuler, [1948] 2001)로, 음악과의 치료적 관계는 종종 누군가의 현재 상태와 일치시키는 것으로 시작하여 그 위치에서 변화를 향해 나아간다는 것을 시사하기 때문이다.

Ira Altschuler는 동질성 원리를 '환자의 분위기나 정신적 템포와 동일한 음악을 사용하는 원리'(1944, p. 793)라고 설명하였다. Altschuler는 이 접근법에 대한 초기 실험에서 클래식 음악을 사용하였지만, 많은 음악치료사가 즉흥 음악 연주에도 이 아이디어를 적용하였으며, Tony Wigram(2004)은 '진정시키는(seductive)' 전환이 음악의 요소를 체계적으로 변환하여 처음 상태에서 다른 상태로 단계적으로 나아가는 데 어떻게 사용될 수 있는지에 대해 설명하였다.

이 원칙을 플레이리스트 구성에 적용할 때 핵심은, 그 사람이 어떤 상태에 있을 것 같은지, 즉 그 사람의 분위기나 에너지 또는 선호도에 맞는 음악을 파악해서, 첫 번째 트랙으로 플레이리스트를 시작하는 것이다. 그런 다음 원하는 결과를 향해 단계적으로 순서를 결정한다.

불안 감소가 목적이라면, 첫 번째 트랙은 불안감을 느끼는 사람과 관련이 있어야 하고, 다음 트랙은 약간 덜 불안한 것으로 나아가는 식으로 진행된다. 특정 지점에서 트랙의 윤곽은 더 평화로운 것으로 이동하였다가, 다시 더 평화로운 것으로 이동한다. 불안감이 아주 높은 사람이라면 안정될 때까지 10곡이 필요할 수도 있고, 불안의 정도가 경미한 사람이라면 4곡 정도 필요할 수 있다.

마찬가지로 감정 프로세싱이 치료 목적이라면, 동질성 원리는 어디서부터 시작해야 할지 결정하는 데 강력한 가이드 역할을 한다. '어떤 노래가 그 감정과 가장 강력하게 연관되어 있나요?'라고 질문한다. 그리고 더 나아가 '그 감정을 넘어서는 데 도움이 되는 노래는 무엇인가요?'로 질문이 바뀔 수 있다.

이것이 플레이리스트를 구성하는 동안 작동하는 동질성 원리이다. 이 원칙은 음악치료사가 개인과 그룹이 느끼는 감정을 부정하고 더 견딜 수 있는 것으로 대체하려고 하는 것이 아니라 어디서부터 시작해야 하는지 이해하는 데 도움이 되는 지침을 제시한다. 진정한 치료적 관계에서 음악치료사는 사람들이 있는 곳에서 만나는 것부터 시작하여 그 감정에서 벗어나 그들이 살아갈 수 있는 것에 더 가까운 길을 만들도록 돕는다.

Annie Heiderscheit와 Amy Madson(2015)은 기분 관리(mood management)를 목적으로 클라이언트와 함께 플레이리스트를 구성할 때 동질성 원리를 적용하기 위해서 객관적인 점수 시스템을 개발한 방법을 설명하였다. 클라이언트가 제안한 음악의 각 곡에 대해 1점부터 5점까지 점수를 매겼는데, 여기서 1점은 '우울한'(depressed), 5점은 '매우 희망적인'(hopeful)을 의미한다. 이 시스템을 처음엔 음악의 분위기에 맞춰 적용하고, 그 다음 가사의 메시지를 기준으로 적용하였다. 그런 다음 점수의 평균을 냈다(즉, 2점 = '경미한 수준의 우울한' 음악의 분위기, 4점 = '낙관적인' 가사일 때 3점으로 평균화하였다). 이 점수는 클라이언트의 플레이리스트에서 트랙들의 순서를 결정하기 위한 기준으로 사용되었다. 흥미로운 점은 클라이언트가 플레이리스트가 만들어진 후 다른 지점부터 시작하였다고 설명하였으며, 그 과정에서 음악치료사와 인턴으로부터 경험한 보살핌을 가장 중요하게 여겼다는 점이다. 또한 그녀는 플레이리스트가 자신의 기분을 관리하는 데 도움이 되었다고 느꼈고, 성공적으로 사용하였다고 보고하였다.

전체 플레이리스트 검토하기

트랙을 파악하고 순서를 배열한 후에는 플레이리스트에 조합된 모든 곡을 검토하기 위해 시간을 갖는 것이 중요하다. 음악치료사는 개인 또는 그룹이 전체 플레이리스트를 사용하여 연습하는 동안 함께 앉아 맥락에 맞지 않는 트랙을 식별할 수 있다. 또한 선택한 노래가 개인이나 그룹에게 계속 적합한지 질문할 기회를 갖기도 한다. 사람들의 음악 경험은 역동적이기 때문에 음악치료사는 클라이언트의 노래에 대한 첫 번째 직감이 한번 적용되면 정확할 것이라고 가정해서는 안 된다. 클라이언트가 미처 고려하지 못하였지만 다시 들었을 때 드러나는 추가적인 연상(associations)이 있을 수 있다. 또는 음악의 요소와 속성(properties)이 순서상 또는 이전에 고려하지 않았던 다른 이유로 인해 도움이 되지 않을 수도 있다.

플레이리스트의 전체적인 윤곽은 전체가 완성될 때까지는 느껴지지 않으며, 그전까지는 개별 트랙으로만 느껴진다. 음악치료사는 각 음악의 시작 부분, 음역대, 끝부분 그리고 다음 음악과 어떻게 연결되는지를 잘 파악하는 것이 중요하다. 우리는 플레이리스트의 전체적인 구조에 주의를 기울일 뿐만 아니라 음악가로서 하나의 음악 안에 다양한 상태가 있으며, 한 곡이 시작되는 곳과 끝나는 곳이 다를 수 있다는 것을 인식한다. 이는 서양 클래식 음악뿐만 아니라 많은 유형의 음악에서 마찬가지이다. 휴식과 같은 안정된 상태를 위해 즉흥연주를 시도할 때마다 발견하는 것처럼, 음악이 몇 분 동안 가만히 있기는 어렵고, 단순한 반복을 넘어 한 곳에 반복적으로 머무르는 데 얼마나 많은 노력이 필요한지 깨닫게 된다.

이미 플레이리스트가 미리 구성되어 있는 GIM 훈련에서는 훈련 중인 치료사가 개별 곡과 전체 프로그램의 정서적 윤곽에 익숙해져야 한다. 또한 프로그램의 강도를 검토하여 플레이리스트에 대해 깊이 이해함으로써 음악의 분위기와 클라이언트의 이미지 방향에 영향을 미칠 수 있는 음악을 예상하거나 제안할 수 있어야 한다.

음악치료사가 플레이리스트를 구성할 때도 이와 같은 강도의 집중력이 필요하다. 각 구성 요소도 중요하지만 전체도 중요하다. 그리고 궁극적으로 목적을 위해 구성되었으므로 음악치료사는 그 목적이 달성되었는지 평가해야 한다. 새로운 목적이 등장하거나 결과물보다 과정이 더 중요한 경우가 종종 있다. 어떤 경우든 그것이 도움이 되었는지 그리고 어떻게 도움이 되었는지를 이해하고 설명할 수 있는 것은 음악치료사의 전문적인 책임이다.

음악 인생 회고

인생 회고를 위한 플레이리스트를 구성한다는 것은 클라이언트와 치료사가 클라이언트의 삶에서 중요한 노래를 통해 그들의 인생 여정을 되돌아보는 과정이다. 인생 회고는 어린 시절의 노래로 시작하여 학창 시절, 청소년기, 구혼, 결혼, 자녀 출산, 인생의 어려움, 인생의 경사 그리고 클라이언트가 현재 경험하고 있는 삶의 시점을 나타내는 노래로 넘어갈 수 있다. Clare O'Callaghan(1984)은 암 치료를 받는 클라이언트와 함께 일하면서 음악적 인생 회고하기에 대해 처음으로 저술하였으며, 이를 자신의 삶의 고유성과 일어난 중요한 사건들을 긍정하는 방법이라고 설명하였다. O'Callaghan은 클라이언트와 함께 노래를 부르기를 선택하였지만, 클라이언트가 자신의 기기에서 언제든지 노래를 들을 수 있도록 플레이리스트에 노래를 모을 수도 있다.

사례 음악과 관계 맺기

음악치료사가 호스피스 시설에 입원 중인 환자 Xui Li의 침대 옆에 앉아 있다. Xui Li는 자신이 병에서 회복되지 않을 것이라는 사실을 알고 있으며, 가족과 공유되고 유산으로 남길 수 있는 노래 플레이리스트를 만들겠다는 생각에 열의를 보이고 있다. 음악치료사는 Xui Li에게 어린 시절을 떠올리게 하는 노래를 생각해 보도록 질문하는 것부터 시작한다. 이것은 곧바로 얼후(erhu, 두 줄의 활로 된 악기) 연주자였던 그녀의 아버지와의 관계로 연결된다. 그는 종종 가족과 함께 얼후로 민요를 연주하곤 하였는데, 이는 바쁜 일과 사이에 휴식의 순간을 의미하였다. Xui Li와 음악치료사는 온라인에서 가장 익숙한 곡을 찾아 함께 들으며 떠오르는 기억에 대해 이야기를 나눈다. 첫 번째 세션이 끝날 무렵, 그들은 포함될 노래를 선택하고 다음 세션에서 이 과정을 계속 진행하기로 한다.

이 경우 플레이리스트 순서는 시간순으로 진행되며, 음악적 인생 회고의 목적은 최종 플레이리스트를 만드는 과정을 통해 다루어지며, 플레이리스트는 Xui Li를 위한 것보다 사별의 아픔을 겪을 유족들에게 더 큰 유산으로 남게 될 것이다. 이 과정은 어느 정도 시간이 걸리며, 기록을 유지하고 적절한 곡들이 향후에 접근이 가능한 방식으로 사용 및 편집되도록 보장하기 위해 음악치료사의 헌신이 필요하다.

관계 강화하기

음악치료사는 수용적 음악치료에서 클라이언트와 아름다운 음악적 경험을 공유할 수 있는 행운을 누리는 경우가 많다. 그러나 클라이언트가 이러한 친밀한 순간을 가족이나 친구와 공유하는 것이 더 중요하거나 그룹 과정의 일부인 경우가 있다. 이 경우 음악치료사의 역할은 경험을 발판 삼아 모든 기술적 요구 사항이 해결되었는지 확인하고 프로세스 작동 방식에 대한 모델링과 프롬프트를 순차적으로 제공하는 것이다. 음악치료사는 뒤로 물러나서 추가 설명 없이 대화가 펼쳐질 수 있는 순간에 예의 주시하며, 그 과정을 안내하기 위해 개입할 준비가 되어 있어야 한다. 개인 세션에서는 클라이언트와 배우자나 연인이 사적인 순간을 공유할 수 있도록 가슴 아픈 순간에는 방에서 나가기도 한다. 그러나 그룹 치료에서는 음악치료사가 그룹 구성원 간의 관계를 촉진하는 등 좀 더 두드러진 역할을 한다.

사례 **청소년 그룹 구성원 간의 유대감 강화하기**

음악치료사가 몇 주 동안 프로그램에 참여한 그룹 멤버들에게 "여러분들의 공통점은 무엇인가요?"라고 묻는다. 그룹 멤버들은 이런 큰 질문에 어떻게 대답해야 할지 몰라 조용히 있다. 음악치료사가 "몇 가지 아이디어를 생각해 봅시다."라고 말한다. "몇 가지 제안을 해 주세요." 그룹 구성원 중 한 명이 "갇혀 있다."라고 말하고, 다른 한 명이 "고립되어 있다."라고 말하며 동의한다. 사람들이 고개를 끄덕이며 동의하는 듯 속닥인다. 음악치료사는 "여기 이런 감정에 공감하지 않는 사람은 없나요?"라고 물으며, 참석한 여덟 명의 구성원과 일일이 눈 맞춤을 하며 소속감을 느끼지 못하는 멤버가 있는지 조심스럽게 확인한다. "좋아요, 다음 과제는 여러분 각자가 이 주제에 관해 이야기 나누거나, 고립되거나 갇힌 기분이 들 때 듣는 노래를 떠올리는 것이에요. 도움이 된다면 여러분의 스마트폰을 확인하거나 인터넷 검색을 통해 잠시 생각해 보세요."

몇 분 후, 그룹 멤버 중 한 명이 "이 노래 너무 좋아요. 밤늦게 병동에 갇혀 있을 때, 이 노래를 들으면 기분이 나아져요!"라고 외친다. 음악치료사가 다가와 그들이 가리키는 노래를 살펴보니, Nina Simone의 <I Wish I Knew How It Would Feel to Be Free>(Taylor & Dallas, 1967)였다.

"매우 인상적이네요. 여러분, Mustafa의 노래를 들을 수 있도록 잠시 하던 생각을 멈춰 주시겠어요?" 그룹이 동의하자 음악치료사는 Mustafa의 휴대폰을 블루투스 스피커에 연결하고 준비가 되면 재생 버튼을 눌러 달라고 그에게 요청한다. 그룹은 당연히 트랙에 감동을 받고 가사, 가수, 음악 장르 및 자신의 연상에 대한 다양한 측면에 대한 반응을 논의한다. 대화가 끝나면 음악치료사는 고개를 끄덕이는 Mustafa를 시작으로 플레이리스트에 포함할지 여부를 확인한다. "좋아요, 노래 순서는 여러분의 노래들이 다 공유되면 결정할게요. 좋은 시작이네요!"

그룹 세션의 종료가 가까워지고 모두가 앞으로 몇 주 동안 그룹과 공유할 노래에 대해 생각해 보기로 동의하면서 한 주를 마무리한다. 4주가 지난 후, 목록이 정리되고 그룹은 느리고 슬픈 노래부터 시작하여 점차적으로 플레이리스트의 에너지를 높이기로 결정한다. 이 경우 R.E.M.의 <Can't Get There From Here>(Perry et al., 1985)로 끝을 맺는다.

이 사례에서 노래 순서는 처음 상태에서 다른 상태로 이동하는 데 초점을 두는 게 아니라, 그룹 멤버 간의 관계 형성에 더 큰 목적이 있다. 플레이리스트를 구성함으로써 그룹은 서로의 유사점과 차이점을 이해할 수 있는 기회를 가졌고, 서로에 대한 유대감을 강화하고, 공유할 수 있다는 점을 기록으로 남겼다. '갇혀 있다.'라는 공통된 주제가 관계 형성의 주요 메커니즘이지만, 이러한 방식으로 정체성 작업도 할 수 있다.

기능적인 목표들

플레이리스트는 보다 기능적인 목표를 지원하는 데 매우 유용하다. 앞으로 소개할 사례에서는 통증 관리가 목표이지만, 불안 감소 또는 이완을 위한 플레이리스트 구성과 몇 가지 유사점과 중요한 차이점이 있다. 각각의 경우에 동질성 원리 그리고 신중한 단계별 시퀀싱을 사용하는 것이 유용할 수 있다. 그러나 상태를 감소시키는 것(예: 초조함)과 상태를 증가시키는 것(예: 이완)의 차이를 인식하는 것이 중요하다. 감소에 초점을 맞추려면 초조함을 나타내는 요소와 속성에서 점진적으로 멀어져야 한다.

반대로 이완을 위한 플레이리스트는 수신자의 초기 상태에 따라 크게 달라질 수 있다. 이완을 위한 음악에 관한 많은 연구(제6장 참조)는 동질성의 원리를 전혀 사용하지 않고 단순히 연습과 연상을 사용하여 이완 상태를 유도하는 일련의 트랙을 프로그래밍한다. 이 장에서는 음악치료사가 특정 상태를 유도하는 음악적 요소에 초점을 맞추기보다는, 음악과의 심리적 연관성에 기반한 이완 플레이리스트를 구성하는 데 초점을 둔다. 또한 의료 시술에서 환자의 주의를 돌리기 위해 사용할 수 있는 다른 접근 방식을 제안한다. 음악치료에서 항상 그렇듯이 음악치료 방법을 사용하는 방식은 상황과 개인 또는 그룹의 새롭게 드러난 이슈에 따라 달라진다.

따라서 음악치료사의 역할 중 하나는 플레이리스트의 라벨링 방식이나 환자가 자신의 요구를 설명하는 데 사용하는 단어와는 별개로 플레이리스트의 진정한 목적을 파악하는 것이다. 누군가는 '주의 분산'이 필요하다는 의미로 '이완'을 말하거나, 잠을 자고 싶을 때 '초조함을 줄이는 것'을 말할 수도 있다. 이때 사람들의 요구를 경청하고 이해하며 평가하는 능력은 매우 중요하다.

사례 음악을 활용한 통증 관리

음악치료사는 심각한 화상을 입고 치료를 위해 매일 고통스러운 시술을 받는 환자의 침대 곁에 앉아 있다. 음악치료사는 이러한 반복적인 시술을 관리하기 위해 의뢰되었고, 라이브 음악 사용은 불가능하기 때문에 플레이리스트를 사용하여 환자가 자가 관리 전략을 개발할 수 있도록 돕는 데 초점을 맞춘다. 음악치료사는 환자와 이야기를 나누면서 목적을 명확히 한다. "그래서 어떨 때 음악이 가장 도움이 될 것 같나요?"

환자는 눈을 감고 질문에 대해 생각에 잠긴다. "사실, 치료 중에는 아무것도 도움이 되지 않을 것 같아요. 그냥 참는 것 외에는 아무것도 할 수 없을 것 같아요. 하지만 시술이 끝나고 나면 너무 지친 동시에 과도한 경계심이 생깁니다. 나 자신을 내려놓을 수가 없어요. 그때는 정말 좌절감을 느껴요. 이제 고통은 끝났다는 걸 알기 때문에 이제 저는 가만히 누워서 회복해야 하는데 너무 불안해서 그냥 누워 있기가 힘들어요…."

음악치료사는 이해한다는 듯 고개를 끄덕인다. "그럼 그때를 위한 플레이리스트를 만들어 보는 건 어떨까요? 당신의 초조함과 좌절에 공감할 수 있는 노래로 시작해서 당신을 달래고 음악적으로 안아 줄 수 있는 노래로 넘어가야 할 것 같아요. 하지만 그것으로만 시작할 수는 없습니다. 시술 후 머릿속에 떠오르는 노래가 있나요?"

환자는 질문을 곰곰이 생각하다가 깨달음을 얻는다. "그 순간 너무 화가 났어요. 너무 불공평하고, 의료진이 해야 할 일을 하고 있다는 것을 알지만 끔찍합니다. 정말 화가 났어요. 그리고 제가 2000년대 10대 시절부터 좋아하였던 노래가 있는데, 가슴을 아프게 하는 노래지만 정말 환상적인 노래입니다. Branch와 Shanks(2003)의 <Are You Happy Now?>요."

그들은 함께 노래를 들으며 후렴구에서 힘과 에너지로 쌓여 가는 분노를 표현하는 구절에 주목한다. "그래요, 좋은 시작이 될 것 같아요!"라고 환자가 말한다. "좋아요, 그럼 다음에는 어떤 곡이 좋을까요?"라고 음악치료사가 묻고, 그들은 높은 에너지로 시작하지만 실제로는 더 고양된(uplifting) 느낌을 주는 곡이 무엇인지 고민하기 시작한다.

이 사례에서 통찰력이 있는 환자는 자신에게 필요한 것을 표현하고 음악치료사의 프롬프트에 따라 효과적인 노래를 찾았다. 다른 환자들은 음악 자체에 대한 강한 유대감은 없지만 듣는 것을 즐기는 경우 음악치료사의 제안에 의존해야 할 수도 있다. 이 경우 음악치료사의 역할은 클라이언트에게 여러 곡을 제안하고 듣도록 권장한 후 각 트랙에 어떻게 반응하는지, 효과가 있는지 알아보는 것이다. 노래를 쉽게 떠올리지 못하는 사람들에게 다양한 레퍼토리에 대한 지식은 매우 중요하기 때문에 음악치료사가 이러한 방식으로 기꺼이 참여하는 것이 중요하다. 여기에는 클래식 음악이 포함될 수도 있고, 연령, 성별, 문화적 배경 또는 기타 특징 등 클라이언트의 정체성을 기반으로 한 제안이 포함될 수도 있다. 물론 클라이언트에 대한 고정관념을 갖지 않는 것이 중요하지만, 이러한 보다 명백한 특징은 치료사가 사려 깊게 진행할 수 있는 출발점이 될 수 있다.

주의사항

모든 사람이 음악치료사와 함께 플레이리스트를 구성하는 데 적합한 것은 아니다. 다양한 노래를 이해하고 치료적 목표를 달성할 수 있는 방법을 고려할 수 있는 인지 능력이 필요하다. 어떤 사람들은 의도한 목적에 부합하는 노래를 떠올리고, 선택하고, 적절한 순간에 플레이리스트를 사용하는 것을 기억할 수 있도록 단계적으로 도와주어야 한다. 이 책의 서문에서 미리 준비된 플레이리스트에 대해 언급하였듯이 일부 의료 환경에서는 사람들이 생각할 능력이 없을 때가 있으며, 그럴 때 신중하게 선택한 플레이리스트를 준비해 두면 큰 도움이 될 수 있다.

마찬가지로 음악의 분위기에 집중하기 위해서는 어느 정도의 인지 능력이 필요하다. 많은 사람은 배경 음악이 재생되는 것에 익숙하며, 이 책의 다른 사례에서 설명한 것처럼 이는 바쁜 병원 환경에서 예측할 수 없는 무섭고 시끄러운 소음의 영향을 줄이는 목적을 달성할 수 있다. 환자들이 스스로 이러한 선택을 할 만큼 충분한 인지 능력이 부족할 때, 청각 및 자극 목적에 적합한 범위 내의 음악을 선택하고, 필요한 장비를 제공하고, 음악의 볼륨을 관리하는 것 등은 음악치료사의 책임이다. 이는 공유된 예시에서 클라이언트가 노래를 통해 효과를 얻기 위해 연주하는 동안 노래를 집중해서 들어야 한다는 것과는 상당히 다르다.

유사하게 어떤 사람들은 음악의 분위기가 괴롭고 스스로 억제하기 어려운 이미지나 아이디어를 암시한다고 느낄 수 있다. 예를 들어, 조현병을 앓고 있는 사람은 편집증적 사고(paranoid thinking)를 유발하고, 부작용(counterproductive)을 일으키는 음악을 들을 때 숨겨진 메시지와 제안이 떠오른다고 느낄 수 있다. 다른 클라이언트들은 자신이 선택한 노래가 치료사가 있는 동안에는 의식에 떠오르지 않았지만 혼자 있을 때는 떠올랐기 때문에 트라우마 기억과 연관되어 있다는 사실을 깨닫지 못할 수도 있다. 따라서 음악치료사의 역할 중 하나는 사람들의 플레이리스트 사용 경험을 추적하고, 피드백에 따라 조정하고 변경하는 것이다. 때로는 음악이 인생의 다른 시기에는 유용하였더라도 그 당시에는 개인에게 적합하지 않다는 것을 발견할 수도 있다.

플레이리스트 구성의 힘 중 하나는 음악으로 연상될 수 있는 신체 반응의 습관과 패턴을 형성하는 것이다. 사람들이 자신의 감정을 관리하거나 수면을 취하거나 다른 사람들과 공유하기 위해 음악을 사용하는 데 성공한 경험이 있다면, 그 음악을 다시 사용할 가능성이 더 높고, 어떤 결과를 가질 수 있을지에 대한 기대감도 더 커진다. 이는 Tia DeNora(2021)가 음악의 플라시보 효과(placebo effect)로 설명한 것처럼 성공 가능성을 높여 준다. 하지만 그 반대의 경우도 발생할 수 있다. 어떤 사람들은 플레이리스트를 들으며 자살 충동이나 위험한 행동과 같은 부정적인 생각을 반복적으로 떠올릴 수 있다. 다시 말해, 음악치료사는 후속 조치를 취하고 그러한 가능성에 대해 구체적으로 질문한 다음, 플레이리스트 청취를 계속해야 하는지에 대한 권장 사항을 제시할 책임이 있다.

마지막으로, 그룹에서 노래를 선택하는 것은 항상 복잡한 과정이다. 플레이리스트에 어떤 노래를 포함할 것인지에 대한 합의 도출의 목적은 유대감을 형성하고 경험에 대한 공유된 동일시를 촉진하는 것이다. 음악치료사는 종종 복잡한 대인 관계의 역동성을 유발하기 때문에 이러한 토론을 촉진하는 데 능숙해야 한다. 예를 들어, 한 사람에게 특별한 의미를 지닌 노래가 다른 사람에게는 정반대의 의미를 지녔을 수도 있다. 이는 각자의 음악적 의미에 열광할 수 있는 그룹 구성원들 사이에서 치료사가 신중하게 조율해야 하는 상황이다. 어떤 경우에는 특정 노래가 포함되지 않을 수 있으며, 이는 그룹 구성원이 받아들이기 어려울 수 있다.

항상 그렇듯이 음악치료사는 노래와 음악 장르에 대한 자신의 연상 작용과 마주해야 할 수도 있다. 치료사가 여성 혐오적(misogynistic)이거나 공격적(aggressive)이거나 우울감(depressing)을 느끼거나 불쾌감(distasteful)을 준다고 생각하는 노래를 선택하는 사람들과 함께 일할 때, 그 노래가 클라이언트에게 주는 의미를 견디기 어려울 수 있다. 음악에 대한 우리 자신의 반응을 표현하는 것은 어느 정도 가치가 있지만, 우리의 역할은 편견 없이 사람들의 음악적 선호를 받아들이는 것이기 때문에 항상 우리의 의견을 표현할 필요는 없다. 클라이언트의 음악에 대한 어려운 반응을 공유하기로 결정할 때는 신중하고 심사숙고하여 검토한 후 공유 여부를 결정해야 한다. 이러한 상황에 대한 확고한 규칙을 마련하는 것은 현실적으로 불가능하지만, 클라이언트가 다양한 음악에서 연상하는 의미를 이해하고, 우리 자신의 반응을 투영하지 않도록 노력하는 것이 기본 원칙이다. 그러나 욕설이 허용되지 않는 학교에서는 욕설이 포함된 노래를 포함하지 않는 등 가사 선택에 제한을 두는 것이 적절하다고 판단되는 경우가 있을 수 있다.

결론

플레이리스트는 수용적 음악치료에서 사용할 수 있는 강력한 방법이지만, 새로운 기술로 인해 비교적 최근에 나타난 방법이기 때문에 이 과정을 설명하는 문헌은 제한적이다. 문헌에는 다양한 유형의 플레이리스트, 특히 클라이언트의 선택에 따라 목적에 맞게 개별적으로 맞춤화된 플레이리스트와 미리 선택된 플레이리스트 사이에 약간의 혼란이 있다. 음악치료사는 때로는 전문가로서 특정 음악을 선택해야 할 때도 있고, 때로는 클라이언트의 선호도를 바탕으로 이러한 의사 결정 과정을 안내할 수도 있다. 그러나 음악적 매개 변수, 의미와 연관성, 그리고 목적에 맞는 트랙의 순서 배열에 신중한 관심을 가지는 것은 음악치료사의 전문적인 영역이다. 이러한 방식으로 수용적 음악치료 프로세스 내에서 모든 종류의 플레이리스트가 구성될 수 있으며, 이는 다양한 만남의 순간에 사람들의 고유한 요구와 능력에 맞춰 제공될 것이다.

제5장
노래 토의 및 가사 분석

도입

음악치료 방법으로서 노래를 듣고 토론하는 것에 대한 최초의 문헌은 1960년에 등장한다. 그중 Becky Butler(1966)는 음악이 위협적이지 않고, 격려하는 방식으로 대화를 자극하고 관련 주제를 도입하는 데 효과적이라고 설명하였다. 이후 정신과 의사 Lee Baumel(1973)은 음악치료 관련 문헌에 기고하면서, 노래를 활용하는 것이 환자가 자신에 대해 더 많이 이야기하고, 덜 방어적인 방식으로 대화하며, 카타르시스를 촉진하고, 다른 환자들과의 동질감을 형성하는 데 유용하다고 보고하였다(Baumel, 1973, p. 84).

그 후 Erdonmez Grocke(1977)는 이러한 아이디어를 정신 건강 영역의 입원 환자를 위한 음악치료 임상 과정에 적용하여 발전시켰으며, 클라이언트에게 의미 있는 노래를 직접 선정하도록 요청하기도 하였다. 이후 1980년대에는 주로 청소년과 함께 일하는 임상가들에 의해 언급되기 시작하였고, Marsha Wooten(1992)은 가사를 통한 의사소통의 가치를 설명하였다. 또한 Darlene Brooks(1989)는 음악이 클라이언트에게 다가가는 다리 역할을 하는 등 대안적인 대처 기술을 소개하고 논의하는 수단이 된다고 설명하였다. 이어서 Deborah Salmon(1989)은 노래 토의에 관한 문헌을 완화의료 영역으로 확장하였다. 그녀는 친숙한 노래가 참여를 유도하고, 기억을 떠올리게 하며, 그 기억을 되돌아보며 의미를 찾게 하는 강력한 매개체가 될 수 있음을 발견하였다. 그녀는 노래 감상 이후의 토론 시간을 자기표현의 기회로 활용하였고, 주제를 섬세하고 부드럽게 제시하고, 적절한 방식으로 확장해 나갈 수 있는 과정이라고 언급하였다.

일부 전문가들은 치료사가 선정한 음악에 의존하였으며, 초기 문헌에서도 이미 이러한 방식이 치료사의 개인적 이슈가 무의식적으로 음악 선택에 반영되는 '우연한 투사(accidental projection)'로 이어질 수 있음을 인식하고 있었다(Butler, 1966). 이 주제는 최근 문헌에서도 다시 조명되고 있는데, Susan Gardstrom과 James Hiller(2010)는 치료사가 자신의 정서적 욕구를 충족하기 위해 노래를 선택하거나, 반대로 개인적인 이유로 특정 노래를 회피할 수 있음을 경고하고 있다. 반면, Edith Lecourt(1998)는 이에 대해 다른 관점을 제시하며, 음악치료사가 보완적 동일시(complementary identification) 과정을 효과적으로 활용할 수 있다고 제안하였다. 이는 치료사가 클라이언트의 경험을 공감적으로 인식하고, 이를 바탕으로 치료 과정에 적절하고 유의미한 음악을 제공하는 방식으로 작용할 수 있음을 시사하였다.

그러나 주로 논의의 초점이 되어온 것은 노래에 대한 클라이언트의 투사이다. Cora Díaz de Chumaceiro(1992)는 '전이의 노래'를 설명하였으며, 이는 Sigmund Freud가 정신분석학 입문 강의에서 언급한 '잊혀지지 않는 선율(haunting melody)'과 같은 개념이다. 비록 Freud는 예술에 대해 부정적인 태도를 보였고, 예술이 지나치게 직면하게 만드는 측면이 있다고 여겼지만, 그의 제자 중 한 명인 Theodor Reik(1953)는 마음속에 떠오르는 노래들이 치료의 일부로 사용될 수 있다고 논의하였다. 이는 클라이언트가 의식하지 못하였던 억압된 생각과 감정을 드러낼 수 있기 때문이다.

Kenneth Bruscia(1998b)는 이에 동의하였으며, 노래가 우리 삶에서 하는 역할을 다음과 같이 시적으로 묘사하였다.

> 노래는 인간이 감정을 탐구할 수 있도록 돕는 도구로서 우리를 대변하고, 느낌을 표현해 주며, 타인과 가깝게 해 주고, 우리가 혼자일 때 동반자가 되어 준다. 노래는 우리의 신념과 가치관을 표현해 주며 세월이 흘러감에 따라 우리 삶의 증인이 되어 준다. 노래는 과거를 재경험하게 해 주기도 하며 미래를 향한 우리의 꿈을 목소리로 담을 수 있게 해 준다. 노래는 삶의 기쁨과 슬픔을 이야기하며 깊은 내면의 비밀들을 담아 주고 희망과 좌절, 두려움과 승리의 희열을 표현할 수 있게 해 준다. 노래는 우리의 음악 일기이며 삶의 이야기, 즉 한 개인이 성장하는 과정을 담은 소리이다(Bruscia, 1998b, p.10).

Bruscia는 또한 노래가 감정 작업을 위한 효과적인 도구가 될 수 있다고 제안하며, Grocke와 마찬가지로 클라이언트가 자신에 대해 무언가를 전달하기 위해 노래를 선택하는 과정의 가치를 강조한다(1998b, p. 11). 그는 치료사와 클라이언트가 함께 노래를 듣는 경험이 그 노래에 담긴 감정과 주제를 다시 생생하게 재경험하는 기회를 제공한다고 말한다. 이는 단순히 언어적으로 내용을 분석하는 방식과는 다르며, 음악적 상호작용이 핵심이 되는 접근이다. Bruscia는 이러한 과정을 Christopher Small(1998)이 말한 'musicking', 즉 음악 행위로서의 참여 개념과 연결하여 설명하였다.

선호하는 노래를 함께 듣고 논의하는 것이 지니는 다양한 가능성에도 불구하고, 여전히 선호 음악의 음원을 치료에 활용하는 데에는 많은 우려가 존재한다. Randi Rolvsjord(2010)는 정신 건강 분야에서 클라이언트의 음악적 선호를 치료에 통합하는 것을 꺼리는 유럽 음악치료사들의 태도를 직접적으로 비판하였다. 그녀는 선호 음악이 많은 사람의 정신 건강 회복 과정에서 중요한 자원으로 기능함을 강조하였다.

Rolvsjord의 입장은, 음악이 연상을 유발할 수 있다는 이유로 연상으로부터 자유롭다고 느껴지는 클라이언트의 즉흥적이고 순수한 음악 창작물을 선호하는 많은 치료사의 견해에 반대되는 것으로 정립되었다. 다수의 치료사는 기존 음악이 이미 담고 있는 연상 작용을 회피하고, 투사(projection)를 위한 '빈 캔버스/백지 상태'를 제공한다고 보며, 연상의 유발을 경계한다. 이러한 우려는 실제 경험에 어느 정도 근거가 있음이 밝혀졌으며, Jennifer Bibb의 연구에서는 정신건강의학과 병동의 입원 환자들과 함께 노래를 부를 때 종종 강한 감정 반응이 유발하였음을 보여 준다. 그러나 이들은 자신의 내적 반응을 그룹이나 치료사에게 드러내지 않은 채 혼자 감정을 처리하는 경우가 많았다(Bibb & McFerran, 2018).

공동의 음악 감상은 매우 강력한 기법이며, 따라서 훈련되지 않은 사람이 다루기에는 적합하지 않다는 것이 저자들의 생각이다. 이 기법은 무의식적 반응, 전이와 투사, 그룹 내 역동과 치료사와의 관계 그리고 음악의 세부적인 요소나 무의식에서 떠오르는 이야기와 의미에 대한 민감한 감수성을 요구한다. 이는 결코 가볍게 다루어질 수 있는 기법이 아니며, 모든 음악치료 기법과 마찬가지로 성찰적 태도(reflexivity)와 세션에서 자주 나타날 수 있는 반응을 예측할 수 있는 능력이 필요하다. 이러한 내용을 이 장의 나머지 부분에서 집중적으로 다룰 것이다.

장르 선택에 대한 고려사항

노래에 대한 토론과 가사 분석에 집중할 때는, 가사뿐만 아니라 음악적 요소들 또한 함께 성찰의 대상이 된다. 많은 음악치료사는 음악의 장르가 중요하다고 여기는데, 이는 많은 사람이 특정한 음악 스타일과 자신을 동일시하기 때문이다. 예를 들어, "난 메탈을 좋아해." 혹은 "난 컨트리 음악 팬 이야!"와 같은 표현은 전형적인 자기 정체성의 표현으로 볼 수 있다. 음악사회학과 음악학 분야에서도 방대한 연구들이 있으며, 학자들은 다양한 음악 장르가 지닌 문화적 의미와 그것이 특정 공동체 내에서 그 시대의 주요 이슈들을 어떻게 반영하는지에 대해 탐구해 왔다.

대표적인 예로는 힙합 음악에 대한 방대한 학문적 연구가 있다. 힙합은 1980년대와 1990년대 미국에서 인기를 얻은 음악 장르로, 뉴욕의 아프리카계 미국인과 아프로-라틴계 음악가들에 의해 만들어졌다. 이 영향력 있는 장르를 최초로 이론적으로 분석한 여성 연구자 중 한 명인 Tricia Rose(1994)는 힙합을 '매우 리드미컬하고 운율 있는 스토리텔링'으로 묘사하며, 그 안에 내재된 문화적 정치성을 반영한다고 설명하였다. 이러한 관점은 이후 여러 학자에 의해 더 깊이 탐구되었으며(George, 2005; Rose, 2008), 최근에는 웰빙의 맥락에서도 다루어지고 있다. 사회복지사 Raphael Travis(2015)는 힙합 치료(hip-hop therapy)의 과정을 제시하였는데, 이는 힙합이 본질적으로 억압에 대한 저항과 공동체의 자기 권한 부여를 내포하고 있다는 Jeff Chang(2007)의 주장에 비추어 볼 때 자연스러운 결과로 보인다.

음악 장르와 정체성 간의 연결을 보여 주는 또 다른 대표적인 예는 K-pop이다. 이 음악 장르는 힙합보다 다소 늦게 등장하였지만, 여전히 높은 인기를 유지하고 있으며 문화 · 정치와도 밀접한 관련을 맺고 있다. 처음에는 '가요'로 알려졌던 이 한국의 음악 장르는 전통 한국 음악의 요소들과 특히 미국의 영향을 받은 현대 대중음악 장르들을 결합한 형태로 발전해 왔다.

John Lie(2015)는 이 장르가 한국 문화의 고전적인 측면들(경제적 혁신과 문화적 소외를 사례로 들어)을 대표함과 동시에, 다양한 음악적 스타일을 혼합하여 중독성 있는 멜로디, 포인트 댄스 루틴, 완벽한 연출로 표현하고 있음을 설명한다. 이 장르에 대한 논의에서는 정부의 영향력과의 연관성이 자주 언급되며, 이는 한편으로는 지도자들이 표출하는 문화적 자긍심으로,

또 다른 한편으로는 이 장르가 문화적 표현이라기보다는 세계 시장을 겨냥한 마케팅 성공 사례에 가깝다는 비판적 인식으로 드러나기도 한다(Shin, 2009).

1990년대에 시작된 K-pop의 인기는 2020년대에도 여전히 이어지고 있다. 싸이의 〈강남스타일〉(Park & Yoo, 2012) 같은 곡은 한국의 비버리힐스인 서울의 부유층이 거주하는 강남의 생활양식을 문화적 상징으로 제시한다. 저항보다는 즐거움을 중심에 둔 이 세계적인 음악 스타일은 지난 3세대 동안 가장 대중적인 장르 'Top 5'에 속하는 것으로 평가받고 있다. 장르를 기반으로 음악을 분석할 때는 특정 음악 유형과 연관되어 있는 거시적 담론이나 사회적 이미지에 유의할 필요가 있다. 이러한 연관성은 때때로 일반화된 것일 수 있으나, 음악은 항상 특정한 사회적 맥락 안에서 존재하며, 그 맥락과 완전히 분리되어 이해될 수는 없다. 따라서 음악이 발생하고 소비되는 사회적 흐름에 대한 일정한 이해는 분석하는 과정에서 중요한 의미를 지닌다.

음악치료사들이 자신의 사회적·문화적 특권을 인식하게 될수록, 다양한 사회적 배경을 지닌 사람들, 특히 해당 국가 내에서 상대적으로 취약한 계층에게 특정 음악이 갖는 의미를 민감하게 이해하고 성찰하는 태도 역시 함께 요구된다. 음악이 내포할 수 있는 맥락적 의미를 인식하는 것을 넘어서, 음악치료사는 모든 유형의 음악을 존중하는 태도를 갖도록 훈련받아 왔다. 다양한 음악 스타일을 감상하고 각 음악의 고유한 특징을 구별할 수 있는 음악가로서의 배경은 이러한 능력을 가능하게 하는 핵심적인 요소이다. 음악적 훈련을 받지 않은 이들은 보다 미묘한 음악적 차이를 인식할 가능성이 낮다. 이는 청각적 변별 능력이 반복적인 훈련과 경험을 통해 발달하는 것이며, 대부분의 사람이 자신에게 익숙한 장르 외에는 잘 알지 못하고, 새로운 음색이나 양식에 대해서는 이질감이나 불쾌감을 느끼는 경향이 있기 때문이다.

가사 선택에 대한 고려사항

음악 장르마다의 고유한 음악적 특성 외에도, 가사를 분석할 때는 해당 노래와 연관된 단어들에 세심한 주의를 기울여야 한다. 이 단어들은 제목, 가사 내용뿐 아니라, 그 노래와 연결된 배경 이야기나 사회적 맥락 속에서도 나타날 수 있다. 예를 들어, Kendrick Lamar의 곡 〈Alright〉(Duckworth, Williams, & Spears, 2015)는 북미의 #BlackLivesMatter 운동과 연관되었으며, Bob Dylan의 〈Blowin' in the Wind〉(1963)는 1960년대 미국 민권운동(Civil Rights Movement)과 깊은 관련성이 있다. 두 곡 모두 사회적 불의에 대해 목소리를 내며, 당시 사람들의 음악적 상상력을 자극함으로써 시위 현장에서 널리 불렸던 것으로 보인다. 이들 노래는 쉽게 이해할 수 있는 핵심 메시지에 감성적인 멜로디와 리듬이 어우러져, 더 큰 공감대를 형성할 수 있었다. 이처럼 특정한 가사 한 줄이 더 깊은 의미로 확장되는 사례는 많으며, 아티스트, 영화, 사회적 서사 등과의 연관 속에서 노래는 다양한 상징성을 지니게 된다. 하지만 많은 경우, 사람들이 어떤 노래에서 의미를 발견하는 이유는 그 노래가 자신만의 소소하고, 개인적인 이야기와 맞닿아 있기 때문이기도 하다. 앞서 언급한 사례들처럼, 한 줄의 가사만이 특별히 마음에 남는 경우도 있고, 나머지 가사는 단순히 알고 있는 내용에 그칠 수도 있다. 반면, 어떤 이들에게는 노래 전체의 이야기가 자신의 삶과 놀라울 정도로 닮아 있어, 깊이 공감하게 되는 경우도 있다. 예를 들어, Taylor Swift의 〈We Are Never Ever Getting Back Together〉(Swift & Martin, 2012)는 이별 후 겪은 감정을 솔직하고 장황하게 표현한 곡으로, 많은 이가 연애 경험과 연결 지어 공감할 수 있다.

이와 유사하게, Green Day의 〈Time of Your Life〉(Armstrong, Dirnt, & Cool, 1997) 같은 곡은 세대를 아우르며 오랜 시간 동안 사람들에게 영향을 끼쳐 온 노래로, 특히 졸업식에서 자주 사용되는 대표적인 곡이 되었다.

음악치료를 경험하는 사람 중에는 여러 언어를 구사하는 이들이 많다. 이는 그들이 지금 거주하고 있는 국가가 아닌 다른 나라에서 태어난 경우가 많기 때문이다. 이러한 클라이언트들은 세션 중에 주로 사용하는 언어가 아닌 다른 언어로 된 노래를 소개해도 괜찮은지에 대해 조심스럽게 질문하곤 한다. 이러한 상황은 음악치료사에게 낯설지 않다. 실제로 적극적인 노래 공유 활동을 통해 다양한 언어와 문화를 아우르는 곡들을 환영하며, 문화적 다양성을 포용하는 자세는 치료적 환경에서 매우 중요하다. 따라서 다양한 배경의 구성원이 함께하는 그룹 세션에서는 누군가가 곡을 공유하고 싶지만 말을 꺼내기 망설일 수 있는 상황을 치료사가 예측하고 배려하는 것이 필요하다. 이러한 기회는 조용한 성향의 구성원이 주도적으로 참여할 수 있는 계기가 된다. 특히 그들이 직접 선택한 노래에 담긴 핵심 메시지를 다른 구성원들에게 번역해 전달하는 과정은 소통과 공감의 폭을 더욱 넓힐 수 있는 기회가 된다.

관련된 노래 탐색하기

노래는 매우 다양하며, 그 의미 또한 개인, 문화 그리고 필요에 따라 각기 다르게 해석된다. 이 책의 초판에서 제공되었던 것처럼 일일이 노래 목록을 정리해 두는 것은 이제 거의 불가능에 가까워졌지만, 자신이 익숙한 레퍼토리를 넘어서는 의미를 지닌 곡들을 온라인을 통해 탐색할 수 있다는 점은 여전히 유용하다.

물론 검색을 통해 찾은 노래가 개인이나 그룹에게 꼭 맞을 것이라고 단정할 수는 없다. 하지만 그런 탐색 과정은 다양한 가능성을 열어 주며, 그중에서 지금 이 순간에 가장 적합한 곡을 선별하는 데 큰 도움이 된다. 새롭고 의미 있는 곡을 찾고, 그것을 치료 세션에 활용할 수 있도록 준비하는 과정은 음악치료사의 역할 중에서 매우 보람 있고 즐거운 일이기도 하다.

검색을 위해 사용할 수 있는 간단한 전략은 '노래(songs)' 또는 '가사(lyrics)'와 같은 키워드와 함께 대상 클라이언트군을 나타내는 핵심 용어들을 입력한 후, 나타나는 다양한 자료를 탐색하는 데 시간을 들이는 것이다. 검색을 하다 보면 온라인 재생목록이나, 해당 진단이나 용어에 관심을 가진 사람들이 모인 토론 게시판, 학술적인 글이나 다른 사람들의 다양한 관점을 접하게 될 수 있다.

예를 들어, '노래(songs)'와 '섭식장애(eating disorders)'를 함께 검색하면 관련된 노래 목록과 곡명이 제시된다. 수백 개에 이르는 가능성 중에서 유용한 곡을 선별하려면, 가사와 동영상 링크 등을 포함한 여러 웹 페이지를 살펴보며 가장 적절한 곡을 식별하는 과정이 필요하다. 이 경우 유용한 곡의 예로는 Marina Mena의 〈Eyesore〉(Mena & Solvang, 2008) 또는 Superchick의 〈Courage〉(Brock & Hsu, 2005) 같은 곡이 있다. 이러한 노래들은 섭식장애와 관련된 클라이언트와의 경험을 이해하고 공감대를 형성하는 데 좋은 출발점이 될 수 있다.

누가 음악을 선택하는가에 대한 고려사항

앞선 장들에서 논의한 바와 같이, 누가 음악을 선택하느냐에 대한 결정은 수용적 음악치료 과정에서 핵심적인 요소이다. 이 결정을 내리는 주체가 개인, 치료사 혹은 그룹이 될 수 있는 각각의 이유는 모두 타당하지만, 이 중 가장 중요한 점은 음악치료사가 음악 선곡에 주의를 기울이고, 각각의 선택의 이점과 한계를 성찰적으로 검토하는 자세를 갖는 것이다.

클라이언트 선곡의 노래 토의

개인 치료 또는 그룹 치료 상황에서 클라이언트가 직접 선곡한 노래는 '투사적(projective)' 기법으로서의 곡 선택이라는 맥락을 제공한다(Baumel, 1973; Erdonmez [Grocke], 1977). 이 기법은 한 그룹 구성원이 곡을 선택하고 이를 다른 구성원들과 공유한 뒤, 그에 대해 토의하는 형식으로 그룹 치료에서 자주 사용된다. 1시간 분량의 그룹 세션 안에서도 여러 곡을 이러한 방식으로 소개할 수 있어 다양한 목소리가 반영될 수 있는 장점이 있다.

Lee Baumel(1973)은 그룹 상황에서 치료적 이슈의 토의를 촉진하는 방법으로 개인이 곡을 선택할 수 있는 여러 방법을 설명하였다. 그는 곡을 선택할 때 자신에 대해 무언가를 말해 주는 노래를 고르거나, 다른 그룹 구성원과 관련된 감정이나 의미를 담은 곡을 선택하는 경우에 대해 언급한다.

클라이언트가 선택한 곡을 주제로 한 토의에서 개인은 자신이 말로 표현하기 어려운 감정을 가사 속에서 발견하여 선택할 수 있으며 혹은 가수, 가수의 삶의 방식이나 도전 또는 밴드 자체에 자신을 동일시하여 곡을 선택하기도 한다. 클라이언트 가운데 종종 자신이 왜 그 곡을 선택하였는지에 대해 명확히 인식하지 못하는 경우가 있기 때문에, 그 곡을 치료사나 그룹과 공유하는 과정에서 자신도 예상치 못하였던 감정을 경험하게 될 수 있다. 따라서 치료사는 불안, 두려움, 당혹감과 같은 정서적 반응을 예상하고 이를 정상적인 반응으로 받아들이고 안전하게 수용할 수 있어야 한다. 동시에, 그 노래가 담고 있는 다양한 의미에 대해 함께 대화를 나누는 작업 또한 중요하다. 이러한 논의는 개인 치료와 그룹 치료의 맥락 모두에 적용될 수 있다.

선곡 유도하기

클라이언트에게 곡을 선정해 달라고 요청할 때, 그들에게 '의미 있는' 곡을 선택해 보도록 제안하는 것이 효과적인 접근이 될 수 있다. '의미 있는' 이라는 표현은 구체적인 설명을 요구하지 않으면서도 내포된 진정성과 성찰적 태도를 전달하는 데 유용하다. 반면, '자신과 동일시할 수 있는 곡'과 같은 표현은 다소 복잡하게 받아들여질 수 있다. 대부분의 사람은 음악이 자신의 정체성과 어떻게 연결되어 있는지를 의식적으로 탐색해 본 경험이 없기 때문에, 단지 현재 즐겨 듣는 곡을 선택할 가능성이 크다.

하지만 '좋아하는 곡'을 선택하는 것과 '의미 있는 곡'을 선택하는 것은 질적으로 다른 경험이다. 어떤 곡은 단순히 리듬이 마음에 들거나 춤추기에 좋아서 선호될 수 있지만, 그 곡이 개인적으로 특별한 의미를 지닌다고 보기는 어렵다. 이와 유사하게, '좋아하는 노래'나 '중요한 노래'를 요청하는 것은 흥미로운 대화를 끌어낼 수는 있으나, 곡에 담긴 깊은 의미에 도달할 수 있는 가능성을 오히려 방해할 수도 있다.

음악치료사는 이러한 개념을 클라이언트에게 소개할 수 있는 자신만의 언어를 개발해 나가야 한다. 그러나 이러한 설명을 명확하고 간결하게 전달하기 위해서는, 주요 용어를 정리하여 사전에 준비해 두는 것이 바람직하다. 이는 설명 과정에서 불필요한 시간 지연이나 표현의 혼란을 줄이고, 치료적 흐름을 원활하게 유지하는 데 도움이 된다.

초점화된 음악 감상

노래를 감상할 때는 가사가 명확하게 들릴 정도로 충분히 크게 재생해야 하며, 특히 그룹 활동의 경우 다른 사람들에게 불편함을 주지 않을 정도의 적절한 볼륨을 유지해야 한다. 치료사는 음악이 재생되는 동안 대화를 잠시 멈추고 '듣는 것'에 집중하는 것이 도움이 될 수 있음을 사전에 언급하는 것이 좋다.

그룹 상황에서는 "이제 곡을 들어 보겠습니다."라고 먼저 말한 뒤, 참여자들이 조용해질 때까지 기다린 후 음악을 재생함으로써 집중해서 듣는 태도를 자연스럽게 모델링할 수 있다.

모니터링

노래가 재생되는 동안 참여자 본인이나 다른 그룹 구성원들이 가사에 대해 성찰하거나 음악에 감동하며 구체적인 정서적 연결이 형성될 수 있다. 음악치료사는 이때 개인 또는 그룹 구성원들이 음악과 어떻게 상호작용하는지를 주기적으로 관찰할 수 있다.

노래를 선택한 사람은 자신의 일부를 드러내는 경험으로 인해 취약함을 느끼는 모습을 보일 수 있으며, 이는 치료사나 그룹에 의해 특정 방식으로 인식되거나 해석될 가능성이 있다. 음악치료사는 그룹 구성원들의 몸짓 언어나 얼굴 표정 등을 관찰하며, 이 곡이 다른 사람들에게도 의미 있게 다가가고 있는지 여부를 파악해야 한다. 이러한 관찰은 이후에 진행될 노래 토의 과정에서 매우 유용한 자료가 된다.

노래에 대한 토의로 이어가기

노래가 끝난 후에는, 음악치료사가 그 곡이 클라이언트에게 어떤 의미를 지니는지를 물어보기 전에, 잠시 성찰적인 침묵(reflective silence)의 시간을 제공하는 것이 도움이 될 수 있다. 음악치료사는 질문을 통해 곡에 대한 논의를 유도할 수 있으며, 이러한 질문들은 논의의 깊이를 점차 확장할 수 있도록 단계적으로 제시할 수 있다. 단, 질문을 일련의 항목처럼 연속적으로 제시하면 대화의 흐름이 부자연스러워질 수 있으므로 주의해야 한다. 질문은 지지적인 피드백이나 반영(reflection)과 균형을 이루어야 하며, 이는 제1장에서 설명된 것처럼 자연스럽고 자유로운 논의 흐름을 가능하게 해 준다.

때때로 어떤 클라이언트는 노래가 자신의 삶과 어떤 관련이 있는지를 곧바로 이야기하고 싶어 할 수 있다. 그러나 다른 이들은 정서적 노출감을 느끼기 때문에 보다 개인적인 질문으로 자연스럽게 진입하기 위해 1단계 또는 2단계 수준의 질문을 활용하는 것이 필요할 수 있다.

노래를 듣는 경험은 단순한 인지적 활동이 아니라, 대부분 매우 정서적이고 신체화된 경험이라는 점을 기억해야 한다. 어떤 사람들은 그 노래가 자신의 현재 삶의 상황을 많이 드러낸다는 것을 인식하게 될 수 있고, 이로 인해 대화 중에 심리적 방어가 낮아진 상태를 경험할 수 있다.

따라서 음악치료사는 클라이언트의 몸짓 언어(body language)를 세심히 읽어 내어, 어떤 수준의 질문(1단계, 2단계 또는 3단계)이 적절한지를 파악하고 조율하는 것이 필수적이다.

- 1단계 질문: 음악 자체에 대한 질문
  - 이 음악/노래의 어떤 점이 마음에 드시나요?
  - 이 가수나 밴드에 대해 어떻게 생각하시나요?

이러한 질문은 논의를 음악 그 자체에 집중시켜 준다. 이를 통해 음악치료사는 클라이언트의 음악 장르나 연주자에 대한 선호도를 파악할 수 있으며, 클라이언트가 가사에 대해 더 깊이 탐색하고자 하는 의사가 있는지도 파악할 수 있다.

- 2단계 질문: 클라이언트에게 노래가 갖는 더 깊은 수준의 의미 탐색
  - 이 노래의 가사가 특별히 인상 깊거나 의미 있게 다가온 부분이 있었나요? 그 이유는 무엇일까요?
  - 이 노래는 가사 외에 다른 방식으로 당신에게 의미가 있나요? 어떤 점에서 의미가 있을까요?
  - 이 노래가 당신의 삶에서 어떤 사람이나 특별한 기억을 떠올리게 하나요?

이 질문들은 클라이언트의 삶 속에서 이 노래가 어떤 정서적 혹은 상징적 의미를 갖는지 탐색하는 데 목적이 있다.

- 3단계 질문: 노래의 의미와 현재 삶과의 연결
  - 이 노래가 지금 당신의 현재 삶과 관련 있는 부분이 있나요?
  - 오늘 이 노래를 선택한 이유는 무엇인가요?
  - 이 노래를 듣고 어떤 기분이 드나요?
  - 이 노래를 들을 때 어떤 이미지나 생각이 떠올랐나요?

음악치료사는 클라이언트의 언어적-비언어적 신호를 세심하게 듣고 이를 토대로 적절한 수준과 깊이에서 논의에 접근한다. 클라이언트가 처음부터 이 노래가 자신의 삶과 어떤 관련이 있는지 이야기하고자 한다면, 음악치료사는 그 수준에서 바로 논의를 시작해야 한다.

Barbara Wheeler(1983)는 그룹의 목적을 반영하며, 노래에 대한 논의가 어떻게 촉진될 수 있는지 영향을 미치는 세 가지 음악치료 개입 수준을 다음과 같이 구분하였다.

- 활동 중심 치료: 이 수준에서는 주로 음악 자체, 밴드, 가수에 초점을 맞추고, 클라이언트가 그 노래에서 좋아하는 부분을 집중하여 다룬다.
- 통찰 중심 치료: 이 수준에서는 노래 가사가 개인에게 어떤 의미를 갖는지 그리고 그 노래에 대해 개인이 어떤 감정을 느끼는지를 탐색하는 데 중점을 둔다.
- 재구성 치료: 이 수준에서는 음악이 클라이언트의 삶에 어떤 의미를 지니는지 깊이 탐구하며, 음악을 통해 경험되는 신체화된 감각을 살펴본다.

이러한 '수준'들은 고정된 것이 아니며, 한 세션 안에서도 개인에 따라 다양한 수준에서 반응할 수 있다는 점을 인식하는 것이 중요하다. 이는 클라이언트의 당면한 욕구, 클라이언트와 치료사 간의 관계 그리고 그룹 내 다른 구성원들과 맺고 있는 관계의 특성에 따라 달라질 수 있다.

토의 확장하기

노래 가사에 대한 논의가 그룹 치료 상황에서 이루어질 경우, 질문을 그룹 전체에게 확장할 수 있다. 예를 들면 다음과 같다.

- 이 노래에 대해 다른 분들은 어떻게 느끼나요?
- 이 노래에 대해 다른 의미가 있다고 생각하나요?
- 이 노래에 대해 덧붙이고 싶은 이야기가 있나요?

그룹 상황에서는 다른 구성원들이 노래에 대해 의견을 나눌 수 있기 때문에, 클라이언트가 특히 취약함을 느낄 수 있다. 만약 누군가가 무신경한 발언을 하거나, 냉소적이거나 비꼬는 식의 태도를 보인다면, 이는 해당 노래를 선택한 클라이언트의 노래에 대한 태도뿐 아니라, 노래가 그들에게 지니는 의미, 그룹 내에서의 정서적 위치에도 부정적인 영향을 줄 수 있다.

만약 그 그룹의 구성원이 일정 기간 바뀌지 않는 '폐쇄 그룹'이라면, 그룹 구성원들은 음악치료사나 다른 구성원들의 도전적인 질문이나 의견을 어느 정도 예상하고 익숙해져 있을 수 있다. 그러나 구성원이 자주 바뀌는 그룹의 경우에는, 특정 클라이언트가 도전적인 반응에 직면할 가능성이 있다면 음악치료사가 논의를 적극적으로 이끌어야 할 필요가 있다. 음악치료사는 그룹 구성원들이 서로의 신념, 가치관 그리고 음악적 선호를 존중해야 한다는 점을 강조하고, 적절한 반응의 모델을 제시할 수 있다. 예를 들어, 다음과 같은 표현이 도움이 될 수 있다. "이 그룹에서는 서로의 관점을 존중하는 것이 중요합니다." "이 노래가 Muhammad에게 의미 있는 곡인 것 같으니, 그의 감정을 존중해 주어야 합니다." 이러한 발언은 그룹 구성원들에게 타인에 대한 민감성과 존중의 태도를 학습시키는 동시에, 그룹의 역동을 안정적으로 유지하는 데도 도움이 된다.

논의가 끝난 후에는, 노래를 공유한 클라이언트에게 감사를 표하는 것이 유익하다. 예를 들어 다음과 같은 방식이 있다.

- 이 노래를 가져와 주시고, 그룹과 나눠 주셔서 감사합니다. 이 노래가 왜 당신에게 중요한지 알 수 있을 것 같아요.
- 이 노래에 대해 이야기 나누면서 당신을 더 잘 이해하게 된 것 같습니다.
- 이 노래가 그룹 내 여러분에게도 의미 있는 것처럼 보입니다. 공유해 주셔서 감사합니다.

치료사가 선택한 노래를 활용한 그룹 노래 토의

Susan Gardstrom과 James Hiller(2010), Abbey Dvorak(2017)은 치료사가 노래를 선택하는 그룹 노래 토의 상황에 대해 논의하였다. Gardstrom과 Hiller의 접근 방식에서는 치료사가 클라이언트가 도착하기 전에 사전에 노래를 선택하며, 그 선택 기준은 노래의 '치료적 유용성'(Gardstrom & Hiller, 2010, p. 147)에 근거한다. 이들은 노래 토의를 촉진하기 위한 구체적인 진행 절차를 제안하는 동시에, 모든 클라이언트나 그룹에 동일한 절차를 일률적으로 적용하는 것은 '부적절하다.'라고 지적한다(Gardstrom & Hiller, 2010, p. 148).

치료사는 다음과 같은 다양한 속성을 고려하여 노래를 선택한다.

- 클라이언트의 인지 능력, 성 정체성, 음악적 선호도 및 친숙함 정도

- 가사에 담긴 핵심 주제 및 논의 중에 어떤 주제가 떠오를 수 있는지를 치료사가 사전에 알고 있는 것의 중요성
- 노래의 감정적 분위기, 그 노래가 개인적 관점인지, 아니면 일반화된 관점에서 표현되었는지의 여부
- 음악 자체의 질적 특성
- 클라이언트의 치료 단계

Gardstrom과 Hiller(2010)는 노래를 직접 연주할지 아니면 녹음된 형태로 제공할지를 논의하면서, 많은 노래가 치료사가 연주하기에는 지나치게 복잡하다고 주장한다. 또한 치료사가 악보를 보며 연주하는 경우, 클라이언트는 그 연주를 단순한 치료적 개입이 아니라 하나의 공연으로 인식할 수 있다. 직접 연주된 노래를 제공할 때의 또 다른 단점은, 클라이언트가 자신이 감정적으로 동일시할 수 있는 좋아하는 가수가 부르지 않았다는 이유로 그 노래에 몰입하기 어렵거나, 매력을 덜 느낄 수 있다는 점이다. 반면, 노래를 직접 연주해서 제공하는 것의 장점 중 하나는, 치료사가 노래의 속도와 강약을 조절할 수 있다는 점이다. 예를 들어, 특정 단어에 강세를 두는 등 보다 세밀한 표현이 가능하다.

한편, Dvorak(2017)은 치료사가 선택한 노래의 가사를 다루는 틀을 제안한다. 그녀는 Nathalie Kees와 Edward Jacobs(1990)가 심리사회적 정신 건강 재활 분야에서 개발한 목표 지향 모델(goal-directed model)에 기반하여 다섯 단계로 구성된 과정을 사용한다. 이 과정은 음악 자체를 다루는 기초적인 수준에서 시작하여, 성찰과 그룹 프로세스에 미치는 영향의 단계들을 거친 뒤, 개인적인 통찰과 일상생활에 어떻게 적용할 수 있을지를 고려하는 단계로 나아간다(Dvorak, 2017, p. 194). Dvorak은 치료사가 상황에 따라 각 단계를 오르내릴 수 있다고 언급하며, 이는 '클라이언트와 그룹의 흐름을 따르려는 유연성과 개방성'을 보여 주는 것이라고 설명한다(2017, p. 195).

노래 토의를 위한 치료사 선곡과 클라이언트 선곡의 비교

〈표 5-1〉은 치료사 선곡 토의와 클라이언트 선곡 토의 간의 차이점을 제시하고 있다. 두 방식 모두 고유한 장점을 가지고 있으며, 동시에 각각의 한계점도 존재한다.

표 5-1 치료사가 선택한 곡과 클라이언트가 선택한 곡을 활용한 노래 토의 차이점

치료사 선곡	클라이언트 선곡
치료사는 곡 선택에 대한 통제권을 가짐	개인 또는 그룹이 곡 선택에 대한 통제권을 가지며, 그들의 '목소리'가 반영됨
선택된 곡은 현재 치료 프로그램에서 다루고 있는 주제에 기반할 수 있으며, 이를 통해 치료의 연속성이 확보됨	곡의 주제는 자유롭게 선택될 수 있으며, 이는 클라이언트가 자신의 정서나 내면의 이슈를 음악, 가수, 혹은 음악 그룹에 투사하는 방식으로 이해될 수 있음
가사는 사전에 인쇄된 형태로 제공될 수 있으며, 논의 시 참조의 편의를 위해 각 행에 번호를 부여할 수 있음	'어떤 가사가 특히 인상 깊었는가?'라는 질문에 대한 클라이언트의 대답을 통해 가사가 드러나며, 이는 개별적인 반응을 기반으로 함. 다만, 그룹 내 다른 구성원들은 해당 가사 내용을 사전에 숙지하고 있지 않을 수 있음
사전에 구성된 질문을 바탕으로 치료사가 논의 과정을 주도적으로 이끌어 나감	질문은 논의 과정에서 자연스럽게 도출되며, 치료사는 사전 계획 없이 상황에 따라 즉흥적으로 개입하고 촉진자의 역할을 수행함
치료사가 음량(volume) 조절의 권한을 가짐	클라이언트가 음량 조절의 권한을 가짐
치료사는 클라이언트가 선택한 곡을 사전에 알지 못할 수 있으며, 처음 접하는 가사의 내용에 대해서도 적절히 반응하고 논의를 촉진하기 위해 음악적 · 임상적 전문성을 발휘해야 함	클라이언트가 선택한 곡에 부적절한 표현이나, 특정 사회 집단에 대한 편견적 시각, 과도한 공격성을 담은 내용이 포함될 가능성이 있음
개인 또는 그룹은 활동 진행에 있어 치료사의 구조화된 안내를 기대함	개인 또는 그룹이 활동에 주도권을 가짐

공격적인 클라이언트에게 반응하기와 공격적 주제를 다룬 가사

치료에서 가장 어려운 도전 중 하나는 클라이언트가 노래를 선택하거나 소개하는 과정에서 언어적으로 공격적인 태도를 보이거나, 노래 가사 자체가 불쾌감을 주는 경우이다. 공격적인 가사는 그룹 구성원들의 가치관을 시험할 수 있으며, 특히 타인에 대한 폭력을 조장하거나 타인을 비난하는 내용을 담고 있을 경우, 그 메시지에 대해 불안감을 느끼거나 심지어 분노를 느끼기 쉽다. 이럴 때 치료사는 가사에 대한 반응을 신중하게 조율해야 하며, 클라이언트의 설명을 진지하게 경청하여 그들의 관점을 이해하려는 노력으로 임해야 한다.

폭력적인 노래는 분노의 표현으로 다룰 수 있으며, 일반적인 개입 방법으로는 "이 노래의 가사는 매우 분노에 차 있는 것처럼 보이는데, 혹시 당신도 그런 감정을 느끼시나요?"라고 질문할 수 있다. 이러한 질문은 클라이언트의 반응을 진심으로 경청하는 과정으로 이어져야 하며, 그 반응이 반드시 분노와 관련이 없을 수도 있음을 인지해야 한다. 따라서, 오해가 발생한 경우, 이를 바로잡기 위한 노력이 필요하다. 이는 클라이언트와 치료사 간의 관계의 본질로서 회피해서는 안 될 과정이다. 오히려 민감하고 존중하는 태도를 지닌 상대와의 대화를 통해 이해에 도달하는 경험은 처음부터 정확하게 이해받은 것만큼이나 강력한 치료적 효과를 가질 수 있다.

공격적이거나 폭력적인 노래가 그룹에서 제시되고, 노래가 재생되는 동안 그룹의 다른 구성원들이 불편함을 느꼈다면, 치료사는 이를 더 깊이 다루어야 한다. 클라이언트가 노래에 대해 자신의 감정을 이야기한 후, 치료사는 그룹에 논의를 열 수 있다. 예를 들어, "그룹의 다른 사람들은 이 노래에 대해 어떻게 느끼나요?"라고 질문함으로써, 지지적인 의견뿐만 아니라 비판적인 의견도 나올 수 있는 기회를 제공한다. 치료사는 비판을 경청하며, 그룹 내 다양한 관점에서 의미가 형성될 수 있도록 자신의 전문성을 발휘할 것이다. 모든 그룹 구성원이 항상 동일한 의견을 가지지 않는 것은 자연스러운 일이므로, 불일치를 피할 필요는 없다. 그러나 중요한 것은 대화에 성숙함과 지혜를 더하여, 서로 다른 관점이 존중될 수 있는 해결책을 도출하는 것이다.

때때로 치료사가 클라이언트에게 공격적인 노래를 자유롭게 표현할 수 있도록 허용할 것인지, 혹은 그룹이 이를 감당할 수 있는 역량이 있는가를 고려하여 조절할 것인지 사이에서 선택해야 하는 상황이 발생한다. 만약 특정 노래가 그룹 구성원들에게 명백한 불편감이나 고통을 유발한다면, 해당 곡을 점진적으로 줄이는 것이 필요할 수 있다. 예를 들어, 해당 곡이 여성에 대한 폭력을 조장하고, 그로 인해 그룹 내 여성 구성원들이 심리적 고통을 호소하는 경우가 이에 해당한다. 이러한 상황에서는 노래의 내용이 타인에게 영향을 미쳤다는 사실을 클라이언트가 인식하도록 피드백을 제공하는 것이 중요하다. 이는 그룹 프로세스가 본질적으로 대인 관계 학습의 매개체라는 점을 강조해 준다(Yalom, 1970). 그룹 내 역동이 특히 복잡하거나 민감하게 전개될 경우, 치료사가 다음 곡을 선별하여 개입함으로써, 앞선 공격적이거나 폭력적인 내용으로 인한 정서적 반응을 완화하거나 재조정하는 것을 고려할 수 있다.

우울감을 느끼는 클라이언트에게 반응하기와 우울을 표현한 노래 자료

클라이언트가 우울한 정서 또는 자살 관련 주제를 담은 노래를 그룹과 공유하는 경우에도 비슷한 상황이 발생할 수 있다. 그룹이 재구조적(re-constructive) 수준에서 세션을 진행하고 있고 그룹 응집력이 높을 경우, 집단 내에서 자살에 대해 개방적으로 논의할 수 있다. 그러나 그룹이 활동 중심(activity-based) 수준에서 진행되고 있다면, 그룹 내 지지적이고 상호 존중적인 분위기가 충분히 형성되지 않았을 가능성이 높기 때문에 자살에 대한 심층적인 논의는 적절하지 않을 수 있다.

이러한 경우, 치료사는 클라이언트에게 그 노래가 불러일으키는 감정에 대해 질문함으로써 곡의 정서적 반응을 탐색하도록 촉진할 수 있다. 이후, 클라이언트의 반응에서 단서를 얻어, 그룹이 자살에 대해 의미 있는 방식으로 논의할 수 있는 역량이 부족한 경우에는 논의의 방향을 다른 주제로 유도하거나, 반대로 그룹이 충분한 지지 역량을 갖추고 있다면 자살에 대한 심화된 논의를 장려할 수 있다.

자살에 대한 이야기는 감정적으로 매우 민감하고 강한 반응을 유발할 수 있으므로, 치료사는 반드시 해당 논의를 촉진할 만한 임상적 경험이 충분히 있거나, 협력 치료사가 함께 참여하는 경우에만 이를 다루는 것이 바람직하다. 본질적으로 자살에 대한 논의는 반드시 적절히 구조화되고 안전한 '경계' 안에서 이루어져야 하며, 논의가 끝날 무렵에는 치료사가 그룹을 '지금-여기(here and now)'의 맥락으로 안전하게 되돌아오도록 이끌어야 한다. 이 과정에서 그룹 구성원들에게 지금 자신이 받고 있는 지지와 치료 과정에서 이루어 낸 성과를 상기시켜 주는 것이 중요하다.

사례 토의를 촉진하는 노래

여섯 명의 청소년이 주 1회 진행되는 그룹 음악치료 세션에 참석하기 위해 치료실로 들어온다. 이들은 총 20주로 구성된 외래 치료 프로그램에 참여한 지 3주 차이며, 주 5일의 치료 일정에 참여하고 있다. 일부 교육 세션도 포함되어 있지만, 전체 시간의 절반 이상은 정신과 전문의, 작업치료사, 간호사, 예술치료사 등과 함께하는 다양한 치료 과정에 할애된다. 이들 중 일부는 음악치료사와의 개인 세션도 병행하고 있으며, 이때는 다양한 능동적 음악치료 기법을 활용해 개인적 이슈를 다루고 있다. 반면, 그룹 세션은 주로 수용적 음악치료 기법에 초점을 맞추고 있으며, 여기에는 음악치료사가 직접 연주하는 노래나 스트리밍을 통한 음원 활용 등이 포함된다. 이번 세션에서 음악치료사는 지난 2주 동안 노래 토의를 위해 미리 음악을 선정하였다.

이번 주 그룹의 에너지는 매우 낮다. 청소년들은 치료실에 들어설 때 발걸음이 무겁고, 음악치료사를 맞이하려고 겨우 눈을 들어 인사를 한다. 간단한 소개 활동 후, 음악치료사는 청소년들에게 함께 들을 노래를 제안해 달라고 묻는다. 그룹은 침묵을 유지하고, 음악치료사는 이 침묵을 일정 시간 동안 허용하며, 그 저항을 그룹에 반영할 수 있는 방법을 고민한다. 그러나 겨우 1분이 지난 후, 치료사는 노래를 들려주는 것이 더 도움이 될 것 같다고 판단하였다. 이번 주 동안 이 그룹을 염두에 두고 피아노로 Ed Sheeran의 <Save Myself>(Wadge, Sheeran, & Labrinth, 2017)를 연습해 왔다. 이 노래의 후렴은 일부 청소년들이 고통을 잊기 위해 의존하였던 대처 방법(알코올과 약물을 남용하는 방식)을 반영한다. “여러분이 공감할 수 있는 노래를 들어 볼까요?” 치료사가 물으며, 키보드를 연주하기 시작한다. 노래를 연주하는 동안, 음악치료사는 청소년들의 반응을 면밀히 살핀다. 노래가 끝난 후, 치료사는 어떤 질문을 던질지 고민한다.

그룹 구성원들은 노래가 진행되는 동안 약간의 눈 맞춤을 하였지만, 음악이 끝난 후 또 다시 침묵은 무겁게 이어진다. 음악치료사는 이 노래의 의미에 대해 묻기로 결정하며, Ed Sheeran의 음악을 좋아하는지, 박자가 없는 노래를 좋아하는지, 또는 음악 스타일과 관련된 다른 질문을 던지는 대신 그 의미를 탐구하는 질문을 선택한다. “Ed Sheeran이 그 가사에서 무엇에 대해 말하고 있다고 생각해요?” 치료사가 그룹의 각 구성원과 눈을 맞추며 묻는다. “그건 분명히 알겠어요.” “힘든 상황에서 벗어나려고 스스로를 무너뜨리는 거잖아요.” 한 청소년이 대답한다. “아니요, 그렇지 않아요.” 또 다른 청소년이 말한다. “그건 당신이 얼마나 노력해도 사람들은 항상 당신을 무시하고, 형편없이 대한다는 거에 관한 거예요.” “맞아요.” 또 다른 청소년이 동의하며 말한다. “정말 그렇죠.” “그 두 가지 모두일 수도 있지 않을까요?”

음악치료사가 묻는다.

그룹은 이후 10분 동안 누가 옳은가에 대해 열띤 토론을 벌인다. 청소년들은 각자의 강한 의견을 표현하며, 음악치료사는 때때로 대화를 중단하고 음악의 일부를 들려준다. 청소년들이 구체적으로 언급한 가사의 몇 줄을 연주하고, 그 후 대화를 이어간다. 그룹 내 누구도 노래에서 묘사된 상황에 자신이 동일시된다고 언급하지 않지만, 각자가 표현한 내용 속에 어느 정도의 동일시가 내포되어 있는 듯하다. 예를 들어, 친구들에게 부당한 대우를 받는 내용으로 노래를 해석한 청소년은 실제로 그러한 경험을 하였을 가능성이 있으며, 그 반대 해석을 내놓는 경우도 마찬가지라고 추측할 수 있다.

음악치료사는 그룹 구성원들이 무의식적인 생각을 의식화하는 과정에서 더 많은 이득을 얻을 수 있는지, 아니면 대중음악 속에 비친 자신들의 경험을 거울처럼 반영하는 과정을 통해 정서적 공감을 경험하는 것이 더 큰 영향을 미칠지를 숙고한다. 또한 동일한 곡을 다시 들으며 더 깊은 정서적 탐색을 시도하는 것이 좋을지, 혹은 유사한 주제를 담은 다른 곡을 들어 보는 것이 적절할지도 고민한다. 한편으로는, Ed Sheeran의 노래가 현재 자신의 삶과 어떤 관련이 있는지를 구성원들에게 질문하고, 이를 바탕으로 보다 심화된 언어적 탐색을 유도하거나, 잡지에서 오려 낸 이미지로 콜라주를 만들거나 그림을 그리는 등 인지적 접근보다는 창의적 방식으로 정서적 처리를 돕는 활동도 고려될 수 있다.

그러나 이번 세션에서는 음악치료사가 새로운 곡으로 전환하기로 결정한다. 아직 3주 차에 불과하며, 그룹 구성원들은 음악을 통해 의미를 만들어 가는 방식 자체를 배워 가는 중이기 때문이다. 앞으로의 세션에서 보다 깊이 있는 성찰의 기회를 가질 수 있을 것이며, 현재로서는 성취감과 에너지를 느낄 수 있는 흐름을 형성하는 데 집중하기로 한다. 음악치료사는 다시금 질문한다. "다음에 들을 음악을 고르고 싶은 사람은 누구인가요?"

주의사항

노래 토의는 음악 자체의 정서적 · 심리적 영향뿐만 아니라, 가사가 지닌 의미와 그것이 청자에게 미치는 영향에 대해 사고할 수 있는 능력을 필요로 한다. 이 과정에서 개인은 자신의 감정을 표현할 수 있어야 하며, 가사가 자신의 삶과 어떤 관련이 있는지를 탐색하고 이를 논의할 수 있는 역량이 필요하다. 이러한 이유로, 노래 토의는 자기 성찰적 사고를 가능하게 하는 인지 능력이 부족한 대상에게는 제한적인 치료적 효과를 가질 수 있다. 그러나 한편으로, 자기 사고에 대한 인식, 즉 메타인지 능력이 부족한 일부 클라이언트에게는 치료의 핵심 목표가 되기도 한다. 이는 종종 '정신화 기반 치료(mentalization-based therapy)'로 불리며, 자신과 타인의 의도를 이해하는 역량을 키우는 데 중점을 둔다. 따라서 노래 토의 기법은 이러한 능력을 촉진하기 위한 하나의 치료적 도구로 활용될 수 있다.

부적응적인 방식으로 음악을 사용해 온 클라이언트의 경우, 노래 토의를 치료 과정에 도입할 때 신중한 개입이 요구된다. 반추(rumination)는 정신 질환에서 자주 나타나는 일반적인 증상으로, 특정 주제나 생각에 사로잡혀 반복적이고 집요하게 몰입하는 경향을 의미한다. 음악은 이러한 반추적 사고와 결합되기 쉬우며, 특히 동일한 곡을 반복하여 청취하는 것은 이와 같은 비효율적인 인지 과정을 강화하는 정서적 배경을 제공할 수 있다. 이는 클라이언트는 특정 노래에 대해 부정적인 정서적 연상을 형성하였을 가능성이 있으며, 이는 그룹 내에서의 노래 관련 논의를 통해 촉발될 수 있음을 의미한다. 그러나 이러한 반응은 개인 치료나 그룹 치료 중에 쉽게 드러나지 않을 수도 있다.

예를 들어, 섭식장애를 가진 클라이언트가 특정 가수를 이상화하거나 비교의 대상으로 여길 경우, 해당 곡이 재생될 때 강한 자기 비하 또는 부정적인 자기평가가 유발될 수 있다. 이러한 정서적 반응은 치료사가 쉽게 인식하기 어려우며, 클라이언트 역시 이를 자발적으로 언급하지 않을 가능성이 있다. 그럼에도 불구하고 음악치료사는 곡에 얽힌 다층적인 의미와 그로 인해 야기되는 정서들을 파악하기 위해 곡 선택의 맥락을 신중히 탐색해야 한다. 특히 반추는 우울증과 높은 상관관계를 가지므로, 해당 기법을 사용할 때마다 이러한 위험 요소를 충분히 고려하는 임상적 판단이 요구된다.

곡에 대한 연상은 예측하기 어려운 경우가 많지만, 특정 임상적 특성을 지닌 클라이언트의 경우 음악과 증상 간의 결합 가능성이 상대적으로 높게 나타날 수 있다. 예를 들어, 약물 사용 문제를 겪는 사람들은 종종 특정 음악을 약물 사용과 함께 청취한 경험이 있다고 보고하였다. 이러한 사례는 음악이 특정 행동이나 정서 상태와 강하게 연결되어 있을 수 있음을 시사하며, 곡 선택 시 이러한 잠재적 연관성을 고려할 필요가 있다. 따라서 노래 토의를 위해 제시된 곡들이 클라이언트에게 약물을 사용하던 시기를 떠올리게 할 가능성이 있으며, 이는 약물을 다시 사용하고자 하는 욕구를 자극할 수 있다. 한편, 약물 사용은 종종 고통스럽거나 다루기 어려운 생각과 감정을 회피하기 위한 전략으로 작용하기 때문에 개인이나 그룹을 복잡하고 힘든 내면의 문제로 이끄는 방식은 어떤 개인에게는 지나치게 부담스러울 수 있다. 이로 인해 다시금 회피적 수단으로서의 약물 사용 욕구가 촉발될 위험이 존재한다.

모든 치료사의 역할은 클라이언트가 어려운 내용을 다루는 과정에서 나타날 수 있는 다양한 반응에 민감하게 주의를 기울이는 것이다. 특히 부정적인 생애 경험을 가진 사람들과의 작업에서는 심리적 안전이 항상 치료사의 최우선 고려사항이 되어야 한다. 그러나 치료의 목적은 클라이언트가 다른 사람들과는 나눌 수 없었던 내용을 안전한 환경에서 탐색하고 처리하는 기회를 제공하는 데 있다. 따라서 치료사의 역할은 클라이언트를 과도하게 보호하는 것이 아니라, 미묘한 말투의 변화, 신체 언어, 에너지 수준의 변동 등을 면밀히 관찰하고, 그 순간 클라이언트에게 어떤 일이 일어나고 있는지를 이해하며 지지하는 데 있다. 노래는 강력한 매체로서, 예상치 못한 반응이나 예측 가능한 강한 정서적 반응을 유발하는 경우가 자주 있다. 음악치료사는 항상 의식적이고, 세심하며, 주의 깊은 태도를 유지해야 하며, 이는 때로는 클라이언트가 예상하지 못한 깊은 주제를 갑작스럽게 다루기보다는, 부드러운 접근 방식을 선택하는 것을 의미할 수 있다. 예를 들어, 1단계 질문과 같은 비교적 부담이 적은 질문부터 시작하여 클라이언트의 준비 상태에 맞게 점진적으로 접근하는 것이 요구된다.

결론

클라이언트에게 개인적으로 의미 있는 음악을 치료 과정에 활용하는 것은 음악치료 접근의 핵심이다. 노래 토의(song discussion)와 가사 분석(lyric analysis)은 매우 효과적인 치료 도구이지만, 그만큼 신중하게 접근할 필요가 있다. 이 장에서는 이러한 기법을 사용할 때 고려해야 할 핵심적인 사항들을 제시하며, 실제 임상 현장에서는 이 외에도 다양한 변수들이 추가로 발생할 수 있음을 전제한다. 앞서 언급하였듯이, 일부 음악치료사는 이러한 복잡성을 이유로 클라이언트가 선호하는 음악을 치료에서 의도적으로 배제하기도 한다. 그러나 치료적 공간이야말로 이러한 복잡한 주제들을 안전하게 탐색하고 통합할 수 있는 장이 된다. 음악치료사는 이러한 복합적인 의미와 반응을 수용하고 조절할 수 있는 임상적 역량을 지녀야 하며, 치료적 관계라는 안전한 틀 안에서 클라이언트가 새로운 의미를 구성해 갈 수 있도록 지지해야 한다. 수용적 음악치료 기법은 이러한 과정을 가능하게 하는 매우 효과적인 접근법이 될 수 있다.

제6장

성인 클라이언트를 위한 음악 감상 및 음악유도이완

이 장의 목적은 입원 환자의 증상 완화를 위해 이완 음악을 사용하는 것의 이점을 설명하고, 다양한 환경과 각각의 목적에 따라 청소년과 성인을 대상으로 음악유도이완(Music-Assisted Relaxation: MAR)을 촉진하는 데 필요한 임상 기술을 개괄적으로 설명하는 것이다. 어린이를 위한 이완은 대체로 이완 유도와 심상을 결합하기 때문에 제7장에서 논의할 것이다.

문헌 전반에 걸쳐 음악 감상과 이완의 결합에 대해 '음악유도이완' '음악과 함께하는 이완' '음악 이완' 및 '음악 감상'과 같이 다양한 용어가 사용된다(Howlin & Rooney, 2020). 그러나 많은 연구에서는 준비 과정으로 언어적 이완 유도 절차가 포함되지 않았으며, 음악 감상의 효과만을 측정하고 있다.

2010년 이후 통증, 불안, 스트레스 감소를 위한 수용적 음악 청취에 관한 많은 연구가 진행되었다. 음악치료사에 의해 수행된 연구도 있고, 의료진이 병원에서 수행한 음악 의학으로서의 연구나 비임상 그룹을 대상으로 수행한 음악 심리학 연구도 있다.

의도

이완을 돕기 위한 음악의 사용은 목적에 따라 다르다.

- 첫 번째 목적은 능동적 음악치료 세션의 마무리에서 참여자가 활동 후 휴식을 취할 수 있도록 하기 위한 의도로 이완 음악을 도입할 수 있다. 일반적으로 짧게 진행되며, 그 의도는 참여자가 음악만 듣도록 하는 것이다.
- 두 번째 목적은 스트레스, 불안 또는 통증의 증상을 줄이기 위해 MAR을 사용하는 것이다. 이 목적은 일상생활에서 증상 관리를 위한 음악 사용 방법을 참여자에게 보여 주기 위한 심리 교육적 의도일 수 있다.
- 세 번째 목적은 음악을 시작하기 전, 이완 유도(5~10분)를 사용하여 참여자가 심층적으로 이완되도록 시간을 늘리는 것이다.
- 네 번째 목적은 음악과 심상 세션(상상 포함) 또는 Bonny 방식의 유도된 심상과 음악(Bonny Method of Guided Imagery and Music: BMGIM) 세션(음악과 심상의 심리치료 형태)과 같은 보다 복잡한 개입의 일부로 이완 유도를 사용하는 것이다.

증상 완화를 위한 음악 청취

다양한 질환의 증상 관리에서 MAR 적용에 관한 방대한 양의 문헌이 존재한다. 상당한 수의 연구로 인해 수많은 체계적 문헌 고찰이 이루어졌으며, 그 가운데 다수는 음악 의학으로서(의료진이 음악을 선정하는 경우)와 의료 음악치료(음악치료사가 연주하면서 참여하는 경우)를 비교하고 있다. 이 연구들은 전반적으로 환자/클라이언트가 선택한 음악이 가장 효과적인 음악이라는 것에 동의한다. 이러한 연구들과 문헌 고찰은 다음 조건에 대한 증거를 제공한다.

- 통증 감소: Fidler & Miksza(2020); Lee(2016)
- 스트레스 및 불안 완화: de Witte et al.(2020a, b)
- 웰빙 증진: Giordano et al.(2020)
- 우울 감소: Chan, Wong, & Thalaya(2010)
- 후천성 뇌 손상 환자의 초조(agitation) 감소: Aadal et al.(2021)
- 심장질환: Bradt, Dileo, & Potvin(2013); Burrai et al.(2020)
- 수면 장애: Jespersen & Vuust(2012); Jespersen, Madsen, & Vuust(2020)

관련 개념

관문조절이론과 신경 매트릭스

통증을 줄이기 위해 음악 청취 사용을 뒷받침하는 초기 이론적 구성 중 하나는 Ronald Melzack과 Patrick Wall(1965)의 관문조절이론(gate control theory)으로, 음악과 같은 청각 자극이 청각 정보를 처리하는 데 필요한 뇌의 여러 영역을 활성화하여 통증 자극이 뇌로 전달되는 것을 차단할 수 있다고 제안한 것이다. Ronald Melzack과 Joel Katz(2004)는 통증 경험이 통증 지각과 통증 행동에서 활성화되는 뇌의 상호 연관된 영역을 포함하는 신경 매트릭스(neuro-matrix)에 몸 전체가 관여한다는 사실을 인정함으로써 이 이론을 확장하였다.

Claire Ghetti(2012)는 침습적 의료 시술과 관련된 통증에 대한 절차적 지원(procedural support)으로 음악치료가 사용된 19편을 고찰한 연구에서 관문조절이론이 중재를 뒷받침하는 이론으로 가장 빈번하게 언급되었음을 보고하였다. Jin Lee(2016) 역시 자신이 검토한 연구 중 20편에서 관문조절

이론이 언급되었음을 확인하였다. Ghetti(2012, p. 30)는 이 이론을 지지하면서, '절차적 지원으로서의 음악치료는 주의력, 불안 수준, 경험의 의미에 영향을 줄 뿐만 아니라 변연계의 활성화를 통해 정서적 반응에 영향을 줌으로써 신경 매트릭스에 다양한 인지적 · 정서적 입력을 조절할 수 있다.'라고 표명하였다.

마음챙김

마음챙김은 현대인의 스트레스와 불안 관리에 효과적인 접근법으로 점점 더 인정받고 있다. 마음챙김의 핵심은 순간에 있는 것을 판단 없이 받아들이기 위해 놓아 주는 태도, 즉 집착하지 않는 태도를 기르는 것이다(Kabat-Zinn, 2005). 음악을 듣는 것은, 특히 사람이 음악에 몰입하여 내려놓음이 이루어진다면, 개인의 신체적 · 정서적 · 미적 또는 영적 삶에 대한 주의 깊은 인식을 높일 수 있다.

그러나 마음챙김은 이완과 같지 않으며, 마음챙김 접근법을 채택한 음악치료사를 인터뷰한 연구에서 한 참여자는 '나는 이완 아이디어에서 조금 가져왔지만, 이완이 목적은 아니다. 그래서 음악 안에 주의를 기울이고 집중할 수 있는 무언가가 있어야 했다.'라고 성찰하였다(Medcalf, 2016, pp. 55-56). 또 다른 참여자인 완화 치료에 종사하는 음악치료사는 '친숙하지 않은 음악을 사용하려고 노력한다. 또한 일부러 그렇게 하려는 노력 때문에 음악에 대한 선입견을 가지지 않을 수 있다.'는 점을 성찰하였다. 그 의도는 '경험에 대한 인식, 이해 및 수용과 같은 마음챙김의 자질을 개발하는 데 도움이 되는 공간을 만드는 것'이다(Medcalf, 2016, pp. 56-57).

Anja Tanhane(2020)는 음악치료 문헌에서 설명하는 마음챙김과 음악치료의 연관성을 탐구하고, 마음챙김이 반드시 음악치료 세션 중에 일어난 일을 설명하는 가장 정확한 단어인지에 대해 질문하였다. 마음챙김과 음악치료의 일부 특성은 유사하다. 예를 들어, 그녀는 Germer, Fulton과

Siegel(2016)의 주장을 인용하면서 둘 다 의도성, 비언어적, 현재 순간에 초점을 맞춘 질문, 비판단적이고 탐구적인 것과 같은 요소를 가지고 있다고 설명한다.

그러나 Tanhane는 음악치료와 마음챙김에는 뚜렷한 구별점이 있기에 한 가지를 다른 것에 통합하려고 하기보다는 음악치료에 마음챙김 요소가 내재되어 있을 수 있다는 점을 인식하는 것이 더 유용하다고 강조한다. 그녀는 '창의적 · 표현적 마음챙김'이 음악치료사가 이러한 중복에 초점화되는 질문에서 채택할 수 있는 유용한 용어일 수 있다고 제안한다.

이완 유도법과 이완 음악과의 결합

여러 연구(Clark et al., 2016; Gallagher, Lagman, & Rybicki, 2018; Pasiali et al., 2020)는 준비의 한 형태로 이완 유도를 제공하는 것이 이완 음악의 개인적 경험을 높일 수 있음을 입증한다. 클라이언트에게 적절한 음악을 선정하는 것은 물론 이완 유도를 제공하는 데도 기술이 필요하다.

클라이언트에게 이완 세션을 제공하기 위한 세팅은 병원 침대에서부터 편안한 의자에 앉거나 소파에 기대어 있는 개인 세션까지 다양하다. 전형적으로 음악 감상에 도움이 되는 조용한 환경은 밝기를 낮춘 조명, 편안한 침대, 매트, 카펫이 깔린 바닥 또는 클라이언트가 기댈 수 있는 의자를 갖추는 것이다. 또한 이완 시 체온이 저하될 수 있으므로 실내는 따뜻하게 유지되어야 하며, 세션이 외부의 방해 없이 진행될 수 있도록 주의가 필요하다. 필요시 문에 '방해하지 마십시오.' 표지판을 부착하는 것도 권장된다.

조명과 어둠

대부분의 상황에서 천장 조명을 완전히 끄거나 적어도 어둡게 하는 것이 좋다. 주의를 산만하게 하여 이완을 방해하는 요소 중 하나는 형광등의 깜빡임이다. 형광등은 매우 밝을 뿐 아니라 진동도 있어서 끄는 것이 낫다. 그러나 많은 클라이언트는 완전한 어둠에 불안감을 느낄 수도 있어서 어느 정도 필터링된 조명은 필요하다. 조명을 약간 어둡게 하거나 별도의 램프를 사용하여 실내를 밝힐 수 있다. 치료사 역시 음악 장비를 조작하려면(녹음된 음악을 사용하는 경우) 적절한 조명이 있어야 한다. 일부 환경에서는 커튼을 쳐서 방을 적절한 수준으로 어둡게 하는 것이 적합할 수 있다.

이완 세션의 마무리에서 클라이언트가 실내의 밝기 변화에 대비할 수 있도록 준비시키는 것도 중요하다. 치료사는 "이제 조명을 다시 켤 텐데, 눈이 부실 수 있으니 가리는 것이 좋습니다."라고 말할 수 있다. 또는 커튼을 천천히 부드럽게 열어 빛이 서서히 들어오도록 할 수 있다.

음악 장비

치료사는 음악 시스템에 쉽게 접근할 수 있어야 한다. 대부분 아이팟, 아이패드 또는 컴퓨터의 음원을 사용하지만, 일부 시설에서는 여전히 CD의 음원을 사용하기도 한다.

눈을 감거나 뜨기

일반적으로 이완 유도 시에나 음악이 재생되는 동안 눈을 감고 있는 것이 이상적인데, 눈을 감으면 주변에서 일어나는 산만함을 차단할 수 있기 때문이다. 또한 눈을 감으면 클라이언트 개인의 내면 상태에 더 쉽게 접근할 수 있다. 그러나 특히 주변 환경에 대해 불안해하고 무슨 일이 일어나고 있는지 보기 위해 눈을 뜨고 있어야 하는 일부 사람들의 경우 눈을 감는 것이 불편할 수도 있다. 또한 누군가에게는 어떤 일이 일어날까 믿지 못하는 신뢰의 문제일 수도 있다.

눈 감기를 꺼리는 클라이언트에게는 시선을 돌리거나, 아래쪽이나 바닥을 바라보도록 제안할 수 있다. 주변의 방해 요소를 차단하기 위해 이러한 조치가 필요하다는 점을 설명하면 도움이 될 수 있다. 시간이 지남에 따라 세션의 진행 방식에 대해 신뢰가 형성되면 기꺼이 눈을 감을 수 있게 된다 (때때로 사람들은 주변을 확인하기 위해 잠시 눈을 떴다가 다시 감을 수도 있다).

치료사의 음성 퀄리티

치료사의 음성 퀄리티는 효과적인 이완 유도를 촉진하거나 스크립트를 읊는 데 매우 중요하다.

- 음색과 음고: 목소리의 음색은 따뜻하고 차분해야 하며, 음량은 부드러우면서도 충분히 들을 수 있을 정도로 커야 하고, 음의 높낮이는 역동적인 변화가 거의 없는 중음역이어야 한다. 목소리 톤을 일정하게 유지하는 것이 중요한데, 이는 목소리의 퀄리티 자체가 치료사에 대한 신뢰를 유도하는 데 효과적이며, 목소리 톤에서 전달되듯이 치료사가 평온하게 통제하고 있다는 안전감을 불러일으킬 수 있기 때문이다. 예를 들어, 높은 톤의 목소리는 불안감이나 미숙함을 전달할 수 있고, 너무 낮은 목소리는 매우 거칠게 들릴 수 있다. 따라서 중음역의 음색은 이러한 연상을 피할 수 있다.
- 음성 변화: 일반적인 대화에서 우리의 말투에는 관심을 전달하기 위해 오르락내리락하는 어조가 있다. 그러나 이완 유도를 위해서는 말투가 극적인 상승과 하강 없이 얕은 다이내믹으로 평탄해야 휴식과 차분함을 불러일으킬 수 있다.
- 말의 속도: 치료사는 이완 유도를 하는 중에 클라이언트의 호흡 패턴을 관찰하며 속도를 모니터해야 한다. 치료사의 말이 너무 빠르면 환자는 그만큼 빠르게 단어를 처리해야 하므로 이완하기가 어렵다. 주어진 지침을 반복하여 느린 속도로 진행하면 환자가 더 쉽게 긴장을 풀 수 있

을 것이다. 클라이언트가 불안해하는 경우, 에너지 수준에 맞춰 유도를 더 빨리 시작한 다음, 의도한 이완 상태에 맞춰 속도를 점차 늦추는 것이 도움이 될 수 있다.

- 흐름: 효과적인 이완 유도는 상대방이 지시 사항을 따를 수 있도록 한 어절을 말한 뒤에 잠시 휴지기를 제공한다. 말의 흐름에서 쉬지 않고 말을 하거나 잘못된 위치에서 쉬는 경우가 있다. 예를 들어, "호흡을…. (잠시 멈춤)"는 듣는 사람을 긴장 상태로 만드는 반면, "호흡을 알아차리세요…. (잠시 멈춤)"는 듣는 사람이 호흡 패턴에 주의를 돌릴 수 있도록 한다. 같은 문구를 반복하면 클라이언트는 모든 단어를 처리하는 데 집중하지 않고 발, 종아리, 무릎, 엉덩이 등 핵심 단어에 의해 안내될 수 있다.
- 순차적 순서: 인지적 처리를 최소화하려면, 핵심 문구를 신체의 상행 또는 하행의 순서대로 제시하는 것이 합리적이다. 반면, 발에 집중하게 하고, 그다음으로 팔, 그다음 가슴 순으로 집중하도록 무작위로 요청하면 상대방이 다음에 말할 내용에 집중해야 한다. 그러므로 순차적 전개에 따른 진행이 바람직하다.
- 이완 경험의 마무리 시: 이완 체험이 끝나서 환자를 각성 상태로 되돌릴 때, 치료사의 목소리가 점차 커진다(병원에 입원 중인 성인의 경우 잠들게 하려는 목적이 있을 수 있다).

기본 원칙은 모든 음악치료 방법과 마찬가지로 특정 그룹과 근무 시설에 맞게 조정하는 것이 요구된다. 다음 사례에서는 음악치료사가 다양한 치료적 옵션을 제공하는 치료적 커뮤니티의 일부인 정신 건강 클라이언트에게 적합하도록 다양한 아이디어를 조정하는 방법을 볼 수 있다. 여기에서는 촛불과 전문가가 엄선한 음악을 활용하여 휴식이라는 미적 경험에 초점을 둔 특수한 환경을 조성하는 것이 선행된다.

사례 청소년을 위한 그룹 이완 세션

한 정신건강 시설의 청소년(18~25세) 그룹을 위한 이완 세션은 항상 참석률이 높았고, 한 주간의 바쁜 치료 일정이 끝나는 금요일 오후로 예정되어 있었다. 그들은 도착하면 치료실을 돌아다니며 머물기 가장 좋은 자리를 찾았다. 방에는 어두운 조명과 누울 수 있는 다양한 쿠션과 요가 매트, 편안한 의자, 벽에 등을 기대고 앉을 수 있는 옵션을 갖추고 있었다. 음악은 클라리넷과 샤쿠하치(일본식 피리)로 연주되는 선(zen, 禪) 명상 음악(Scott, 1964)과 최면에 걸릴듯한 풍부한 음색을 선사하는 싱잉볼 연주를 비롯한 기타 음악 트랙으로 구성되었다. 또한 치료실 중앙에는 대형 촛불이 놓여 있었고, 초의 불빛은 깜빡이면서 파란색과 노란색의 편안한 색상을 발산하며 편안함을 가져왔다. 그룹에게 주어진 지침은 편안한 장소를 찾고, 음악의 분위기를 의식하며, 때때로 촛불을 바라보며 색의 변화를 알아차리라는 것이었다.

이 유도의 이점은 호흡하기, 긴장 알아차리기, 몸의 근육을 인식하기, 기타 의도하는 목표 등의 지침이 없다는 것이다. 지침은 열려 있었기 때문에 참가자들은 아무런 제한이나 저항 없이 이완에 들어갈 수 있었다. 또한 특정 자세를 취하도록 지시를 받는 것이 아니라 편안하다고 느껴지는 자세를 취할 수 있는 선택권이 주어졌다. 세션의 마무리에서 음악은 단계적으로 잦아들었고, 치료사는 세션이 몇 분 남았는지 예고한 후 커튼을 서서히 열어 자연광이 실내로 들어오도록 하였다. 체험에 대한 간단한 토론이 있었고 세션은 종료되었다.

이완 유도 기법 선택

단기 이완 유도 기법이나 카운트다운 기법부터 점진적 근육이완(Progressive Muscle Relaxation: PMR; Jacobson, 1938), 자율 이완(autogenic), 색을 이용한 자율 이완, 마음챙김 유도(mindfulness-informed), 빛 발산 유도 등 치료사가 개발한 더 확장된 유도 방식까지 다양한 이완 스크립트 또는 유도 기법이 있다(부록 A 참조).

여러 연구에서 다양한 유형의 이완 유도 기법을 비교하였다. Sheri Robb (2000)은 음악이 보조된 PMR, 단독 PMR, 음악 청취, 침묵 그룹으로 각각 설계하여 건강한 성인의 상태 특성 불안(state-trait anxiety)에 관해 연구하였다. 참여자는 60명의 대학생이었다. Spielberger 상태-특성 불안 척도(Spielberger, 1983)에서 네 그룹 간에 유의미한 차이는 없었지만, 음악이 보조된 PMR 적용 그룹이 가장 큰 수준의 변화를 나타냈다.

Cori Pelletier(2004)는 스트레스로 인한 과각성을 감소시키기 위해 음악을 사용한 22개의 연구에 대한 메타분석을 수행하였다. 이 연구에서는, ① 수동적 청취(듣기만 하라는 지침), ② 유도된 심상과 음악(GIM), ③ 고밀도 진동으로 소리를 전달하는 소파를 통한 진동 촉각 자극, ④ 점진적 근육 이완(PMR), ⑤ 자율 이완, ⑥ 호흡하기와 PMR, 자율 연상 이미지의 결합 등 여섯 가지 기법이 사용되었다. 과각성을 감소시키는 데 있어 이완 음악과의 결합에서 큰 효과 크기(d= +0.6711)가 발견되었다. 특정 이완 유도 기법들에는 유의미한 효과 차이가 있었는데, 음악을 통한 언어적 촉진(자율 이완)이 스트레스 수준에 가장 큰 영향을 미쳤다.

Varvara Pasiali와 동료들(2020)은 섭식장애가 있는 사람들을 위한 MAR에 대해 설명한다. 그들은 MAR이 불안과 스트레스를 줄일 수 있을지라도, 신체와 복잡한 관계로 얽힌 섭식장애 클라이언트에게는 신체 부위를 언급하는 경우 신중할 필요가 있다고 한다. 일부 문헌의 저자들은 일반화된 스크립트인 이완 유도를 권장하지만, Dean Quick(Pasiali et al., 2020)은 PMR 유도를 성공적으로 사용하였다. 그는 PMR 유도가 부정적인 생각과 신념의 기회를 감소시키는 단계적인 지시 덕분에 효과가 있었다고 말한다.

호흡으로 시작하기

일반적으로 사용되는 이완 유도는 호흡을 알아차리는 것과 호흡 패턴을 인식하도록 제안하는 것으로 시작된다. 대부분 우리의 호흡은 폐/가슴의 윗부분만 사용하여 얕다. 더 깊게 호흡하면 가슴과 배가 열리는 지점까지 횡격막이 확장된다. 환자는 통증을 경험할 때 호흡이 수축될 수 있으므로, 참았던 숨을 내쉬도록 하는 조절된 호흡 패턴을 유지하는 것이 통증과 불안을 관리하는 데 도움이 될 수 있다.

호흡 유도에 대한 일반적인 안내는 다음과 같다.

● …이제 당신의 호흡에 조금 더 집중해 보세요. 그저 숨을 쉬고 있다는 것을 느껴 보세요…. 들이쉬는 숨과 내쉬는 숨…. 숨을 들이쉴 때 가슴과 배가 부풀고, 내쉴 때 다시 가라앉는 것을 느껴 보세요. 들이쉬고 내쉬는 이 흐름을 그저 알아차려 보세요. 들이쉴 때 숨은 차갑고, 내쉴 때는 따뜻하다는 것도 느껴 보세요.

호흡에 주의를 기울이도록 유도할 때는 "숨을 들이쉬고…. (소리 내어 숨을 들이쉬기) … 숨을 내쉬세요…. (소리 내어 숨을 내쉬기)"와 같이 직접 들리게 숨을 쉬며 보여 주는 것이 도움이 될 수 있다. 이는 자신의 호흡에 신경이 쓰이거나 어색함을 느낄 때 도움이 될 수 있다.

호흡하기를 목적으로 초점화할 때 주의사항은 다음과 같다.

- 천식 질환이 있는 사람은 호흡에 집중하도록 할 때 불안감이 커질 수 있다.
- 수술받은 환자, 특히 심장 수술 후 깊은 호흡에 초점화하는 것은 불편감을 느낄 수 있다.
- 학대 생존자인 클라이언트는 학대 당시 두려움에 숨을 참았을 가능성

으로 인해 호흡에 초점화하는 것에 불편감을 느낄 수 있다. 치료가 진행됨에 따라 숨을 쉬는 것에 긴장이 풀어지면서 불안을 줄이는 데 도움이 되고 치유될 수 있다(Körlin, 2019).

이러한 경우에는 사용할 유도법을 선택할 때 신중해야 한다. 시작하기 전에 환자에게 호흡 유도에 대해 어떻게 생각하는지 물어보거나 호흡 유도, 신체 근육에 초점화하는 방법(PMR) 또는 신체의 다른 부위를 인식하는 방법(자율 이완훈련) 중 하나를 선택할 수 있도록 할 수 있다.

음악 선정

이완에 가장 효과적인 음악은 클라이언트가 좋아하는 음악이다(Howlin & Rooney, 2020; Jiang et al., 2013; Lee, 2016; Tan et al., 2012). 성인 클라이언트에게 즐기는 음악의 종류에 관해 물어보는 것은 중재 효과를 높이기 위해 중요하다. 클라이언트가 말을 할 수 없거나 선택을 표시할 수 없는 상황에서는 음악치료사가 음악을 선정한다. 흥미롭게도 Cori Pelletier(2004)의 메타분석 연구에서 그녀는 연구 결과에 근거한 음악, 즉 전문가가 선택한 음악이 참여자가 선택한 음악보다 더 효과적이라는 것을 밝혀 냈다. 그녀는 참여자가 매우 자극적인 것으로 판명되는 음악을 선호 곡으로 선택할 수 있는데, 이는 참여자가 이완을 가장 잘 지원하는 음악의 요소에 대해 대부분 알지 못한다는 것을 의미한다고 주장하였다.

많은 연구에서 이완에 가장 효과적인 음악을 일관되게 설명하고 있으며, 음악은 다음과 같은 특성을 가진다.

- 템포는 2박 계열이든 3박 계열이든 일정하게 연주되는 동안 한결같이

느리게 진행된다.

- 리듬도 마찬가지로 약간의 변화만 있으며 일정하다.
- 멜로디 라인은 둥글며, 좁은 음정 간격(종종 순차진행)으로 예측이 가능하다. 대부분 레가토로 연주되지만, 일부 인상적인 음악은 피치카토 베이스라인과 함께 레가토 선율을 연주하기도 한다. 프레이즈의 길이는 숨을 들이쉬고 내쉬는 것과 일치할 수 있으며, 반복이 주요 특징이다.
- 화성 구조는 특정 조성과 협화음으로 이루어지고, 예측이 가능한 코드 진행이나 서스펜디드 코드로 해결되는 특성을 가진다.
- 악기 편성에는 현악기와 목관악기가 포함되고 금관악기와 타악기는 배제될 가능성이 있다.
- 다이내믹은 점진적으로 전개되는 약간의 변화가 있다.
- 지지적인 베이스라인은 안전하게 이끌기 위해 필요하다(Grocke & Wigram, 2007).

성인 클라이언트의 이완 유도를 위해 선정할 수 있는 음악 목록은 부록 B에 제시하였다. 여기에는 길이 선정(짧으면 최대 10분, 길면 10분 이상)은 물론 클래식, 미니멀리즘, 비클래식, 뉴에이지 등 다양한 장르가 포함된다.

Jeff Hooper(2012)는 진정 음악에서의 예측 가능한 요소(Predictable Factors in Sedative Music: PFSM)에 관한 연구에서 음악치료사들에게 자신이 즐겨 듣는 음악 중 평온하고 편안한 느낌을 주는 음악(진정성)과 활기차고 움직이거나 춤추고 싶게 만드는 음악(자극성)을 분류하도록 요청하였다. 분류되는 음악은 어떤 장르든 선택할 수 있었다. 진정 효과가 있는 음악의 특징은 앞에 나열된 내용과 유사하였다. 그러나 Hooper(2012)는 동일한 음악이라도 사람마다 다른 반응을 보일 수 있고(사람 간 차이), 동일한 음악을 동일한 사람이 듣더라도 듣는 시간에 따라 다르게 경험할 수 있음(사람 내 차이)을 언급한다.

Hooper의 아티클에서 Märith Bergström-Isacsson은 음악의 '생생한 경험'과 '당사자의 음악적 역사'(2012, p. 73)도 고려할 수밖에 없는 요소임을 상기시켜 준다. 이는 기존에 이완을 위한 기능에 부정적인 영향을 미칠 가능성이 있는 사람이나 사건, 음악 간의 연관성이 있는 경우 특히 중요하다.

Robert Krout(2007, p. 138)도 이완 음악의 특성을 '느리고 안정적인 템포(흐름 또는 속도), 낮은 볼륨과 부드러운 다이내믹, 일관된 짜임새(소리와 악기의 조합), 타악기적이거나 악센트 리듬의 부재, 부드러운 음색(소리 또는 느낌), 레가토(연결된) 멜로디와 단순한 화성이나 코드 진행'으로 꼽고 있다.

두 연령 그룹과 두 가지 스타일의 이완 음악을 비교한 연구(Lee-Harris et al., 2018)에서는 명상적 바이노럴 음악(Meditative Binaural Music: MBM)을 클래식 음악과 비교하였다. MBM은 바이노럴 방식으로 녹음된 소리, 바이노럴 비트, 느린 템포 및 점진적인 변화를 융합한 것이다. 젊은 연령층(18~25세)은 자극이 적은 클래식 음악을 듣는 것보다 MBM이 훨씬 더 진정 효과가 있는 것으로 나타났다. 노년층(50~80세)은 더 큰 차이를 보였는데, 자극이 적은 클래식 음악을 가장 편안하다고 평가하였고 MBM이 그 뒤를 이었다. 이러한 결과는 MBM이 이완에 효과적으로 기여할 수 있음을 시사하지만, 결과는 연령에 따라 달라진다.

Jennifer Fiore(2018)는 대학생 23명을 대상으로 스트레스와 불안에 대한 온라인 방식의 수용적 음악치료를 수행하였고, 이를 위해 기타 음악을 작곡하는 과정에서 관련 문헌에서 제시된 음악적 특성들을 신중하게 검토하고 반영하였다. 연구 결과, 참가자들은 멜로디(유동적인 선율과 좁은 음정 간격)가 호흡 조절에 가장 효과적인 음악 요소(61%)라고 평가하였으며, 그다음으로 템포(72~68bpm)(48%)가 효과적이라고 응답하였다. 60~90bpm의 느린 템포의 음악은 심박수와 스트레스 관련 증상을 감소시키는 것으로 나타났다(de Witte et al., 2020a).

라이브 음악 사용

Melissa Smith(2008)는 스트레스가 많은 환경으로 여겨지는 콜센터 작업장에서 이완을 위한 라이브 음악 사용을 조사한 연구에서 이완을 위한 라이브 음악 사용에 대한 유용한 정보를 제공한다. Smith는 실험 그룹(n=40)에게 이완 스크립트로 PMR과 음악 중재로 라이브 기타 연주를 적용하였다. 대조 그룹은 직장에서의 스트레스에 대한 토론을 진행하였다. 그 결과, 실험 그룹은 대조 그룹에 비해 스트레스가 유의미하게 감소한 것으로 나타났다[Spielberger의 상태 특성 불안 척도(STAI)로 측정]. 그녀는 PMR 스크립트와 즉흥 기타 연주를 동시에 제공하였는데, 스크립트에 즉흥 음악의 기조를 일치시키는 데 상당한 시간을 할애하였다고 언급하였다. 목소리 톤도 중요하였는데, 목소리 톤에 일치되게 근육의 긴장을 조성하고 이완하는 것을 촉진하기 위해서였다. 즉흥연주된 기타 음악은 분산화음, 계류화음, 장조와 단조로 구성되었다.

그룹 세션

사람을 대상으로 이완 세션을 진행하면 그룹 구성원 간에 사회적 유대감이 형성된다는 점에서 추가적인 이점이 있다. 개인은 그룹에서 음악 경험을 할 때 외로움을 덜 느낀다.

이런 환경에서는 사람들이 눕거나 편안한 의자에 앉거나 벽에 등을 기대고 앉을 수 있을 만큼 넓은 공간이 필요하다. 만약 눕게 되는 경우, 편안함을 위해 카펫이 깔린 방이 이상적이다. 그룹으로 작업할 때 고려해야 할 다른 측면은 다음과 같다.

- 목소리 톤은 가장 멀리 있는 사람도 들을 수 있을 만큼 충분히 커야 하므로 치료사 가까이 있는 사람은 그 목소리를 더 크게 들을 수 있다는 것을 숙지해야 한다.
- 그룹원 모두를 세심히 관찰하고 최적의 속도를 진단해야 하므로 이완유도의 속도를 표준화하기는 어려울 수 있다.
- 예를 들어, 안절부절못하고 가만히 있으려고 고군분투하는 사람과 같이 그룹 내에서 개인차를 능숙하게 다루는 것은 어렵다. 치료사가 그룹멤버를 얼마나 잘 알고 있는가에 따라 그 사람에게 조용히 다가가 추가적인 관심과 지원을 제공할 수 있을 것이다.
- 이완 스크립트를 선택하는 것은 도전적인 일이다. 치료사가 그룹원들에게 선호하는 스타일이 무엇인지 물어본다면 천차만별의 응답이 나올 것이기에 결국 스타일 선정은 치료사의 몫이다.

다음 설명은 이 장 전체에 걸쳐 제안된 원칙과 아이디어에 관한 이야기를 보여 준다. 이 내용은 개인적인 발전과 성장의 기회를 찾는 사람들, 조직이나 치료적 관계에 방해가 되는 특별한 조건이 없는 사람들과 함께 일한 경험을 기초로 한다.

● 치료사는 세션에 참여한 모든 사람과 환영 인사를 나눈 후, 그룹원에게 기본 규칙을 상기시킬 수 있다. 누구든지 불편함을 느끼는 사람은 언제든지 바닥에서 일어나건 의자로 이동할 수 있다. 단, 다른 사람의 몸, 특히 머리 근처로 걸어가지 않아야 한다.

참여자들에게 휴대 전화를 완전히 끄도록 안내한다. 무음 상태에서도 계속 울리는 '벨소리'는 매우 성가실 수 있다. 특히 휴대 전화 소유자에게는 전화를 건 사람에 관한 생각으로 이어져 방해될 수 있다.

그룹원이 방 안에서 편안한 장소를 찾을 수 있도록 충분한 시간을 주고 쿠션, 요가 매트, 보온을 위한 담요(가벼운 커버) 등 다양한 물품을 제공한다. 어두운 공간을 좋아하는 사람들을 위해 안대 또는 마스크를 준비할 수도 있다. 그룹이 정해지면 그룹 멤버들의 에너지나 기분에 대해 보편적인 질문을 할 수 있다. 그런 다음 그룹원들의 답변을 바탕으로 두세 가지(최대) 유도 기법을 선정할 수 있다. 그룹에 에너지가 있다면 PMR이 좋고, 성찰적 분위기의 그룹이라면 자율 이완이나 색을 통한 자율 이완 기법이 좋다(부록 A 참조). 치료사는 그룹원들에게 유도 기법 선정에 기여할 기회를 준 다음에 음악을 직접 선곡하는 것이 가장 좋다. 그룹의 경우, 음악 선정은 그룹원 중 누군가 반감을 가질 수 있는 장르가 있을 것에 대비하여 무거운 클래식도 재즈 같은 음악도 아닌 중간 수준이어야 한다. 그룹이 정기 모임을 하게 되면 어떤 장르가 그들에게 가장 적합한지 알게 될 것이다.

모두 자리를 잡고 안정되면, 이완 스크립트(부록 A 참조)를 시작한다. 마무리에는 그룹을 이완 상태에서 벗어나게 하는 스크립트를 포함한다.

고려사항

MAR에 대한 주의사항을 보고한 연구는 없지만, 성인 클라이언트를 위한 세션을 계획할 때는 다음 사항을 고려해야 한다.

- 가능하면 참여자들이 우선 선택한 음악으로 선정한다.
- 혼란을 겪는 클라이언트는 신체의 다양한 부위를 통해 색을 연상하며 호흡하는 것과 같은 구체화된 경험이 포함되는 이완 스크립트에 어려움을 겪을 수 있다. 이런 경우 간단하거나 따라 할 수 있는 지침이 있는 이완 스크립트가 더 유용하다(예: 부록 A의 '단계별 구조화 또는 카운트다운 이완 유도' 참조).

- 상처 입기 쉬운 클라이언트나 감시당하고 있다고 느끼는 클라이언트는 이완 체험 중에 눈 감기에 어려움을 겪거나 안전 확인을 위해 눈을 떠야 할 수도 있다.
- 심장 수술 후 환자는 지지대가 없거나 바른 자세를 취하지 않으면 불편함을 느낄 수 있다. 심장 수술 후 환자에게는 본인에게 편안한 만큼만 심호흡하도록 강조하는 것이 적절할 수 있다. 심장 수술 후 재활의 첫 단계에서는 가슴 통증으로 인해 꼿꼿한 자세가 더 편할 수 있다.
- 마찬가지로, 신체적 장애가 있는 노인들과 이완 절차를 시행할 때 올바른 자세와 신체를 지지할 수 있는 것(보통 베개 사용)이 제공되지 않으면 불편함이 발생할 수 있다.
- 생리적 도움(예: 산소 또는 호흡 지원)이 필요한 환자는 이완 중 통증이나 심호흡의 제한을 겪을 수 있으므로, 이완 스크립트에서 심호흡에 대한 지침을 배제하거나 "편안한 만큼만 숨을 쉬세요."라는 설명을 포함해야 한다.
- 노인 요양 시설의 입소자는 다른 사람이 있는 상황에서 신체의 여러 부위에 주의를 기울일 때 불편하거나 당황스러울 수 있다.

이완 유도는 음악과 상상력에 의해 창의성과 문제해결에 접근하는 세션과 장기 심리치료 방법인 BMGIM을 위한 준비 과정으로도 사용된다. 다음 장에서는 음악의 분위기와 상상력의 강력한 활용에 대해 다룬다.

제7장

음악, 심상, 예술 매체

도입

이 장에서는 음악과 심상 그리고 예술 매체의 결합에 대해 다룬다. 음악과 이미지의 사용에 대해 논의할 때 가장 먼저 고려해야 할 것은 상상력의 역할이다. 상상력은 우리의 일상생활에서 중요한 역할을 한다. 우리는 창의적인 사고, 문제해결, 아이디어 구상, 마음속의 대화, 즉흥연주와 작곡을 할 때 상상력을 활용한다. 상상력은 내면을 들여다보는 성찰 과정의 일부이다. Albert Einstein은 "상상력은 지식보다 더 중요하다. 지식은 제한적인 반면, 상상력은 전 세계를 포용하여 진보를 촉진하고 진화를 낳기 때문이다([1931] 2009)."라고 말하였다.

Sigmud Freud([1924] 1956) 역시 상상력을 강조하였다. 심상에 대한 그의 관점은 환자에게 단어 또는 이미지가 주어졌을 때 가장 먼저 떠오르는 것을 말하도록 격려하는 자유 연상 기법과 관련이 있다. 예를 들어, '빨간색'이라는 단어는 어떤 사람에게는 분노(감정), 다른 사람에게는 사과(사물), 다른 사람에게는 정지 표지판(기호)이 될 수 있다. Freud는 이 정보를 사용하여 진단을 내렸다. Carl Jung은 이 아이디어를 적극적 상상 기법에서 더 발전시켰다. 그는 환자에게 꿈을 보는 방식에 창의성을 발휘하여 각각의 장면, 인물 또는 사물을 더 깊이 들여다보고 그것이 무엇을 의미하는지 반영하도록 권장하였다(Jung, 1959). 그는 꿈의 소재에 대한 이해는 심상의 전개에서 나온다고 믿었다(Chodorow, 1997).

왜 음악과 심상을 결합할까

클라이언트가 이완 세션에 참여할 때 가장 많이 호소하는 어려움 중 하나는 집요하게 밀고 들어오는 생각들이 있다는 것이다. 예를 들어, 식사를 위해 필요한 물품의 쇼핑 목록 작성, 해야 할 일들을 떠올리며 목록을 머릿속으로 정리하는 식의 사고 흐름이 나타날 수 있다. 이처럼 빠르게 스쳐 지나가는 사고들은 뇌가 이를 빠르게 처리하려 하면서 오히려 각성 상태를 유도하게 되며, 이는 이완된 상태를 유지하는 데 역효과를 가져온다. 마찬가지로 심상의 빠른 흐름('의식의 흐름'이라고 함)도 이완 상태를 방해할 수 있다.

간단한 시각화를 포함하면 두뇌가 집중하는 데 도움이 된다. 치료사가 클라이언트의 관심을 시각화로 향하게 하고, 시각화된 것을 더 깊이 들여다보도록 유도하면 시각적 영역이 완전히 초점을 좁혀 집중하게 할 수 있다. 초점화 또는 중심 잡기는 치료 의도가 마음을 조용하고 고요하게 만드는 이완 과정에서 필요한 부분이다. 또한 이미지와 시각화는 입원 환자의 통증 및 스트레스 관리에 도움이 되는 것으로 나타났다(제6장 참조). 환자에게 좋아하는 장소를 떠올리도록 권유하면 병상이라는 한정된 공간에서 벗어나 기분 좋고 스트레스가 적은 장소로 잠시나마 정신적 '탈출'을 할 수 있다.

마지막으로, 심상 작업은 좋은 음악을 청취하는 중의 미적 즐거움을 높여주므로, 정서적 건강과 웰빙에 매우 중요하다. 대부분 클라이언트는 따뜻하고 화창한 날, 하늘의 태양이 몸에 온기가 돌도록 만드는 모습을 연상할 수 있을 것이다. 일반적 경험을 바탕으로 연상된 아이디어에는 논리적인 흐름이 있다. 어떤 환자들은 그 장면을 멀리서 보는 것처럼 상상하기도 하지만, 어떤 환자들은 그 경험을 심상 안에 머무는 것처럼 묘사하기도 한다.

심상의 유형

Kenneth Bruscia(1998a, p. 125)는 '상상적 음악 감상(imaginal listening)'을 '일상적이지 않은 의식 상태에서 상상적 과정이나 내적 경험을 불러일으키고 지원하기 위해 음악을 듣는 것'으로 정의한다. 심상은 여러 가지 양상으로 나타날 수 있다. 우리는 마음의 눈으로 이미지를 본다. 그 이미지는 말 그대로 우리가 상상하는 색상, 모양, 형태를 그대로 옮겨 놓은 것이다. 그러나 이미지는 시각적인 것만 있는 것은 아니다. 청각(마음의 귀), 촉각(마음의 피부), 체화(신체 기관에서 느껴지는 것, 예를 들어, 가슴이 열리거나 척추 위아래로 오싹한 느낌) 등 다른 형태도 있다(Grocke, 2014). 빨간 장미를 시각화할 수 있다. 이미지가 형성되면서(시각) 꽃잎의 색깔과 만지면 어떤 느낌이 드는지(촉각) 알 수 있다. 또한 줄기에 가시가 있는 것을 발견하고 손가락을 찔리면(촉각) 어떻게 될지 잠시 상상해 볼 수도 있다. 장미의 향기를 떠올리고(후각), 할아버지 정원에서 그런 장미를 본 기억으로 이어질 수도 있다.

이는 익숙한 대상이나 장면을 의도적으로 떠올리는 '의도된 심상'의 예시이다. 의도된 심상은 무언가를 실행에 옮기기 전에 리허설하듯 어떤 결과가 어떻게 나올지 상상하는 것도 가능하다. 우리는 누군가의 행위나 말의 실행 가능성을 테스트하고 어떤 일이 일어날지 상상하는 수단으로 행동의 결과를 마음에 그린다.

그러나 모든 이미지가 의도적으로 만들어지는 것은 아니며, 음악은 예고 없이 떠오르는 비자발적 또는 요청되지 않은 이미지를 불러일으키거나 환기하는 촉매제 역할을 할 수 있다. 영화 음악에서 볼 수 있듯이 음악은 상상력을 자극하는 데 엄청난 힘을 발휘한다.

상상력 자극을 위한 음악

심상을 자극하기 위한 음악 선정은 개인 또는 그룹의 선호도에 따라 달라질 수 있다. 개인 치료의 경우 음악 샘플을 조금 들려주고 클라이언트가 좋아하는지 확인할 수 있다. 그다음 눈을 감고 마음에 떠오르는 것이 있는지 살펴보도록 요청한다. 다양한 옵션을 먼저 들려주는 것으로써 치료사는 클라이언트에게 선택권과 일부 통제권을 제공할 수 있다.

모든 사람에게 '적합한' 음악을 찾을 수 없는 그룹과 함께 작업할 때는 개인 세션에서 제공되는 방식으로 음악을 선정하는 것이 어려울 수 있다. 따라서 치료사가 직접 선정해야 한다.

음악이 상상력을 자극하기 위해서는 일반적으로 다음과 같은 요소가 중요하다고 간주된다. 이는 제6장에 열거된 이완을 위한 요소와는 차이가 있다.

𝄞 상상력을 자극하는 음악의 요소

- 템포가 느림과 빠름 사이를 오가거나 예측할 수 없는 변화가 있을 수 있다.
- 멜로디 라인에는 도약이 많이 포함될 수 있다.
- 화성 구조에는 불협화음과 예상치 못한 갈등 요소가 포함될 수 있다.
- 악기 편성에는 금관악기, 현악기 또는 타악기(드럼)가 포함될 수 있다.
- 악센트, 스타카토 효과 및 당김음을 사용하여 활기를 더할 수 있다.
- 다이내믹의 변화는 전반적으로 곳곳에서 일어난다. 악기 편성의 변화를 통해 새롭고 흥분되는 전경이 펼쳐질 수 있다.
- 반복은 주요 특징이 될 수 있다.
- 텍스처에 예상치 못한 변화가 있을 수 있다. 간결한 짜임으로 흐르다가

꽉 찬 질감의 사운드가 나오는 방식이다.

- 베이스 라인이 예측할 수 없거나 당김음의 리듬이 나올 수도 있다.

이완 음악과 다른 요소는 템포(더 빨라짐), 멜로디 라인(더 많은 도약으로 흥미 유발), 예상치 못한 변화를 가져와 심상을 자극하는 화성 변화, 셈여림의 변화, 그리고 악센트, 스타카토, 당김음의 표현, 금관, 퍼커션을 포함한 더 넓은 범위의 악기 편성 등이 있다.

아동을 위한 음악 심상

아이들은 상상력이 매우 활발하기 때문에 개인 또는 그룹으로 아동을 위한 음악과 심상(Music and Imagery: MI)을 사용한다. 아이들은 잠시 눈을 감았다가도 무슨 일이 일어나고 있는지 확인하기 위해 다시 눈을 뜨는 경우가 많다. 그들은 눈을 뜨고 있는 동안에도 계속해서 상상 속에 몰입한다.

치료사는 음악과 심상을 사용하여 이완을 돕거나 시술에 대한 불안감을 줄이거나 통증이 있는 경우 주의를 다른 곳으로 돌릴 수 있다. 어린 아동을 위한 스크립트는 짧아야 하며 아이들의 상상력을 빠르게 사로잡을 수 있는 설명이 필요하다. 치료사가 스크립트를 읽는 동안 배경 음악으로 라이브 연주나 녹음된 음원을 재생할 수 있다.

좋아하는 장소 심상

가장 보편적인 스크립트는 '좋아하는 장소'이다. 이는 집 안의 공간일 수도 있고, 어딘가의 은신처일 수도 있다. 스크립트는 아동이 원하는 곳을 선택할 수 있는 옵션을 제공해야 한다. 권장되는 문구는 다음과 같다.

● 가장 좋아하는 장소에 있다고 상상해 보세요…. 바깥일 수도 있고… 실내일 수도 있고… 비밀의 장소일 수도 있습니다…. 그 장소에 대해 생각하고 거기에 있는 것이 얼마나 행복한지 생각해 보세요…. 어쩌면 다른 사람들이 함께 있을 수도 있습니다…. (아는 경우 이름 추가)… 또는 애완동물(있는 경우). … 특별한 장소에 있는 것이 얼마나 좋은지 느껴 보세요.

호흡 유도

이 유도는 긴장이나 불안, 통증을 수반하는 아동에게 유용하게 쓰인다. 본능적으로 우리는 통증을 느낄 때 숨을 참거나, 통증을 억제하고자 얕은 숨을 쉰다. 호흡에 집중하게 되면 아동은 숨을 깊게 들이쉴 수 있게 되고, 폐의 공간을 확장하여 산소가 유입될 공간이 더 넓어진다. 그다음 숨을 모두 내쉬게 하면 근육의 긴장이 풀어지고 이완이 유도될 것이다.

그러나 천식이 있는 아동에게 호흡 유도는 적합하지 않다. 호흡에 집중하는 것은 불안감을 증가시킬 수 있기 때문이다. 마찬가지로 최근에 수술한 아동도 심호흡이 어려울 수 있다.

● 멋진 풍선이 하나 있다고 상상해 보세요…. 무슨 색깔인지 보세요…. 이제 커다란 풍선에 바람을 불어 넣는다고 상상해 보세요…. 숨을 들이쉬고 내쉬면서 풍선을 불어 보세요…. 다시 한번 숨을 들이쉬고 내쉬면서 풍선을 불어 보세요…. 천천히 풍선이 부풀고 있어요…. 점점 더 커지고…. 멋지고 둥근 모양이 되면 풍선을 부드럽게 놓아 주세요. 그리고 하늘로 떠오르는 모습을 지켜봐 주세요.

시원한 느낌의 심상(발열이 있는 아동을 위한)

우리는 상상력을 발휘하여 생리학적 상태를 의도적으로 바꿔볼 수 있다. 고열로 몸이 더운 아동을 위한 시원한 느낌의 심상 스크립트는 다음과 같다.

- 산에 있는 나를 상상해 보세요. 나무들이 그곳을 멋지고 시원하게 만들어 줍니다…. 물이 잔잔하게 흐르는 작은 개울이 있고… 서 있을 수 있는 부드러운 모래밭이 있습니다…. 발 위로 흐르는 시원한 물이 느껴집니다. 발이 시원해지고 기분이 좋아집니다…. 이제 물속에 손을 넣어 봅니다…. 손이 시원해지고 기분이 얼마나 좋은지 느껴 보세요.

따뜻한 느낌의 심상(오한이 있는 아동을 위한)

추위를 느끼는 아동을 위한 따뜻한 느낌의 심상 스크립트는 다음과 같다.

- 해변에 있는 상상을 해 보세요…. 걸을 때 느껴지는 발밑의 부드러운 모래를 상상해 보세요…. 햇살이 빛나고, 햇살의 따뜻함이 몸으로 스며드는 것을 느껴 보세요…. 햇살이 너무 뜨겁지 않고 적당해서 따스함을 느낄 수 있습니다….

따뜻한 물에 들어가서 발에 온기를 느끼고 그다음에는 손에 온기를 느끼는 것으로 확장할 수 있다. 아동을 위한 다른 심상 유도 방법은 부록 C에서 확인할 수 있다.

아동을 위한 음악 제안

- Saint-Saëns 〈The Carnival of the Animals〉 'Aquarium' 'The Swan'

- Tchaikovsky 〈The Nutcracker Suite〉 'Dance of the Sugar Plum Fairies'
- Cherie Ross 'Music for dreaming' (www.musicfordreaming.com)

정신 건강 문제가 있는 아동을 위한 음악 심상

아동의 정신 건강 이슈를 해결하기 위해 보다 직접적인 방법으로 음악 심상을 활용할 수도 있다. Mary Reher(2015)는 음악치료 전문가로서 지역 학교를 대상으로 작업한 내용에 관해 설명한다.[1] 치료사 Mary는 MI 세션과 즉흥연주를 결합하여 사용한다. 단기 이완 유도 후 2~4분간 음악 분위기를 조성하고, 아동이 장면이나 이야기를 떠올리도록 한다. 그런 후 아동은 만다라(원 안에 자유롭게 그리는 그림)를 그린다. 그다음 세션에서 치료사는 즉흥연주를 통해 아동과 함께 심상을 다시 살펴보고 이야기가 전개되도록 한다. 10세 소녀 Kate와의 세션에서, Kate는 아버지의 만성질환으로 인해 슬퍼하고 있었는데, 그 심상은 본인이 겪고 있는 일을 은유적으로 표현한 것이었다. 첫 번째 세션에서의 심상은 '영혼'이었다. 그 영혼이 Kate로부터 나와 또 다른 어린 소녀를 만들었고, Kate는 그 소녀가 자신에게서 자라나는 새로운 사람이라고 말하였다. 두 번째 세션에서는 세상에 단 하나뿐인 '마법 물고기'의 심상이었다. Kate는 물고기와 함께하는 심상 여행을 자신이 다스리고 있다고 느꼈다. 세 번째 세션에서 Kate는 해변에 가기를 좋아하는 소녀가 어느 날 모든 물이 사라지고 찾을 수 없어 실의에 빠진 모습을 상상하였다. Kate는 물이 사라진 것이 아버지가 혼수상태에 빠진 불길한 날에 일어난 일과 관련이 있다는 것을 즉시 깨달았다. 네 번째 세션에서 Kate는 장엄한 색채를 지닌 마법의 태양을 상상하였다. 그 후에 Kate는 워터 슬

1 역자 주: 『GIM과 MI』의 1장에 자세히 수록되어 있다.

라이드(물이 다시 사라짐)의 이미지에서 고양이의 죽음에 대해 슬퍼하였다. 고양이를 잃는다는 것은 자신의 일부를 잃는 것과 같다고 말하였다. 마지막 세션에서 Kate는 가족 간의 사랑에 초점을 두었고, 빨간 하트가 그려진 만다라로 그려 냈다.

물이 사라지는 이미지의 병렬 과정은 Kate가 고양이 죽음의 결말과 혼수상태에 있는 아버지가 오래 버티지 못할 상태를 다루기 위한 통로였다. 음악 심상 세션이 진행되는 동안 치료사와 Kate는 이미지를 즉석에서 연주하고 즉흥연주에서 떠오른 감정에 대해 이야기를 나누었다. 이를 통해 심상이 일상으로 옮겨질 수 있게 되었다.

Kim Archambault와 동료 연구자들(2019)은 정신건강의학과에서 청소년을 위한 수용적 음악치료 프로그램을 설명한다. 그들은 정신-음악적 이완을 기반으로 한 'MAP(Montage Audio Personnalisé en Musicothérapie Réceptive)'라는 기법을 사용한다. 이 기법은 청소년에게 의미 있는 음악을 선별하여 구성한 음악 몽타주(music montage)를 이완된 상태에서 청취하도록 하는 방식으로 이루어진다. Archambault 등(2019)은 우울감을 느낄 때 기분 전환을 위해 힘과 생기가 필요한 만큼, 이완뿐만 아니라 다양한 에너지 상태를 통합한다. 이 연구에서는 이완에 도움이 되는 공간(닫힌 블라인드, 어두운 조명)에서 45~75분 동안 4회에 걸쳐 개인 세션을 진행하였다. 전략을 개발할 때 음악치료사는 음악의 선호도 및 배경 정보 등 개인의 음악 이력에 대해 질문하였고, 몽타주가 만들어졌다. 이 세션에서는 이완 유도 후 개인에게 의미 있는 음악을 직접 선곡하는 것으로부터 만들어진 개별 맞춤형 음악 몽타주가 시행되었다. 몽타주 작업의 마지막에는 청소년이 음악을 어떻게 경험하였는지에 관한 토론이 있었다. 각각의 몽타주는 3~4분짜리 음악 4~7곡으로 구성된 15~20분 길이였다. 그런 다음 청소년은 병원에 머무는 동안 언제든지 몽타주를 사용할 수 있었다. 연구 결과, 여아와 15세 이상 청소년의 경우 불안과 부정적인 영향이 현저히 감소한 것으로 나타났다.

성인을 위한 음악 심상

아동을 위한 스크립트와 같은 방식으로 성인 클라이언트를 위한 보편화된 스크립트를 만들 수 있다. 대부분 성인은 바다나 해변에 있는 자신을 상상하거나 날아가는 새를 상상할 수 있을 것이다. 다른 일반적인 스크립트는 '좋아하는 장소' '길 위에 있는 존재' '자연 속 어딘가에 있는 존재' 등이 있다.

바다에 의한 심상 스크립트

● 당신의 마음속에 바다의 가장 좋아하는 장소를 떠올려 보세요…. 잠시 시간을 내어 그 이미지가 마음에 들어오도록 해 보세요…. 잘 아는 장소일 수도 있고, 상상 속의 장소일 수도 있습니다…. 바다의 색감과 파도의 모양에 주목해 보세요…. 발밑의 따뜻한 모래를 느껴 보세요…. 몸에 닿는 따사로운 햇살을 느껴 보세요…. 해변의 잔잔한 파도 소리를 들으며 따뜻한 모래 위에 누워 보세요…. 몸에서 느껴지는 느낌에 집중해 보세요…. (음악 재생 시작) … 이제 음악이 당신과 함께하고 당신의 연상을 돕도록 허용하세요.

좋아하는 장소 심상 스크립트

● 당신의 마음속에 가장 좋아하는 장소를 떠올려 보세요…. 잠시 시간을 내어 그 이미지가 마음에 들어오도록 해 보세요…. 잘 아는 장소일 수도 있고, 자연 속 야외일 수도 있고, 실내일 수도 있습니다…. 두 가지 이상의 이미지가 떠오르면 지금은 하나만 선택하세요…. 당신의 주변에 무엇이 있는지 살펴보세요…. 색상과 모양에 주목하세요…. 이 이미지에서 자신이 어디에 있는지…, 혼자 있는지, 다른 사람과 함께 있는지… 그리고 지금 그곳에 있는 기분이 어

떤지…. (음악 재생 시작) … 이제 음악이 당신과 함께하도록 허락하세요.

화학요법 중 심상

Debra Burns 등(2018)은 암 치료를 견뎌 내고 있는 환자를 위한 전형적인 지원적 음악 심상(supportive music imagery) 세션에 관해 설명한다. 이들은 환자가 4단계를 통해 거치는 45분간의 세션을 묘사한다.

1. 음악치료사와 대화로 시작하여 환자의 현재 감정 상태와 세션 목표에 대한 이해를 높인다(5분).
2. 보온을 위해 베개와 담요를 이용하여 더 편안한 자세(보통 기대어 누운 자세)로 바꾼다.
3. 음악과 심상 중재는 음악치료사가 녹음된 음악과 함께 신체의 이완, 호흡 리듬 및 호흡 깊이의 변화, 시각화, 환자의 영적 또는 종교적 세계와의 연결 등 미리 합의된 이미지를 통해 환자를 안내하는 치료법이다. 심상은 자연 속 장소, 양육 과정의 이미지, 화학요법이 환자의 신체에 미치는 영향과 관련된 이미지 또는 환자의 삶과 관련된 긍정적인 이미지가 될 수 있다. 음악은 자유로운 스타일의 '뉴에이지' 전통(예: Daniel Kobialka)에 속하는 곡이 일반적이다(35분).
4. 간략한 리뷰, 경험한 내용 반영, 세션에서 중요하게 다룬 요소와 환자를 연결하는 것으로 경험을 마무리한다(3~5분).

더 긴 스크립트

상황에 따라서는 '여행'을 포함한 긴 스크립트를 창안할 수 있다. 치료사는 이완 유도를 제공하고, 유도를 마칠 때 지시된 심상 스크립트를 읽는다.

음악은 치료사가 스크립트를 읽는 동안 배경으로 연주될 수도 있고, 스크립트의 마지막 부분에서 음악 재생을 시작할 수도 있다. 제시되는 스크립트는 다음과 같다.

- 당신은 지금 푸른 풀밭 위를 걷고 있습니다…. 날씨는 온화하고, 발 아래 닿는 풀잎은 부드럽고 포근하게 느껴집니다…. 앞쪽에 한 채의 집이 보입니다…. 그 집이 어떤 모습인지 천천히 둘러보세요…. 집에 가까이 다가가자, 현관으로 이어진 길이 눈에 들어옵니다…. 당신은 그 길을 따라 천천히 걷기 시작합니다…. 문 앞에 다다르면, 그 문이 어떤 모습인지 살펴보세요…. 당신은 살며시 문을 엽니다…. 그 안에는 당신에게 아주 특별한 누군가가 기다리고 있습니다…. 그들을 만나 반가운 마음을 느껴 보세요….

- 당신은 늦은 오후의 해변에 앉아 있습니다…. 해가 저물어 가고, 하늘 위로 새들이 날아갑니다…. 주변은 점점 조용해지고, 해는 수평선 너머로 천천히 지고 있습니다…. 물 위에 비치는 햇빛이 아름다운 반사 빛을 만들어 냅니다…. 당신은 물가를 따라 천천히 걷기 시작합니다…. 하늘에 펼쳐진 색채와, 그것이 물 위에 비치는 모습을 바라보며 그 느낌에 잠시 머물러 보세요.

개별화된 스크립트 만들기

클라이언트가 치료사와 함께 개별화된 스크립트를 작성할 때 강력한 심상 경험이 만들어진다. 예를 들어, 집 마당에 있는 정원을 그리워하는 입원 환자의 경우 치료사는 정원에 대해 질문할 수 있다. 정원은 어떻게 생겼는가? 정원에는 어떤 꽃들이 자라고 있는가? 정원의 색깔은 어떤가? 클라이언트가 가장 좋아하는 꽃향기는 무엇인가? 그런 다음 이 정보를 바탕으로 심상 스크립트를 만들 수 있다. 그리고 음악치료사는 이완 유도를 제공하고

(제6장 참조), 음악이 재생되는 동안 스크립트를 읽어 주거나 스크립트가 끝날 때 음악을 들려줄 수 있다. 클라이언트의 집 정원의 예를 사용한 개별화된 스크립트는 다음과 같다.

● 당신이 집에 있는 정원에 들어가고 있다고 상상해 보세요…. 당신은 길을 따라 걷고 있습니다…. 당신에게 특별한 장소인 장미꽃밭으로 다가갑니다. 장미들의 색을 하나하나 바라보세요. 그중에서도 당신이 가장 좋아하는 분홍 장미 가까이로 다가가 봅니다…. 몸을 숙여 그 꽃에서 풍겨 오는 달콤한 향기를 깊이 들이쉬어 보세요…. 이제 꽃의 중심을 들여다보며, 꽃잎이 만들어 내는 섬세한 무늬를 바라봅니다…. 손끝으로 꽃잎을 살짝 느껴 본다면 얼마나 부드러울지 그 질감과 느낌을 상상해 보세요…. 주변을 다시 한번 천천히 둘러보며, 이 정원 속에 피어난 다른 꽃들의 모습도 바라보세요…. 이 아름다운 공간은 당신이 직접 가꾸어 온, 당신만의 정원입니다…. 이곳의 아름다움을 충분히 느껴 보세요.

완화 케어

Maria Gimeno는 완화 케어(palliative care) 임상에서 클라이언트에게 제공할 수 있는 두 가지 프로세스를 개발하였다. 하나는 이완을 유도하는 음악과 심상(music imagery relaxation)이고, 다른 하나는 음악과 심상 여행(music imagery journey)이다. 그녀는 환자에게 긍정적이고 편안한 경험에 대해 자세히 묻는 것으로 시작한다. 그런 다음 연상된 이미지에서 모양과 색상에 대해, 환자가 혼자 있는지, 다른 사람과 함께 있는지, 그 사람은 어떤 느낌인지 묻는다. 여기서 얻은 주요 정보는 세션의 이완이나 심상을 위한 스크립트의 구성 요소로 형성된다. 그녀가 제공하는 한 가지 예시는 클라이언트가 친구와 함께 떠난 여행이다. 그 여행은 하이킹 여행을 떠나 마지막에는 산 정상에 도착하는 것이었다. Gimeno는 복잡한 세부 사항에 대해 다각도로 알아보았기 때문에 그 설명은 풍부하고 의미 부여가 되었다(Gimeno, 2015).

성인을 위한 그룹 음악과 심상

그룹 음악과 심상(Group Music and Imagery: GrpMI)은 그룹 구성원들이 바닥에 누웠을 때 충분한 공간이 확보되도록 카펫이 깔린 넓은 방에서 진행되어야 한다. 또는 클라이언트가 원형으로 배열된 편안한 의자에 앉을 수도 있다. 대개 음악은 이완 유도 직후에 재생된다(이완 유도법은 부록 A 참조). 선곡된 음악의 소요 시간은 세션 상황에 따라 달라질 수 있다. 심상 자극을 위해 선정되는 곡에는 약간의 역동적인 변화도 필요하지만, 음악의 종결부가 명확해야 한다. 다시 말해, 악곡의 종결부에 연주자의 화려한 기교를 분명히 보여 주는 것과 같이 확실한 엔딩이 필요하다. 음악이 끝난 후에는 그룹의 각 구성원이 만다라를 그리거나 그들의 경험에 관해 글을 쓴다.

GrpMI 세션을 진행하는 데는 몇 가지 단계가 있다.

1. 그룹 구성원들에게 이 기법이 적합한지 평가한다. 그룹 상황에서 각 구성원은 과정을 방해하지 않도록 그룹 내 다른 구성원을 존중해야 한다.
2. 세션을 위한 환경 설정으로 조용한 장소, 방해받지 않도록 문에 표지판 부착, 매트가 깔린 편안한 바닥이나 편안한 의자, 음악을 잘 재생할 수 있고 그룹의 모든 구성원이 잘 들을 수 있는 음향 시스템이 필요하다.
3. 세션의 주제를 결정하기 위해 그룹 토론을 시작한다. 그룹 구성원이 함께 지향하는 다음과 같은 공통의 목표를 가지고 있거나, 구성원을 한데 모이게 할 수 있는 공통의 목표가 있는 것이 도움이 된다. 치료사는 초점 또는 주제에 관한 토론을 진행한 다음 그룹의 의견을 요약하여 초점 또는 주제를 제안한다. 이것은 그룹 구성원들로 하여금 심상이 어디서부터 시작하는지에 대한 감각을 갖도록 도와주며, 심상 경험

을 위한 닻을 제공하는 것이다.

4. 클라이언트에게 가능한 한 편안하게 머물도록 권하고, 편안한 의자나 편안한 자리를 찾으라고 제안한다. 그룹 구성원은 세션 동안 몸을 따뜻하게 하기 위한 담요와 머리를 기댈 베개가 필요하다. 실내는 어둑하게 만든다. 치료사는 그룹 구성원들이 가능한 한 편안해할 때 이완을 유도한다. 그리고 그룹원들에게 자기 몸의 느낌에 주의를 기울여 보도록 하고, "다른 사람으로 인해 주의가 분산될 수도 있습니다."라고 언급해 준다. 이런 지시는 그룹원 중에 불안해하는 사람이 있거나 치료실 밖에서 소음이 들리는 경우 도움이 될 수 있다. 이완 유도를 마친 후 치료사는 "이제 주의를 모아 보세요. 그리고 음악이 시작되면 음악이 여러분의 마음속에 들어가게 하고, 음악이 이끄는 대로 마음속 이미지가 변화될 수 있게 받아들여 주세요."라고 말하며 주의를 주제에 집중할 수 있게 한다. 음악이 이끄는 대로 심상이 변화되도록 하라는 제안은 그룹 상황에서 중요한데, 치료사의 음악 선정에 있어 개인이 아닌 그룹을 위한 것이었으므로 항상 만족스러울 수는 없기 때문이다. 가끔 그룹의 구성원들은 마음속에 어떤 이미지를 떠올렸다가 음악이 시작되자 그 이미지와 일치하지 않아 심상이 멈췄다는 의견을 말하기도 한다. 따라서 "음악에 따른 심상의 변화를 받아들인다."라는 말이 중요하다. 이는 각 사람의 경험에 따라 음악을 바꿀 수는 없으므로 클라이언트에게 심상을 변화시키도록 알려 주는 것이다.

5. 그룹원들의 경험을 관찰한다. 음악이 재생되는 동안, 치료사는 그룹의 각 사람을 주의 깊게 관찰하여 몸 상태의 어떤 변화나 표정의 변화, 또는 각 사람의 경험에 대한 기타 징후(예: 눈물, 기대거나 쪼그린 자세)에 주목한다. 음악을 다 듣고 토론하는 동안, 치료사는 클라이언트에게 자신의 감정을 확인하게 하여 각자 안전한 마음으로 세션을 마치도록 할 수 있다.

6. 음악이 종료되면 치료사는 "음악이 끝났습니다…. 마음에 떠오른 심상을 받아들이고 서서히 사라지도록 허용하세요."라고 말한다. 그룹 상황에서 치료사는 멀리 떨어져 앉아 있는 사람에게도 목소리가 잘 전달될 수 있게 해야 한다. 일부 그룹 구성원은 여전히 전환된 의식 상태에 있기 때문에 그들이 현재 머물러 있는 장소를 상기시켜 줄 필요가 있다.

● 우리가 있는 방, 여러분의 몸 아래 있는 바닥(또는 의자)을 느껴 보세요…. 방 안에 있는 다른 사람들을 느껴 보세요…. 방 안의 소리(또는 방 밖에서 들리는 소음이 있다면 그 소리도)도 들어 보세요…. 서서히 발가락과 손가락을 움직여 보고, 다리와 팔을 움직여 보세요. 그리고 몸 전체를 스트레칭해 봅니다…. 그리고 눈을 떠 보세요….

때때로 그룹 구성원들은 같은 속도로 '복귀'하지 못하는 경우가 있다. 그러므로 치료사는 클라이언트가 무슨 말인지 좀 더 잘 알아듣도록 또렷한 목소리로 제시해야 한다. 만약 클라이언트가 여전히 각성 상태로 돌아오지 않으면 치료사는 클라이언트에게 가까이 다가가서 이름을 부를 수 있다. "○○ 님, 이제 몸을 의식하고 다리를 움직여 보세요."

7. GrpMI 세션에서는 클라이언트들이 그들의 심상 경험을 표현하기 위해 자유 그림이나 만다라를 그리는 것이 보편적이다. 치료사는 다음과 같이 말함으로써 그림 그리기를 촉진할 수 있다.

● 여러분은 각자 경험한 것을 그림으로 그릴 수 있습니다. 경험한 것을 본 그대로 그릴 필요는 없지만, 경험한 것의 중요한 부분이 담겨 있으면 됩니다. 형상으로 그릴 수도 있고, 색으로 표현하는 것으로 시작할 수도 있습니다.

이러한 안내는 그림 그리기에 자신이 없는 클라이언트에게 도움이 된다. 그룹은 조용히 그림을 그리고, 일정 시간이 흐르고 나면 치료사는 "2~3분 정도 더 그림을 그린 다음 함께 공유해 봅시다."라고 말할 수 있다. 이는 그림에 많은 시간을 할애하는 사람들에게 그림 그리기를 종료할 수 있도록 미리 경고해 주는 것이다. 만약 시간제한이 있는 경우, 치료사는 "아직 그림을 완성하지 못한 분이 있다면 마무리해 주세요. 그동안 우리는 나눔을 시작할 것입니다." 또는 "당신은 집에 가서 그림을 완성해야 할 것 같아요. 그래도 지금은 당신의 경험을 공유해 주세요."라고 말할 수도 있다. 그런 다음 치료사는 클라이언트가 그림을 통해 자신의 이미지 경험에 대해 토론할 수 있도록 다음과 같이 말한다. "당신의 그림에 대해 말씀해 주시겠어요? 그림에서 눈에 띄는 점은 무엇인가요?"

Lisa Summer의 그룹 음악과 심상의 연속적 모델

Lisa Summer(2019)는 개인 및 그룹 세션을 위한 '연속적 모델(continuum model)'을 개발하였다(제3장 참조). 그녀는 세 가지 수준의 음악과 심상에 대해 동일한 설명문을 사용하여 이 프로세스가 그룹 상황에서 어떻게 사용되는지 설명한다.

- **지원적 MI:** 그룹 구성원 간의 신뢰와 화합의 성장을 육성한다. 그룹 치료의 시작 단계에서 클라이언트는 치료적 절차에 온전히 참여하기 위해 리더뿐만 아니라 다른 그룹원들과 서로에 대한 신뢰감을 형성해야 한다. 상호 작용이 증가하고 신뢰가 깊어짐에 따라 참가자들은 서로를 단순한 개인으로만 인식하는 것뿐 아니라 공동체의 협력원으로 인식하게 된다(Summer, 2019, p. 260).

그룹 경험을 위한 유도는 '안전한 느낌, 긍정적인 자부심, 그룹의 일원이라는 강한 느낌을 허용하는 긍정적인 내적 경험을 제공해야 한다.'(Summer, 2019, p. 261). 지원적 MI를 위한 음악 선곡에서는 '클라이언트가 하나의 이미지에 집중할 수 있도록 최소한의 음악 전개와 잦은 반복이 있는 5~10분 길이의 클래식 또는 비클래식 음악'이 포함된다(2019, p. 262).

재교육적 GrpMI 치료는 '통찰을 통해 변화를 촉진한다. 재교육적 수준의 치료는 그룹 치료의 두 번째 수준인 작업 단계에서 활용되며, 이전의 성공적인 지원적 GrpMI 세션을 통해 그룹의 신뢰와 결속이 확립된 후에만 활용된다.'(Summer 2019, p. 262). 재교육적 GrpMI 기법의 목적은 '각 클라이언트가 다른 그룹 구성원과의 관계에서 자신을 경험하고 더 큰 자기 인식과 자기 이해를 가져오도록 돕는 것'(2019, p. 262)이다. 재교육적 MI 유도는 '음악 경험의 초기 프레임 역할을 하며 그룹 구성원의 심상 경험 간에 유의미한 차이를 자극하도록 설계될 수 있다. … 재교육적 유도를 위한 주제에는 클라이언트의 현재 기분, 특정 관계, 현재 삶의 질문 또는 갈등적인 삶의 상황 등이 포함된다.'(2019, p. 263). 재교육적 MI를 위한 음악은 '음악적 전개는 거의 없이 반복이 많되, 길이는 더 길고 복잡한 요소'를 가져야 한다(2019, p. 263).

- 재구조적 수준의 GrpMI 치료: 개인적 및 초개인적 변화를 통해 재구조적 자아 변화를 촉진한다. … 유도는 그룹 구성원의 심상 경험 사이에 유의미한 차이를 자극하는 역할을 한다는 점에서 재교육적 수준에서 사용되는 것과 유사하다. 그러나 재구조적 수준에서는 더 깊은 의식 상태를 허용하고 실존적 또는 영적 이슈에 초점을 맞추기 위해 확장된 이완 절차가 포함된다(Summer, 2019, p. 263).

음악 선정에는 '다양한 요소와 더 복잡성을 지닌 약 10분 정도 길이의 더욱 연상적인 클래식 작품'(Summer, 2019, p. 264)이 포함된다.

추천 음악 목록은 부록 B에서 확인할 수 있다.

심상 여행에 어울리는 음악 선정하기

음악 심상 여행의 효과는 음악과 심상의 윤곽을 얼마나 잘 맞추는가에 달려 있다. 이를 위해서는 선택한 음악을 전체적으로 주의 깊게 듣고, 곡의 시작과 끝이 목적에 맞는지 확인하는 등 사전 작업이 필요하다. 음악은 심상 스크립트에 따른 윤곽을 가질 때 가장 이상적이다. 예를 들어, 주변 자연을 의식하며 길을 따라 걷다가 호수에서 절정에 이르는 장면에서는 상당히 평탄하지만 새 소리나 흥미로운 소리를 흉내 내는 듯한 관심을 끄는 음악적 분위기가 필요하다. Respighi의 음악은 이러한 특징을 가지는데, 예를 들면 모음곡 〈The Birds〉의 'The Nightingale'이나 'The Dove'가 있다.

경치를 관찰하기 위해 산 정상으로 걸어가는 데 어울리는 음악은 산 정상으로부터 길게 내려다보는 풍경을 모방하기 위해 상승을 암시하는 윤곽선이 필요하며 소리가 넓어지면서 절정에 이르는 분위기이다. 영화 〈Out of Africa〉의 주제 음악은 넓은 풍경을 암시하는 멜로디 라인으로 이루어져 있다.

마찬가지로, 장엄한 일출을 본 기억을 수반하는 음악은, 물결이 일다가 잔잔해지는 윤곽이 필요하지만, 그 후 선율이 펼쳐지기 시작하여 마침내 웅장한 색채에 어울리는 클라이맥스에 도달한다. 좋은 예시로 Grieg의 〈Peer Gynt Suite〉 중 'Morning'이 있다. 이 곡은 4분 10초 동안 플루트, 오보에, 클라리넷의 목가적인 음향으로 시작하여 연주된다. 주선율의 프레이즈는 이 악기들이 주고받으며 반복된다. 1분이 지나면 크레센도(일출)가 나타나고 더 발전해 나간다. 2분 5초에는 첫 번째 조용한 테마로 돌아간 후 목관악기에 의해 도입부 멜로디를 부드럽게 반복해서 연주된다.

시간이 지나면서 치료사는 음악의 분위기와 낭독되는 스크립트의 전개 방식에 따라 특정 이미지 스크립트에 적합한 자신만의 음악 목록을 구축할 수 있다.

음악과 예술 매체의 결합

음악에 맞춰 그림 그리기

음악과 미술 작업을 결합하는 가장 편안한 방법 중 하나는 음악에 맞춰 간단한 그림을 그리는 것이다. 그림은 종이의 작은 부분이나 전체 페이지를 사용하여 자유롭게 그릴 수 있으며, 오일 크레용으로 그림을 그릴 수도 있고 수채화로 그릴 수도 있다. 음악 감상과 함께 그림 그리는 것은 회고와 성찰을 위한 과정이다. 이는 클라이언트가 매우 피곤할 때 사용할 수 있으며, 복잡하지 않은 무언가의 필요성을 표현할 수 있다. 음악에 맞춰 그림 그리기는 어떤 문제에 대해 어려운 대화를 나눈 적이 있고 클라이언트가 말한 내용을 되돌아볼 시간이 필요할 때도 적절할 수 있다.

그림 그리기를 마치면 클라이언트의 그림에서 눈에 띄는 점을 설명하는 과정이 있다. 색상이나 형상 또는 특정 디자인이 될 수 있다. 때로는 클라이언트가 자신이 그린 그림에 놀라기도 한다. 가끔은 클라이언트와 함께 그림을 보면서 떠오르는 상징이 있을 수도 있다. 또는 클라이언트가 그림에 포함된(또는 포함되지 않은) 사람 수에 대해 깨달음을 얻을 수도 있다.

음악에 맞춰 그림을 그리는 것은 삶의 트라우마를 겪고 있는 클라이언트에게 도움이 될 수 있다. 하지만 심상 작업은 트라우마를 다시 불러일으킬 수 있으므로 권하지는 않는다. 이 기법은 뇌 손상으로 인해 이미지 처리가 너무 복잡한 클라이언트에게도 유용할 수 있다.

음악, 그리기, 이야기를 결합한 기법

음악, 그리기, 이야기를 결합한 기법(Music, Drawing and Narrative: MDN)은 BMGIM 자격을 갖춘 뉴질랜드 음악치료사 Joanna Booth가 고안한 기법이다. MDN 기법에서는 이야기를 만들기 위하여 음악, 그리기, 이야기라는 세 가지 예술 매체가 결합되었다. Booth(2005~2006)는 전체 MDN 세션이 '소나타' 형식이라고 설명한다.

- 제시부(exposition): 제시부 단계에서는 주제를 탐색한다. 치료사는 클라이언트의 기분 상태와 에너지 수준을 평가한 후 음악을 선정한다. 지지와 호흡을 중심으로 이완 유도가 이루어진다. 주제가 요약되고 작업 초점이 정해진다. 클라이언트는 모든 감정을 인식하도록 인도된다.
- 발전부(development): 이 과정에서 클라이언트는 조용히 음악에 맞춰 그림을 그리고, 치료사는 그 순서대로 사용한 색깔, 모양 등을 기록한다.
- 재현부(recapitulation): 재현부에서는 같은 음악이 다시 재생되고 치료사가 침묵하는 동안 클라이언트는 자신의 그림에 관한 이야기를 글로 작성한다. 새로운 소재가 재현부에서 떠오를 수도 있다. 음악이 끝나고 클라이언트가 글쓰기를 마치면, 치료사에게 이야기를 소리 내어 읽어주고 토론을 이어간다.
- 종결부(coda): 세션이 거의 마무리될 무렵에는 주요한 측면들이 드러나게 된다. 치료사는 다음 세션에 유용한 시각적 참고자료를 제공하기 위해 클라이언트의 허락을 구하여 그림을 사진으로 찍을 수 있다.

MDN은 개인 치료 과정으로 작업하며 치료사 스스로 자기돌봄을 위해 사용할 수 있다. 또한 그룹 상황에서도 효과적으로 작업될 수 있다. 클라이언트의 역할은 음악을 듣고, 그림을 그리고, 이야기를 쓰는 것으로, 클라이언트가 약 60~90분 동안 집중할 수 있고 그림과 이야기라는 매체로 자신을 표현할 수 있는 맥락에서 MDN을 적용할 수 있다.

음악 선정

Booth(2005~2006)는 현재 10~30분 길이의 스물다섯 가지 MDN 음악 프로그램이 있어 50분 이내에 치료 세션을 진행할 수 있다고 설명한다(Booth, 2005~2006, pp. 72-73; Grocke, 2019, pp. 690-691 참조).

이 기법에 적합한 음악은 안단테에 가까운 속도로, 화성과 대위법적 텍스처의 균형이 잘 잡혀 있으며, 얽혀 있든 얽혀 있든 긴 멜로디 라인이 서서히 발전된다. '이러한 유형의 음악 분위기는 내재된 안정성으로 환상과 그림 그리기를 모두 장려한다.'(Booth, 2005~2006, p. 59)

생명나무 메소드

생명나무 메소드(tree of life methodology)는 Ncazelo Ncube-Mlilo(Regional Psychosocial Support Initiative: REPSSI)와 David Denborough(Dulwich Centre Foundation)가 개발하였으며, 현재 전 세계 여러 나라에서 사용되고 있다. 이는 어린이, 청소년, 성인에게 '자신을 더 강하게 만드는 방식으로 자신의 삶에 대해 말하기'를 장려하는 접근 방식이다(https://dulwichcentre.com.au/the-tree-of-life).

이 접근법은 사람들이 자신의 '출신(뿌리), 자아감, 기술 및 지식(기둥), 희망과 꿈(가지) 그리고 삶의 특별한 사람들(꽃과 열매)'을 반영하는 자신만의 '생명나무'를 그리는 것을 포함한다. 그런 다음 참가자들은 그룹 안에서 각자의 나무를 합하여 '생명의 숲'으로 연결하고, 그룹별로 자기 삶에 영향을 미치는 '폭풍'과 그에 대처하는 방법, 스스로와 서로를 보호하는 방법을 논의한다.

나무를 그리기 위한 초점화된 질문은 개인 또는 그룹에 따라 달라지겠지만 다음과 같은 진술이 포함될 수 있다.

- 뿌리: 당신이 성장하는 동안 영향을 준 사람들은 누구였나요? 당신의

재능을 키워 준 사람들은 누구인가요? 나무의 뿌리를 어떻게 그릴 수 있을까요?

– 음악 예시: Borodin 〈Symphony No. 1〉 andante (6:12)

- 땅: 뿌리를 내렸을 때 땅은 얼마나 비옥했나요? 땅을 어떻게 그릴 수 있을까요?

  – 음악 예시: Bach 〈Brandenburg Concerto No. 6〉 adagio ma non tanto (5:29)

- 기둥: 나무의 기둥은 당신의 가치관, 즉 당신이 의미 있다고 생각하는 것, 당신에게 가치 있는 것을 나타냅니다. 이런 것들을 숙고할 때 나무의 기둥은 어떤 모습일까요?

  – 음악 예시: Holst 〈The Planets Suite〉 'Venus' (8:35)

- 가지: 가지는 미래에 대한 당신의 희망과 꿈입니다. 어떤 것은 크고, 어떤 것은 작습니다. 그런 것들이 당신의 생명나무에는 어떻게 그려질까요?

  – 음악 예시: Berlioz 〈Flight into Egypt〉 'Childhood of Christ' (5:18)

- 나뭇잎: 나뭇잎은 현재 당신의 삶에 있는 모든 사람입니다. 그 사람들과 각기 다른 개성의 색깔을 생각하면서 그들이 나뭇잎에 어떻게 표현될지 생각해 보세요.

  – 음악 예시: Respighi 〈The Pines of Rome〉 'Gianicola' (6:39)

- 열매: 열매는 당신의 수고로 얻은 결실입니다. 당신의 지인이나 인생에서 받은 선물에는 무엇이 있을까요?

  – 음악 예시: Delius 〈Koanga〉 'La Calinda' (4:03)

- 꽃과 씨앗: 꽃과 씨앗은 다른 사람에게 전달됩니다. 당신은 어떤 선물을 전할 수 있을까요?

  – 음악 예시: Dvořák 〈Czech Suite〉 'Romanze' (4:32)

그림 그리기에 수반되는 음악을 선정할 때, 치료사는 나무의 각 부분과 음악의 연상되는 요소를 알고 있어야 한다.

- 뿌리: 깊은 음역에서 시작하여 느리고 길게 늘어지는 선율의 음악
- 땅: 바로크 시대의 느리고 웅장한 음악과 같이 기반이 잡힌 음악
- 기둥: 강인함이 느껴지며 성장하듯 발전하는 음악
- 가지: 나무 기둥으로부터 가지가 자라나는 것을 암시하는 듯한 길게 뻗은 멜로디
- 나뭇잎과 열매: 사람들의 다양한 개성에 따른 다양한 음질과 음색을 갖춘 음악

이 방법은 개인 치료와 그룹 치료에서 매우 효과적일 수 있다. 삶에서 중요한 사람들을 생각하는 것은 상실감과 슬픔뿐만 아니라 사람들과의 긍정적인 연관성을 불러일으킬 수도 있다. 음악은 정서적 자극을 더해 주며, 클라이언트는 삶의 연약한 부분을 만질 수 있다. 이를 위해 토론 시간을 충분히 갖는 것이 중요하다. 그룹의 각 사람에게 성찰할 수 있는 충분한 시간이 주어져야 한다. 어떤 이유로든 시간이 부족하다면 그룹을 두세 명씩 작은 그룹으로 나누는 것이 가장 좋다. 그러면 각 개인이 성찰에 서두르지 않을 수 있다.

주의사항

수용적 음악치료의 여러 접근법에 관해 설명한 바와 같이, 음악과 심상(MI) 기법 시행이 금기시되는 임상군이 있다. 가장 먼저 상상된 것과 실제를 구분하기 어려운 사람들이 그 목록에 포함된다. 예를 들어, 심각한 정신질환을 앓고 있는 사람들은 산길을 걸어 정상에 올라 경치를 바라보는 자기

모습을 상상하는 것이 어려울 수 있다. 개인차가 존재하지만, 먼저 짧은 심상 여행을 시도해 보고 자신의 건강과 웰빙에 도움이 되는지 알아보는 것이 도움이 될 수 있다.

비슷한 맥락에서 MI 기법은 특별한 장소를 이미지화하는 것에 중요한 의미를 보지 못하는 사람들에게는 도움되지 않을 수 있다. 어떤 사람들은 세상을 보는 시각이 매우 구체적이어서 상상하는 데 아무런 목적이 없을 수도 있다. 대신 이들에게는 상당히 구조화된 이완 유도가 도움이 될 수 있다.

많은 클라이언트가 음악에 맞춰 그림을 그리는 것에 대해 "나는 미술에 재능이 없어요."라는 반응을 보일지도 모른다. 치료사는 초점화된 음악 감상이 권장되는 경우 마음이 편안해질 수 있고 명작을 만들 필요는 없다는 점을 언급하며 격려할 수 있지만, 그들은 여전히 강한 거부감을 가질 수도 있다. 그럴 때는 그 사람의 의사를 존중하고 다른 기법을 제안한다.

그림 그리기가 방법의 핵심 요소인 MDN과 마찬가지로, 그림 그리기에 대한 거부감이 있는 경우 음악 감상이나 음악으로 연상하기 또는 이완 세션이 더 적절할 수 있다.

결론

음악, 심상, 그림의 결합은 많은 이에게 강력한 효과를 발휘할 수 있다. 상상력, 창의력, 자기 탐색을 포용할 뿐만 아니라 평화롭고 편안한 경험을 할 수 있는 기회를 제공한다. 이 장에서는 이러한 방식으로 작업을 시작하는 사람들에게 유용하고 다양하며 실용적인 전략이 설명되었다.

제8장 음악치료사 및 기타 전문가를 위한 최종 원칙 및 고려사항

다른 전문가들도 대상군의 특정 요구를 충족시키기 위해 음악을 효과적으로 사용하는 방법을 연구할 시간이 있다면, 수용적 음악치료 기법을 많이 활용할 수 있을 것이다. 그들은 또한 인간에 대한 충분한 이해와 음악과의 관계를 바탕으로 다양한 개인의 반응을 예측하는 방법을 알고 싶어 할 것이다. 그러나 대부분의 전문가는 기존 업무에 다른 전문적인 역할을 추가할 시간이 없기 때문에, 음악치료사에게 음악 활용 방법에 대한 지원을 요청한다. 개인마다 음악적 경로(musical pathways)가 얼마나 복잡할 수 있는지 잘 알고 있기 때문에, 이것은 생각만큼 쉬운 일이 아니다. 이 분야에 관련된 사람들을 직접 만나 보지 않고는 조언하기가 어려울 수 있다. 이 장에서는 앞서 설명한 수용적 음악치료에 대한 논의와 전문 영역 및 문헌에 존재하는 유사한 자료들을 바탕으로, 이러한 순간들이 발생할 때 음악치료사 및 관련 전문가들이 함께 염두에 두어야 할 일련의 고려사항들을 종합적으로 제시하고자 한다.

이 장에서는 이전 장에서 제시된 고려사항을 종합하고, 다양한 상황에서 다양한 사람에게 어떻게 적용할 수 있는지 자세히 설명한다. 음악 감상을 활용하는 데 있어 지침을 요청하는 많은 동료는 음악 사용에 대해 대체로 긍정적인 태도를 보이며, 음악이 예상치 못한 감정이나 행동을 유발할 수 있다는 사실에 놀라움을 표하곤 한다. 이에 우리는 범주별로 하지 말아야 할 사항을 강조할 것이다.

'무엇'이 아닌 '왜'

대부분의 다른 전문가가 '무엇을' 해야 하는지, '어떤' 음악을 사용해야 하는지 궁금해한다는 점을 인식하는 것이 중요하다. 우리의 역할은 '무엇'이 일련의 '왜'라는 질문에 대한 답을 고려한 결과임을 설명하는 것이다. 일반적으로 음악의 사용이 우리가 생각하는 것보다 더 간단하고 직관적이라고 여기는 동료들에게는 이 점이 명확하지 않을 수 있다. 따라서 고려해야 할 수많은 다른 요소들에 대한 세부 정보를 제공하는 것이 유용할 수 있다. 다음은 기본적인 원칙들이다.

- 치료적 개입의 목적 파악하기
- 클라이언트의 선호도 파악하기
- 지속적으로 조정하기
- 언제 특정 음악을 반복적으로 사용할지 고려하기
- 소리 크기에 대한 민감도에 유의하기
- 라이브 음악과 녹음된 음악 중 어떤 것을 사용할지 결정하기

이 목록은 다른 전문가들이 진료에 음악을 도입할 때 고려해야 할 주요 원칙을 체크리스트 형식으로 만드는 데 사용할 수 있다. 이러한 각 고려사항을 검토하면서 특정 개인이나 그룹과 일할 때 우려해야 할 부분을 파악할 수 있다. 또는 기본 원리들을 질문으로 표현하는 것이 더 도움이 될 수 있다.

개인/그룹의 음악 사용 목적은 무엇인가요?

개인/그룹 멤버들이 어떤 음악을 선호하나요?

지속적 조정이 필요한지 여부를 파악하기 위해 무엇을 평가하나요?

특정 음악은 몇 번 재생되나요?

음원 재생 시 안정적인 거리에서 개인 또는 그룹의 음량에 대한 반응을 미리 확인했나요?

그 음악이 라이브로 연주되나요, 아니면 녹음된 음악인가요? 왜 그런 선택을 했죠?

만약 여섯 가지 질문에 답하는 것만으로 충분하다면, 자문가로서의 우리의 역할은 매우 단순하였을 것이다. 그러나 대부분의 사람은 그 목적을 명확히 파악하는 데 어려움을 느끼며, 음악 선호에만 초점을 맞추는 경향이 있다. 따라서 우리는 여섯 가지 질문 전반에 걸쳐 균형 잡힌 관심을 이끌어 낼 뿐만 아니라, 답변이 오가면서 새롭게 드러나는 다양한 질문들을 함께 탐색해 나가는 역할을 수행해야 한다.

원칙 1: 치료적 개입의 방향성 설정하기

우리는 이 책의 여러 장에서 음악치료사와 함께하는 클라이언트들이 가진 요구와 다양한 수용적 방법의 활용을 연결하여 설명하였다. 즉흥연주, 노래 만들기, 노래 부르기와 같은 능동적 방법을 사용할 때와 마찬가지로, 수용적 음악치료에서도 목적을 파악하는 것의 중요성은 동일하다. 따라서 음악치료사는 종종 다른 사람들이 치료에서 음악을 사용하는 방법을 결정할 때 이것이 주요 원칙임을 알 것이라고 가정한다. 그러나 다른 많은 전문가는 치료적 관계의 중요성과 그 안에서 작용하는 모든 전문적인 기술을 이해하지 못한 채, 음악만이 사람에게 영향을 미친다고 가정한다. 따라서 전문가가 의사결정에 대한 책임을 져야 할 필요성을 알지 못한다. 사람들은 음악치료사가 개인의 변화하는 요구를 충족시키기 위해 음악적 경험을 신중하게 조정하는 것을 보더라도, 음악에만 집중하게 되고 의사 결정 과정은 분명하게 이해하지 못한다. 따라서 이것이 우리의 첫 번째이자 가장 중요한 원칙이며, 다른 전문가들에게 명확히 알려야 하는 이유이다. 당신의 목적을 알라!

고려사항 #1

목적 파악을 먼저 하라. 미루지 말라.

음악치료에서 설정되는 목적은 맥락에 따라 매우 다양하게 달라질 수 있으며, 타 영역 전문가들에게 음악치료사가 음악을 통해 주로 다루는 목표의 유형에 대해 구체적인 제안을 제공하는 것이 유익할 수 있다. 이를 위해서는 자신의 지침과 전문적 관점을 동료들과 공유하는 초학제적 실천(transdisciplinary practice)을 진정으로 수용하는 태도가 요구된다. 그들이 우리의 기술을 알게 되어서, 더 이상 우리가 필요하지 않게 될까 봐 걱정된다면, 그것은 관련된 모든 사람에게 좋지 않은 결과를 초래할 것이다. 이 글은 아무것도 숨기지 않고 몇 가지 기본 원칙을 제공하려고 노력하는 것이다.

다음 치료 목적들은 일반적인 문구보다는 특정 문맥에서 훨씬 더 잘 표현될 수 있는 예시일 뿐이지만, 유용한 출발점이 될 수 있다. 초기 양식에 추가하거나 전자 문서의 선택 항목 메뉴에 추가할 수 있다.

의료 환경에서의 일반적인 목적

- 이완(relaxation)
- 통증 완화(pain relief)
- 주의 전환(distraction)
- 동료와의 유대(connection to peers)
- 정서적 공감(emotional validation)
- 마음의 위안(solace)
- 상상력 넘치는 프로세스(imaginative processes)
- 이슈 인식(issue recognition)

교육적 맥락에서의 일반적인 목적

- 전환 신호(signalling transitions)
- 일상 루틴 보조하기(accompanying daily routines)
- 토론 주제 강조하기(highlighting topics for discussion)
- 이완(relaxation)
- 감각 자극(sensory stimulation)
- 감정 프로세싱(emotional processing)
- 휴식(down time)
- 춤과 함께(accompanying dancing)
- 배경 음악(background music)

- 문화적 표현 혹은 반영(cultural representation)

커뮤니티 맥락에서의 일반적인 목적

- 다른 사람들과 관계 맺기(establishing connections with others)
- 회상(reminiscence)
- 이완(relaxation)
- 창조적 과정 지원(supporting creative processes)
- 삶의 경험 공유(sharing about lived experience)
- 토론 유도(prompting discussion)

음악 감상의 목적에 다른 전문가들의 관심을 집중시키면 나머지 많은 원칙은 논리적 연장이 된다. 그러나 사람들이 자연스러운 가정인 선곡에 먼저 초점을 맞추게 되면 음악이 무엇을 할 수 있는지에 대한 가설의 흐름에서 길을 잃게 된다. 나머지 원칙들은 어떤 음악을 사용할지를 포함해, 어떻게 사용할지에 대한 이해를 구체화하는 데 도움이 된다.

원칙 2: 음악 선호도

어떤 음악을 선택할 것인가는 음악치료사나 다른 전문가들이 음악 감상을 활용할 때 고려해야 할 가장 중요한 원칙이다. 음악치료사는 사람들이 각기 다른 취향을 가지고 있으며, 그 취향이 매우 다양하고 독특하다는 것을 잘 알고 있다. 실제로 누군가의 음악 선호를 직접 묻지 않고 정확히 파악하는 것은 거의 불가능하며, 당사자가 자신의 취향을 표현할 수 없는 경우에도 경험을 바탕으로 유추하는 수준에 머물 수밖에 없다. 따라서 음악 선택과 관련하여 타 분야 전문가들이 가장 먼저 고려해야 할 질문은 '당신은 어떤 음악을 좋아하십니까?'이다.

고려사항 #2

클라이언트는 어떤 음악을 선호하는가?

흥미롭게도, 클라이언트가 처음 언급하는 음악이 반드시 음악 감상 경험의 기초를 형성하는 것은 아니지만, 어떤 음악을 선택할지, 혹은 선택하지 않을지에 영향을 미칠 수 있다.

음악 매니아

어떤 사람들은 특정 유형의 음악에 대한 강한 선호를 가진다. 예를 들어, 오케스트라 음악을 좋아하지만, 금관악기는 싫어한다고 말할 수도 있고, 메탈 음악을 좋아하지만, 팝 음악은 선호하지 않는다고 할 수도 있다. 물론 모든 사람이 그런 것은 아니지만, 음악에 대한 선호가 강한 사람들은 일반적으로 좋아하는 음악과 싫어하는 음악이 뚜렷하다. 음악에 대한 열정을 가진 사람들과 함께할 때는 이 두 가지 측면을 모두 이해하는 것이 중요하다.

음악을 즐기는 부류

어떤 사람들은 음악적 선호에 관한 질문에 매우 중립적인 답변을 한다. 모든 음악을 다 좋아한다고 하거나, 음악이 잘 연주되었다면 장르와 관계없이 즐길 수 있다고 말하기도 한다. 이는 말 그대로 모든 음악을 좋아한다는 의미일 수도 있고, 자신의 음악적 취향을 정확히 표현할 적절한 단어가 없기 때문일 수도 있다.

사람들이 선호하는 음악에 대해 명확히 설명하지 않는다면, 좋아하는 특정 노래나 아티스트가 있는지, 혹은 자주 듣는 라디오 방송국이나 플레이리스트가 있는지 물어봄으로써 더 많은 정보를 얻을 수 있다. 음악과 가장 깊은 인연을 느꼈던 시기는 언제였는지, 집에서 다른 가족 구성원이 선택한 음악 중 본인이 좋아하게 된 음악이 있는지는 도움이 될 만한 또 다른 질문들이다. 예를 들어, 손자, 부모, 파트너 또는 친구가 즐겨 듣던 음악일 수도 있다. 음악 애호가가 아니더라도 사회적 관계를 통해 특정 음악을 인식하고 있을 가능성이 크다. 따라서 '어떤 음악을 선호하는가?'라는 질문은 다음과 같은 추가 질문과 함께 보완하여 더 많은 정보를 얻는 것이 중요하다.

- 어떤 음악을 선호하나요?
- 어떤 음악을 싫어하나요?
- 어떤 아티스트를 좋아하나요?
- 어떤 밴드를 좋아하나요?
- 특정 플레이리스트나 라디오 방송을 즐겨 듣나요?
- 어떤 시기(특정 연도)의 음악을 가장 많이 듣나요?
- 가까운 지인들은 어떤 종류의 음악을 듣나요?

치료사가 아닌 클라이언트가 중심이 되어야 한다

음악치료사가 치료 목적으로 음악을 선택하는 방식에서 중요한 점은 모든 사람이 저마다 독특한 음악적 취향을 가지고 있다는 것을 미리 이해하는 것이다. 따라서 클라이언트가 선호하는 음악을 명확히 표현하지 않을 때, 치료사는 자신의 음악적 취향에 의존할 수도 있지만, 이는 어디까지나 보조적인 역할일 뿐이며, 궁극적으로 치료사의 선호가 아니라 클라이언트의 선호가 중심이 되어야 한다. 우리는 함께 일하는 사람들이 어떤 음악을 선호하는지 알고 싶다. 물론, 클라이언트의 취향이 치료사의 취향과 겹친다면 음악을 찾고 선택하는 과정이 더 쉬워지겠지만, 특정 음악에 대한 개인적 선호가 치료에 영향을 미치지 않도록 주의해야 한다. 음악에 대한 대화는 치료사가 자신의 선호를 이야기하는 것으로 시작해서는 안 된다. 만약 클라이언트가 자연스럽고 사교적인 방식으로 치료사의 음악적 취향을 물어본다면, 짧게 답변하고 대화를 다시 클라이언트에게 돌리는 것이 바람직하다.

고려사항 #3

치료사가 좋아하는 음악을 다루지 말라. 클라이언트가 무엇을 좋아하는지에 초점을 두라.

개인의 음악 선호도가 설정한 목적에 적합하지 않다고 판단되면, 두 가지 선택지가 남는다. 하나는 선택한 음악의 목적을 더 적절하게 조정하는 것이다. 예를 들면, 이완에서 정서적 공감으로 변경할 수 있다. 아니면, 조심스럽게 다른 음악을 제안한다. 이러한 협상의 과정에서 가장 먼저 해야 할 일은 기존의 가정을 확인하는 것이며, 선호하는 음악이 정말로 설정한 목적에 맞지 않는지를 검토하는 것이 첫 번째 대화가 되어야 한다. 예를 들어, 록 음악이 이완과는 어울리지 않는다고 생각할 수도 있지만, 그 사람이 즐길 수 있는 평화로운 록 발라드는 적합할 수도 있다. 또한 음악이 운동이나 춤을 위한 것이라면, 리듬이 충분히 강하지 않더라도 그 음악에 더 적합한 다른 형태의 운동이나 춤을 고려할 수 있다.

음악 선호도가 파악된 후에는 보다 실용적인 고려가 적용된다. 이를 위해 종종 후보곡을 찾기 위한 조사가 필요하며, 정확한 곡을 찾을 수 없다면 유사한 음악을 제안하는 것도 유용하다. 음악의 반복성, 민감도, 라이브 연주 여부, 녹음된 표현 방식 등은 모두 개인의 음악 선호도와 필요성을 바탕으로 결정된다. 이러한 정보를 종합하여 사용할 음악을 결정한 후, 지속적인 모니터링과 맞춤화 과정을 거치며 조정해 나갈 수 있다.

원칙 3: 지속적으로 조정하기

음악치료사는 의도한 대로 세션 계획을 반드시 따르지는 않는다. 세션에서 일어나는 상황에 따라 끊임없이 의도를 조정하고 변화시킨다. 음악이 사용되는 환경은 정적인(static) 것이 아니고 역동적(dynamic)이기 때문에, 음악이 진행되는 동안 사람들의 반응이 달라질 수 있다.

예를 들어, 어떤 사람이 처음에는 음악의 한 부분을 인식하고 기분 좋게 놀라거나 즐거움을 느낄 수 있다. 그러나 음악이 계속 재생되면서, 그 음악이 왜 자신에게 중요한지 더 깊이 깨닫게 되고, 슬픔, 분노 또는 더 복잡한 감정이 떠오를 수도 있다. 이러한 감정 반응은 곡이 끝날 때까지 계속 변화할 수 있으며, 심지어 음악이 끝난 후에도 마음속에서 반추되거나 지속적으로 영향을 미칠 수 있다. 특히 서양 클래식 음악에서 이러한 현상이 두드러지는데, 이는 단순히 음악적 요소가 변화하기 때문만이 아니라 특정 곡이나 스타일이 불러일으키는 연상 작용 때문이기도 하다. 물론 이러한 변화는 감정 반응뿐만 아니라 자극의 강도, 이완, 즐거움, 몰입도, 기타 다양한 차원에서도 나타날 수 있다.

다른 전문가들이 알아야 할 핵심 사항은 음악에 대한 사람들의 반응이 음악을 듣는 동안뿐만 아니라 여러 곡을 듣는 사이에도 변화할 수 있다는 점이다. 어떤 날에는 즐겁게 들었던 음악이 다음 날에는 도저히 견디기 힘들 수도 있으며, 시간이 지나면 다시 즐겁게 들을 수도 있다.

고려사항 #4

음악에 대한 반응은 역동적이다. 함께 듣는 것에 대한 지속적인 동의를 구하라.

Jessica Tomlinson과 John Habron(2021, p. 8)은 다양한 음악 기반 전문가들이 '몸짓 언어 읽기, 감정의 변화 감지, 신체 및 언어적 단서 인식' 등을 순간적으로 읽는 데 어떻게 활용하는지 설명한다. 이들은 사람들이 더 이상 음악을 원하지 않는 순간을 민감하게 인식하고, 함께 음악을 듣기 위해 지속적인 동의를 구하는 과정을 강조한다. 이는 사람들이 자신의 반응을 얼마나 기꺼이 소통하는지에 따라 크게 달라진다. 제5장에서 설명한 것처럼, 음악이 재생될 때 사람들이 느끼는 감정을 항상 공유하는 것은 아니다. 때로는 자신의 반응을 스스로 모니터링하고 조절하기로 선택할 수도 있다. 즉, 사람들의 경험이 변화하면서 더 이상 안전하거나 편안하지 않다고 느끼는 것이 항상 명백한 것은 아니라는 뜻이다.

음악치료사가 클라이언트의 반응을 모니터링하는 방법에는 여러 가지가 있으며, 특히 청취자가 말을 하지 못하는 경우 다른 전문가들도 이러한 방법을 배울 필요가 있다. 다음은 일반적인 반응을 바탕으로 한 제안이지만, 개별 클라이언트에 대한 깊은 이해가 필요하며, 이를 통해 변화를 파악하고 조정할 필요성을 인식할 수 있다.

비언어적인 클라이언트와 함께할 때

- 호흡의 변화를 관찰한다.
- 시선 추적을 통해 무엇을 응시하는지 확인한다.
- 신체 움직임의 유형과 강도를 살펴본다.
- 상태 변화를 관찰하되, 특히 음악에 의해 유발될 수 있는 발작(musico-epilepsy)의 가능성을 주의 깊게 살펴본다.

내성적인 사람들과 함께할 때

- 몸의 움직임 또는 표정이 눈에 띄면 질문한다.

- 각 음악이 끝날 때마다 질문이나 안내를 제공한다.
- 상대방의 반응을 이끌어 내는 토론을 시작하기 위한 한 가지 방법으로 자신의 반응을 활용한다.
- "음악을 더 들으시겠습니까, 아니면 이 정도면 충분합니까?"와 같은 선택지를 제공한다.

𝄞 개방적인 사람들과 함께할 때

- 상대방의 말에 귀를 기울이고 적절히 조정한다.
- 통찰을 유도하는 질문을 통해 더 깊은 의미를 파악한다.
- 예를 들어, "다시 재생할까요, 아니면 다른 것을 할까요?"와 같이 다음에 수행할 작업에 대한 선택 사항을 제공한다.
- 다음에 듣고자 하는 클라이언트의 음악이 무엇인지 물어본다.
- 목적을 상기시켜 준다.

관찰이 첫 번째 단계이며, 이는 두 번째 단계인 조정(adjustments)을 위한 정보를 제공한다. 다음 원칙은 음악의 반복성, 라이브 연주 또는 녹음된 음악 선택, 음원의 편안한 음량 조절 등을 고려하여 조정하는 방법을 간략하게 설명한다. 그러나 가장 보편적인 조정 방식은 제2장에서 설명한 것처럼 음악에 대한 반응을 프로세싱하는 것이다. 다른 전문가가 이러한 기본적인 상담 기술에 대한 교육을 받지 않은 경우, 음악 감상이 치료적 관계에서 적절하지 않을 수도 있다. 이는 음악 감상이 단순한 청취를 넘어 감정적 처리가 필요한 경우가 많기 때문이다.

고려사항 #5

치료사 훈련을 받지 않은 상태에서, 음악을 치료적으로 사용하려고 시도하지 말라.

음악은 특별한 치료 기술이 없어도 즐거움과 사회적 관계 형성을 위해 쉽게 활용할 수 있다. 긍정적인 면에 초점을 맞추는 것은 복잡한 감정 반응을 유발하지 않으면서도 음악을 적용하는 안전한 방법이다. 실제로, 이는 대부분의 사람이 직장에서 음악을 활용하는 방식이기도 하다. 사람들을 행복하게 만들거나, 기분을 북돋우거나, 활력을 불어넣거나, 혹은 불쾌한 소음을 차단하기 위해 음악을 틀어 놓는다. 이러한 경우에도 앞으로 설명할 세 가지 일반적인 원칙을 고려할 필요가 있지만, 이 앞에서 다룬 세 가지 원칙들은 감정을 세심하게 조율하고 사람들이 안전하다고 느낄 수 있도록 돕는 전문적인 역량을 갖춘 사람만이 적용해야 한다. 이것이 바로 음악치료에 대한 전문 교육이 필요한 이유이다.

원칙 4: 음악 재생의 반복

분위기를 조정할 때 고려해야 할 중요한 요소 중 하나는 같은 음악을 다시 재생할지, 아니면 변경할지의 여부이다. 이는 음악에 대한 전문 교육을 받지 않은 동료들에게는 직관적으로 이해되지 않을 수 있는 부분이다. 일부 사람들은 업무 환경에서 음악을 반복 재생하다가 음악이 흘러나오고 있다는 사실 자체를 잊어버리거나 주변 사람들의 반응을 고려하지 않고 단순히 계속 틀어 놓는 경우가 있다. 한 자리에서 같은 음악이 여러 번 반복되거나 여러 회의에 걸쳐 동일한 음악이 계속 사용될 경우, 몇 번이 적절한지를 신중하게 고민하는 것이 중요하다. 어떤 이들은 충분히 들었다고 직접 표현할 수도 있지만, 많은 이는 특히 음악과 관련해서는 예의를 지키거나 전문가의 판단을 신뢰하는 경향이 있다. 따라서 반복이 과하지 않은지 세심하게 살펴보는 것이 필요하다.

고려사항 #6

반복은 형식적으로가 아니라, 의미와 가치가 분명할 때만 활용하라.

의도하지 않더라도 음악이 반복되는 상황은 여러 가지가 있으며, 수용적 음악치료에서 중요한 것은 '의도'이다. 의도가 뚜렷할수록 성공 가능성이 높아진다. 물론 반복이 긍정적인 영향을 미치기도 한다. 예를 들면, 어떤 사람이 특정 노래를 좋아한다면, 만날 때마다 그 노래를 듣고 싶어 할 수도 있다. 노래가 그룹 활동을 시작하는 상징적인 역할을 한다면, 해당 노래가 빠지면 어색하게 느껴질 수 있다. 특정 음악이 사람의 상태에 긍정적인 영향을 미친다면, 다른 유사한 음악을 찾기보다 그대로 반복하는 것이 더 효과적인 전략이 될 수 있다. 음악이 목적에 부합한다면, 반복된다고 해도 지루하게 느껴지지 않는다.

그러나 반복이 불필요한 경우도 많다. 병원 직원들이 바쁘게 병동을 돌아다니면서 근무 시간 내내 같은 노래나 앨범을 틀어 놓아, 음악을 바꾸거나 알아차릴 기회가 없는 경우가 대표적이다. 이런 상황에서 침대에 누워 있는 환자들은 음악 외에는 집중할 수 있는 것이 거의 없으므로 같은 음악이 반복되면 답답함과 짜증, 심지어 분노를 느낄 수도 있다.

또한 특정 음악 스타일에 익숙하지 않은 사람들은 곡이 바뀌어도 차이를 인식하지 못할 수 있다. 서양 클래식 음악, 휴식을 위해 작곡된 전자 음악, 그리고 기타 음악들이 예가 될 수 있겠지만, 어떤 음악에나 이런 현상이 일어날 수 있다. 이러한 음악들은 훈련되지 않은 귀에는 모두 비슷하게 들릴 수 있다. 따라서 사람들이 자유롭게 자리를 옮기거나 음악 변경을 요청할 수 없는 공공장소에서는 음악 반복에 더욱 신중해야 한다. 다음 사항을 고려해 보자.

공유된 공간에서

- 다양한 사람들의 반응에 주목하라. 어떤 사람들에게는 즐거울 수도 있지만 누군가에게는 고통스러울 수도 있다.
- 바쁠 때는 의도치 않게 노래나 플레이리스트가 반복되는 것을 놓치기 쉽지만, 누군가에게는 유일한 자극이 될 수 있으므로 주의한다.
- 음악이 침묵보다 더 나은 선택이 될 수 있을지, 누구를 위한 음악인지 고려한다.

개별 작업에서

- 사람들의 반응에 대한 질문이나 관찰을 통해 같은 음악을 원하는지 평가한다.
- 역동성 유지
  - 음악의 분위기가 변하지 않는다고 해서 항상 같은 방식으로 반응해야 하는 것은 아니다. 같은 음악을 들을 때마다 자신만의 개성 있는 반응을 보일 수 있다.
- 사람들의 반응이 반복적이고 예측 가능해진다면 새로운 무언가가 필요한 시점일 수 있다.

고려사항 #7

익숙하지 않은 음악의 분위기는 모두 비슷하게 들릴 수 있다. 적절한지 확인하라.

음악은 환경을 풍부하게 만드는 훌륭한 요소가 될 수 있지만, 항상 침묵보다 나은 것은 아니다. 다시 말하면, 목적이 가장 중요하다. 기계의 '삐' 소리나 고통을 호소하는 사람의 소리를 가려야 한다면, 이를 효과적으로 가릴 수 있는 음악을 선택해야 한다. 다른 소음원보다 수신자에게 더 가까운 위치에서 음악을 재생하면 소리 차단 효과가 더 커진다. 음악의 볼륨이 적절하고 일정한지 확인하여, 조용한 구간에서 마스킹하였던 소음이 다시 들리지 않도록 해야 한다. 반면, 오락이나 특정한 분위기, 감각을 재현하는(시뮬레이션을 위한) 음악이라면 단순한 반복 재생이 아닌 더 세심한 주의가 필요하다. 음악을 환경에 단순히 배경으로 추가하는 것이 아니라, 지속적인 고려와 조정이 이루어져야 한다.

원칙 5: 음량에 대한 민감성

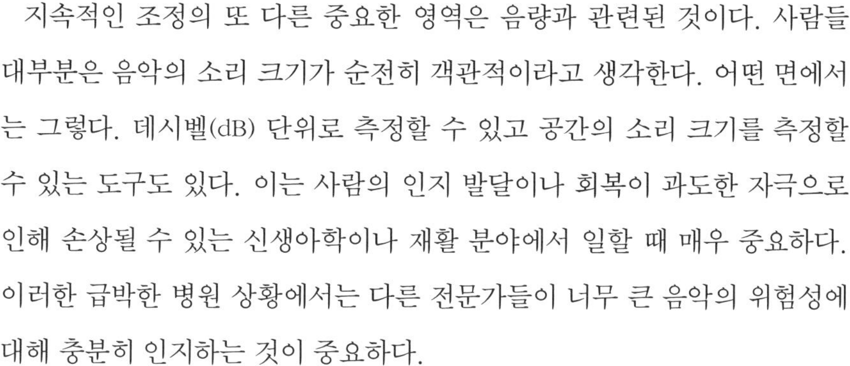

지속적인 조정의 또 다른 중요한 영역은 음량과 관련된 것이다. 사람들 대부분은 음악의 소리 크기가 순전히 객관적이라고 생각한다. 어떤 면에서는 그렇다. 데시벨(dB) 단위로 측정할 수 있고 공간의 소리 크기를 측정할 수 있는 도구도 있다. 이는 사람의 인지 발달이나 회복이 과도한 자극으로 인해 손상될 수 있는 신생아학이나 재활 분야에서 일할 때 매우 중요하다. 이러한 급박한 병원 상황에서는 다른 전문가들이 너무 큰 음악의 위험성에 대해 충분히 인지하는 것이 중요하다.

고려사항 #8

지나치게 시끄러운 음악은 청각과 인지에 손상을 줄 수 있다.

신생아 집중치료실(Neonatal Intensive Care Units: NICU)은 음악으로 인한 잠재적 피해와 관련하여 가장 위험한 환경 중 하나로 인식되고 있다. 미국소아과학회(American Academy of Paediatrics)는 45dB를 한계치로 명확히 권고하고 있지만(Committee on Environmental Health, 1997), 이 기준을 초과하는 사례가 빈번하게 보고되고 있다. 소음은 갑작스럽고 예상치 못한 상황에서 발생할 수 있기 때문에 환경은 복잡하며, 일반적인 병동의 기본 소음 수준조차도 고위험군 신생아에게는 과도할 수 있다. NICU에서 근무하는 경우 음악 감상은 선택적으로 사용하는 것이 좋으며, 데시벨 수준에 특별히 주의를 기울이는 것이 이상적이다. 이와 같은 환경에서 일하는 음악치료사는 전문가이지만, 모든 전문가가 이를 모니터링할 수 있어야 하며, 해야만 한다.

음악치료의 다른 영역에서 소리 크기에 관한 연구가 많지 않지만, 외상성 뇌 손상을 입은 경우와 같이 청각 및 인지 손상에 취약한 경우 고려해야 할 중요한 문제이다. 종종 소리 크기에 대한 질문은 관련이 있지만 과도한 자극이라는 더 광범위한 관심사 내에서 고려된다. 음악에 대한 사람들의 반응을 모니터링하고 지속적으로 조정해야 하기 때문에 세 번째 원칙이 중요한 이유 중 하나이다. 소리 크기는 단순히 편안함의 문제가 아니라 뇌의 잠재적 손상에 관한 문제이므로 심각하게 받아들여야 한다.

소리 크기에 대한 또 다른 고려사항은 음악이 재생될 때 스피커 또는 연주자와의 거리이다. 기기 옆에 서서 최적의 볼륨을 신중하게 결정하는 것도 중요하지만, 청취자가 음원을 듣는 방식은 음원과의 거리에 따라 크게 영향을 받는다. 음향은 복잡하기 때문에 벽, 지붕, 천장이 모두 소리가 공간을 가로질러 이동하는 방식에 영향을 미친다. 마찬가지로 방이 비좁거나 인구 밀도가 높으면 소리가 달라진다. 스피커의 품질도 공간을 가로질러 이동하는 사운드의 품질에 영향을 미치며, 특히 많은 현대 전자 음악에서와 같이 저음이 크게 재생되거나 목소리가 특히 날카로운 경우 오디오 EQ(equalization) 조정이 필요할 수 있다.

주관적인 소리 크기

지나치게 큰 음악 소리는 청각 손상을 유발할 수 있다. 그러나 일반적인 상황에서는 음량에 대한 지각이 주관적인 차원을 지니고 있다는 점 또한 고려되어야 한다. 예를 들어, 사람마다 소리에 대한 민감도가 다르기 때문에, 비록 뇌에 물리적인 손상을 주지는 않더라도 개인의 편안한 수준을 초과하는 높은 음량은 불쾌감, 주의 산만, 심지어 통증을 유발할 수 있다. 따라서 음악을 감상용으로 제공할 때에는 감상자의 음량 민감도에 대한 사전 평가가 전문가에 의해 반드시 이루어져야 한다.

음악은 음량과 관련해 일관되지 않으므로, 음량 요구에 대한 주관적인 반응은 단일한 것이 아니라 지속적으로 평가해야 한다. 음악의 분위기가 조용하게 시작되었다가 곡의 다른 지점에서 소리 크기가 커질 수도 있다. 대중음악의 경우 후렴구가 절보다 더 클 수도 있고, 기악곡의 경우 음악의 볼륨과 밀도가 여러 번 부풀어 오를 수도 있다. 음악치료사는 보통 자신이 연주하는 음악의 점점 세게(cresendos)와 점점 여리게(diminuendos)를 예상하고 함께 음악을 들으면서 대상자의 반응을 관찰하여 기기의 볼륨을 조절할 수 있을 정도로 그 곡에 대해 잘 알고 있을 것이다. 이상적으로는 음악을 제공하는 사람이라면 누구나 음악 전반에 걸쳐 이러한 조절을 할 수 있어야 한다. 그러나 전문가가 자리를 비우는 동안 음악을 계속 틀어 놓아야 하는 경우에는 이를 미리 고려해야 하며, 조용한 부분에서는 너무 부드럽지 않고, 절정에 다다랐을 때는 너무 크지 않은 중간 지점을 찾아야 한다.

마지막 고려사항은 청취자가 곡을 선택하였는지 여부에 따라 소리에 대한 인식이 어떻게 달라지는지이다. 많은 사람이 자신이 선택한 음악이라면 높은 볼륨의 음악을 감당할 수 있다. 그러나 다른 사람이 선곡한 음악을 같은 볼륨으로 듣는 것은 고통스럽게 느껴질 수 있다. 이는 지극히 주관적이지만 정상적인 청취자의 반응이므로 누군가가 힘들어하는 것처럼 보인다면 이를 무시해서는 안 된다. 소리 민감도의 모든 차원이 데시벨과 관련이 있는 것은 아니며, 이러한 개인적인 반응은 신경학적 반응만큼이나 중요하다.

고려사항 #9

소리 크기는 객관적일 뿐만 아니라 주관적이므로 이를 진지하게 고려해야 한다.

이러한 모든 고려사항을 감안하면, 재생되는 음악의 소리 크기에 대한 세심한 주의가 처음 생각하였던 것보다 더 복잡하다는 것을 알 수 있다. 음악치료 훈련을 받지 않은 전문가는 이러한 세부 사항을 인식하지 못할 수 있으므로, 음악치료사가 청취자를 대신하여 이를 명확하게 설명하는 것이 중요하다. 또한 이어버드(ear buds)를 통해 큰 소리로 재생되는 음악이 열린 공간에서 흘러나오는 음악보다 더 해로울 수 있다는 기본적인 정보도 책임감을 가지고 공유해야 할 중요한 내용이다. 이는 일반적으로 합리적인 사실로 받아들여지지만, 음악 청취자를 대신하여 볼륨에 대한 주관적인 경험을 옹호하는 것 또한 중요하다.

원칙 6: 라이브 음악 vs 녹음 음악

이러한 모든 고려사항을 종합하면, 음악 재생 방식에 대한 마지막 중요한 결정은 녹음된 음악을 사용할지, 아니면 라이브 연주가 더 적절한지를 판단하는 것이다. 다시 말해, 치료 목적에 대한 초기 결정이 가장 중요한 기준이 되지만, 이 외에도 고려해야 할 요소들이 많다.

음악 청취의 목표가 청취자의 상태 변화를 유도하는 것이라면, 흥분, 고통, 고조된 감정, 불안정한 상태 등의 상황에서 음악을 통한 조절이 이루어질 수 있다. 효과적인 음악 청취가 이루어진다면, 음악이 재생되는 동안 변화가 나타날 것이며, 이때 이상적인 방법은 청취자의 변화하는 상태에 맞게 음악의 속도, 가변성(variability), 길이 또는 스타일을 조정하는 것이다. 라이브 연주의 경우, 이러한 조정이 비교적 쉽다. 연주자는 음악의 속도를 늦추거나 볼륨을 조절할 수 있으며, 처음으로 돌아가서 소리의 공백 없이 다시 연주할 수도 있다. 음악치료사는 고통을 겪고 있는 사람을 위해 연주할 때 종종 이와 같은 기법을 사용하며, 점차적으로 진정 효과를 유도하거나, 심지어 청취자가 잠이 들도록 돕기도 한다. 또한 동요하는 환경에서는 방의 에너지 수준에 맞춰 연주를 시작한 뒤, 점진적으로 음악의 속성을 변화시켜 더 평온한 상태로 유도하는 것이 가능하다. 이는 제4장에서 설명한 바와 같이 동질성 원리(Altschuler, [1948] 2001)와 같은 음악치료 실습의 기본 원칙과도 연결된다.

그러나 음악치료 교육을 받지 않은 연주자들은 자신이 음악을 직접 연주하고 있다는 사실이 지닌 치료적 가능성을 본능적으로 충분히 활용하지 못하는 경우가 많다. 많은 음악가는 녹음된 방식 그대로 음악을 연주하거나, 특정 악절의 반복 등 팬들에게 익숙한 요소를 재현하는 데 집중하며, 볼륨과 속도를 단순히 고정적으로 조절하는 경우가 많다. 이러한 접근 방식은 청취자가 기존에 가지고 있는 음악적 연상을 활용하는 데는 효과적이다. 바로 그렇기 때문에 음악을 사용하는 목적이 매우 중요하다. 만약 음악을 통해 청자의 상태에 영향을 주고자 한다면, 연주의 방식은 훨씬 더 유연해야 한다. 스타일에 대한 고정된 기대를 내려놓고, 순간순간 반응하며 음악을 조율하고 변형할 수 있어야 한다. 심지어 〈반짝반짝 작은 별(Twinkle Twinkle Little Star)〉조차도 아이의 주의를 끌 수 있다면 록 스타일로 연주할 수 있어야 하는 것이다.

고려사항 #10

라이브 음악을 제공하는 경우, 상황에 맞게 음악을 유연하게 조절하는 것을 고려해야 한다.

또 다른 형태의 라이브 음악으로서, 특히 치료적 효과가 높고 다른 전문 인력에게도 활용 가능한 방법은 치료적 의도를 가지고 목소리를 사용해 노래하는 것이다. 대부분의 사람이 노래를 부를 수 있고 추가적인 음악적 훈련이 필요하지 않으므로 치료에서 듣기 위한 라이브 음악을 제공하는 가장 접근하기 쉬운 방법이 될 수 있다. 다른 모든 고려사항이 목소리에도 적용되지만, 노래 부르기에 특화된 몇 가지 고려사항도 있다. Janeen Bower는 외상성 뇌 손상으로 혼수상태에 빠진 아동을 대상으로 작업하면서 얻은 통찰력을 바탕으로 이 중 몇 가지를 설명하였다. 이 주제에 관한 두 개의 출판물(Bower & Shoemark, 2012; Bower et al., 2014)에서 그녀는 노래하는 치료사가 다음과 같이 생각할 것을 제안한다.

𝄞 정서적으로 지지할 때(holding)

- 원곡에서 거의 변화가 없으며, 음악치료사가 안정적이고, 규칙적이며, 일정한 중간 음량(조금 여리게-조금 세게)으로 노래한다.
- 노래의 비트를 강조하는 간단한 기타 반주도 좋다.

𝄞 긍정적으로 강화할 때(affirming)

- 음악치료사가 부르는 선명한 레가토(부드러운) 멜로디 라인을 사용한다.
- 줄어든 셈여림(조금 여리게-여리게)과 템포, 부드러운 악센트, 선명한 레가토(부드러운) 선율 라인으로 차분하고 평온하게 노래한다.
- 노래의 구절 사이에 공백이 거의 없거나 전혀 없는 연속적인 선율 라인을 제공한다.
- 갑작스러운 큰 소리(attack)가 거의 또는 전혀 없는 부드러운 기타 반주(기타 반주가 있는 경우)를 사용한다.

참여를 독려할 때(enticing)

- 음악 안에서 뚜렷하게 느려지는(ritardando) 구간을 사용한다.
- 음악적 악센트를 더욱 강조한다.
- 아동이 응답할 수 있는 공간을 제공하기 위해 노래 부르는 것을 일시 정지한다.
- 밝고 행복한 음색을 사용한다.
- 숨소리에 맞추는 것을 포함하여, 아동의 행동을 미러링한다.
- 아동의 발성을 미러링한다.

안정적이고 보호적인 환경을 조성할 때(containing)

- 느린 템포와 중간 정도에서 큰 소리(조금 세게~세게)까지로 안정적이고 명확하게 발음해서 노래를 부른다.
- 노래 고유의 시간적 구성을 강조하기 위해 노래의 박자에 맞춰 스트로크를 치는 등 노래의 비트를 강조하는 단순화된 기타 반주를 사용한다.

이러한 제안은 중환자실의 취약한 클라이언트를 보호하는 태도와 관련이 있다. Bower의 가이드라인은 음악을 공유할 때 일어날 수 있는 자극적인 측면을 줄이고, 아동의 안전을 확보하기 위해 고안되었다. 이는 중환자실에서 클라이언트의 참여를 부드럽고 적절하게 유도하는 방법이다.

그러나 음악 감상의 주된 목적이 원래의 녹음이나 연주와 유사한 방식으로 음악을 재생하는 것이라면 당연히 곡을 조정해서는 안 된다. 청취의 목적이 추억을 불러일으키거나 해당 곡과 공유된 관계를 가진 그룹 간의 유대감을 증진하는 것이라면 이 경우에 해당할 수 있다. 이 경우 음악을 만드는 사람이 조정을 자제하고 원래 의도에 충실하는 것이 중요하다. 평소 재즈로 해석한 곡을 즐겨 부르는 치료사라면 목소리에 기교를 줄이고 '단순하게(straight-up)' 노래하도록 노력해야 한다. 밴드 전체가 연주하는 원곡의 어쿠스틱 버전을 즐기는 치료사는 전자 비트나 합성 사운드에 특히 집착하는 클라이언트가 만족할 수 있는지 확인해야 한다. 이러한 특성은 치료 목적이 기존 음악과의 연결성과 관련이 없는 경우에는 그다지 중요하지 않지만, 사람들이 좋아하는 노래를 재현하는 것이 목적이라면 매우 중요하다.

고려사항 #11

클라이언트에게 원곡을 재생하는 것이 중요한지 파악하라.

앞서 언급하였듯이, 음악 감상 목적에 따라 라이브 음악 사용에는 여러 가지 훌륭한 이유가 있을 수 있다. 음악치료사는 모두 음악전문가이지만, 훈련의 기본 전제는 음악을 공유하는 방식이 치료사의 음악 선호도에 의해 좌우되지 않는다는 것이다. 음악은 치료적 변화를 가져오는 강력한 방법이 될 수 있지만, 모든 치료와 마찬가지로 음악 감상을 통해 혜택을 받아야 하는 사람의 필요에 완전히 초점을 맞춰야 한다. 병원, 학교, 지역 사회에서 청중의 즐거움을 위해 라이브 음악을 연주하는 훌륭한 음악가가 많이 있다. 하지만 치료적 맥락에서 음악을 듣는 것은 다르다. 공연자, 작곡가 또는 프로듀서가 음악을 감상하고 즐기기 위한 것이 아니기 때문이다. 이 가이드라인들은 대중을 상대로 하고, 다른 고려사항을 필요로 하는 대중적인 퍼포먼스에는 적합하지 않다.

고려사항 #12

치료적 목적을 위한 음악 감상은 청중을 위한 음악 연주와는 본질적으로 다르다.

비록 본 지침의 목적은 아니지만, 음악치료사들은 취약한 사람들과 함께 일하는 기관에서 활동하는 공연자들을 위한 지침 또한 개발해 왔다. Helen Shoemark(2009)는 어린이 병원에서 시범 프로그램을 수행하며, 음악가, 환자, 가족 그리고 의료진이 필요로 하는 바를 면밀히 분석한 결과를 바탕으로 병원 내에서 연주하는 음악가들을 위한 지침을 개발하였다. 그녀는 음악의 선정 기준을 위해 Deanna Hanson-Abromeit(2006)의 연구를 참고하였으며, 연주자를 위한 통찰력 있는 기준을 추가하였다(해당 간행물의 부록 2 참조).

다른 전문가들이 사전 녹음된 음악을 연주할지, 라이브로 연주할지를 결정할 때 고려해야 할 핵심 질문들은 음악 사용의 목적에 기반해야 한다.

- 목적이 원곡에 대한 기억을 불러일으키는 것인가? 그렇다면 원곡의 녹음된 음악을 사용하는 것이 적절하다.
- 목적이 개인 또는 그룹의 심리적·정서적 상태에 변화를 유도하는 것인가? 그렇다면 동질성 원리를 적용하여 세심하게 조율된 라이브 음악 사용을 고려해야 한다.
- 연주자가 대상자의 반응을 관찰하고 그에 따라 음악을 조절할 수 있는 민감성과 음악적 역량을 충분히 갖추고 있는가? 그렇지 않다면, 취약한 대상자에게 영향을 미칠 수 있는 환경에서는 라이브 음악을 사용하지 않는 것이 바람직하다.

결론

이 책은 수용적 음악치료 방법에 대한 구체적인 활용법과 그 사용을 안내하는 광범위한 원칙을 자세히 설명하였다. 이 마지막 장에서는 이러한 정보를 다른 전문가와 보호자가 치료적으로 음악을 활용하는 방법을 설명하는 데 유용할 수 있도록 일련의 원칙과 고려사항으로 재구성하였다.

수용적 음악치료는 단순히 음악 감상을 넘어, 치료적 과정과 관계의 맥락에서 공유된 음악 듣기를 중심으로 이루어지는 개입이다. 이러한 접근은 종종 깊은 감정적 울림을 불러일으키며, 실제 대면 환경뿐 아니라 온라인 환경에서도 효과적으로 적용될 수 있다는 점에서 실용적이다. 또한 최근 기술 발전과 녹음된 음악에 대한 접근성이 급속히 확대되면서 수용적 음악치료 방법은 더욱 각광받고 있다. 우리는 이 방법이 실제 상황에서 사람들과 함께 일할 수 있는 가장 만족스럽고 강력한 방법이며, 앞으로도 새로운 방식이 계속 등장할 것이라고 믿는다.

부록 A

이완 유도 스크립트

단기 이완

단기 이완(Short Relaxation)에서의 핵심은 긴장, 피로, 통증 중 하나의 용어나 이와 유사한 다른 표현을 선택한 뒤, 전반적인 과정에서 그 용어를 일관되게 사용하는 데 있다.

스크립트

● 우선, 의자에서 가능한 한 편안한 자세를 취하세요. 자세를 편안히 하고 몸이 균형 잡힌 느낌이 들도록 해 보세요…. 편안해지면 발을 바닥에 두고(의자에 있는 경우), 발을 부드럽게 얹고(매트에 있는 경우), 팔은 무릎에 올려놓거나 몸의 양옆으로 느슨하게 두세요…. 이제 목… 어깨… 등… 엉덩이… 다리에서 의자가 지지해 주는 느낌을 알아차려 보세요. 몸을 의자(또는 매트)에 가라앉도록 허락해 보세요. 당신의 몸이 지지받고 있다는 것을 느껴 보세요…. 이제 눈을 부드럽게 감고… 당신의 숨결을 느껴 보세요. 숨을 들이쉬고 내쉬면서 호흡의 순환에 주의를 기울여 보세요…. 숨을 들이쉴 때 가슴과 배가 어떻

게 올라가는지, 내쉴 때 어떻게 내려가는지 느껴 보세요…. 깊게 호흡하고 긴장과 피로, 통증이 몸 밖으로 흘러나오는 것을 느끼면서 부드럽게 숨을 쉬세요.

다음의 각 지시에 대해 '숨을 깊게 들이쉬고 긴장/피로/통증(이 중 하나 선택)을 부드럽게 푸세요.'라고 반복적으로 덧붙인다.

- …목과 어깨에서 (잠시 멈춤)
  …팔과 손에서 (잠시 멈춤)
  …가슴과 배에서 (잠시 멈춤)
  …등과 허리에서 (잠시 멈춤)
  …엉덩이에서 (잠시 멈춤)
  …다리에서 (잠시 멈춤)
  …발에서 (잠시 멈춤)
  …얼굴… 이마, 볼, 턱을 통해서 (잠시 멈춤)

음악 추가하기:

- 이제 음악이 당신의 몸을 따라 흘러가며 편안함을 가져다줄 수 있도록 허용해 보세요. (음악 시작)

또는 지원적 MI를 사용(제7장 참조):

- (대본이 시작되기 전, 이미 이미지 작업이 이루어졌을 경우) 마음속에 이미지를 떠올려 보세요…. 떠올린 이미지의 색감과 형태를 천천히 바라보세요. 그리고 이미지가 당신에게 어떤 느낌을 전해 주는지 살펴보세요…. 이제 그 이미지와

함께 음악이 자연스럽게 머무를 수 있도록 편안히 느껴 보세요.

음악 종료:

- 편안한 느낌에 그대로 머물러 보세요. 당신은 언제든지 이 평온한 상태로 다시 돌아올 수 있다는 것을 기억하면서… 당신의 몸을 깨우기 시작하세요…. 부드럽게 팔과 다리를 펴 보세요…. 숨을 깊이 들이쉬고 충분히 내쉬세요(치료사가 소리 내어 모델링 할 수 있다)…. 아제 온몸을 크게 한 번 기지개 켜듯 늘려 보세요(치료사가 호흡 소리를 내면서 이 동작을 모델링 할 수 있다).

단계별 구조화 또는 카운트다운 이완 유도

단계별 구조화된 유도 방식(step-by-step structured induction)은 피곤해하거나 혼란스러운 클라이언트(예: 정신 질환이 있거나 치매 초기 단계에 있는 사람)에게 적합하다. 이 버전의 카운트다운 기법은 이완을 유도하는 데 5부터 1까지만 사용한 다음, 1에서 5까지만 사용하여 각성 상태로 돌아오도록 한다. 10까지 연장할 수도 있지만, 그렇게 하면 유도 시간이 길어질 것이다.

상태를 나타내는 단어 하나를 선택한다. 예를 들면, 피로, 긴장, 통증, 혹은 또 다른 단어가 될 수 있다. 치료사는 클라이언트가 새로운 단어를 인식하려 애쓰지 않도록 일관된 표현을 사용해야 한다.

준비

시작 무렵에, 앞으로 어떤 일이 일어날지 이해할 수 있도록 정보를 제공하는 것이 도움이 된다. 지침은 다음과 같이 표현할 수 있다.

● 제가 5부터 1까지 숫자를 거꾸로 셀 것입니다. 그리고 숫자가 진행될수록 당신은 점점 편안함을 느낄 수 있을 것입니다. 세션이 끝나면 저는 당신을 깨우기 위해 다시 숫자를 셀 것입니다. 이제 편안함을 느끼면서 눈을 감아 보세요. 눈을 감으면 방해하는 빛이 보이지 않을 것이고 호흡에 집중하고 이완할 수 있도록 도울 것입니다(눈을 감는 이유를 설명하고 취약한 사람에게는 안전하고 보호받을 수 있음을 느낄 수 있도록 도와준다. 만약 그럼에도 눈 감기를 원치 않는 사람이 있다면 바닥을 바라보도록 권한다).

스크립트

● 이제 숫자를 셀 것입니다(말줄임표는 각 문구 사이에 2~3초의 침묵을 나타낸다).

5 – 숨을 느껴 보세요…. 숨이 몸 안팎으로 흐르는 것을 느껴 보세요…. (잠시 멈춤)

4 – 이제 천천히 숨쉬기 시작합니다…. 조금 더 크고 깊게 숨을 쉽니다…. 몸이 편안해지기 시작하는 것을 느껴 보세요…. (잠시 멈춤)

3 – 더 깊게 숨을 들이쉬면서 가슴과 배에 숨이 차는 것을 느껴 보세요…. 숨을 내쉬면서 가슴과 어깨가 내려가는 것을 느껴 보세요…. (더 길게 멈춤)

2 – 다시 숨을 내쉬면서 몸의 긴장/피로/통증(이 중 하나 선택)을 풀어 주고 긴장/피로/통증(이 중 하나 선택)이 몸 밖으로 흘러 나가도록 합니다…. (더 길게 멈춤)

1 – 더 깊이 이완된 몸을 느껴 보세요…. 긴장/피로/통증(이 중 하나 선택)을 풀어 주고… 숨이 온몸에 쉽게 흐르도록 해 주세요. 온몸에 편안한 느낌, 이완된 느낌을 느껴 봅니다…. (이 시점에서 음악 재생을 시작한다). 이제 음악이 여러분과 함께하도록 허용해 주세요.

음악이 마친 후에는 각성 단계로의 복귀를 시작한다.

- 음악이 끝났습니다…. 편안한 느낌에 조금 더 머물러 보세요….
  1 – 여전히 편안함을 느낍니다…. (잠시 멈춤)
  2 – 이 공간 안의 소리를 알아차리기 시작하세요….
  3 – 이제 깨어나기 시작합니다…. (목소리가 더 커진다)
  4 – 주변에 있는 것들을 더 잘 알아차리고 깨어납니다…. (정상 속도의 목소리)
  5 – 완전히 깨어납니다. 눈을 뜨고 팔과 다리를 쭉 뻗어 보세요.

자율 이완 유도

말줄임표는 각 문구 사이에 약 2~3초의 침묵을 나타낸다.

준비

- 눈을 부드럽게 감고… 그리고 천천히 자신의 숨에 집중해 봅니다…. 들이쉬고 내쉬는 호흡의 순환을 느껴 보세요…. 숨을 들이쉴 때 가슴과 배가 움직이는 것을 알아차리고, 내쉴 때는 그 공기가 몸을 빠져나가는 느낌에 집중해 봅니다…. 지금 내 몸이 어떤 느낌인지도 살펴보세요…. 몸이 가벼워지는 것을 느낄 수도 있고, 무거워지는 것을 느낄 수도 있습니다…. 어떤 느낌이든 모두 괜찮습니다…. 서서히 더 깊은 호흡을 하도록 허용해 주세요…. 부드럽게 숨을 들이쉬고… 부드럽게 내쉬어 보세요…. 더 자연스러운 리듬을 찾도록 호흡해 보세요….

스크립트

● 깊게 숨을 쉬면서 오른발의 근육을 느껴 보세요…. 그 근육을 이완시켜서 오른발이 부드럽게 이완되는 것을 느낍니다…. 오른쪽 다리의 근육을 느껴 보세요…. 그 근육을 이완시켜서 오른쪽 다리가 부드럽게 이완되는 것을 느낍니다…. 왼쪽 발의 근육을 느껴 보세요…. 그 근육을 이완시켜서 왼발이 부드럽게 이완되는 것을 느낍니다…. 왼쪽 다리의 근육을 느껴 보세요…. 그 근육을 이완시켜 왼쪽 다리가 이완되는 것을 느낍니다…. 엉덩이와 골반을 통해 허리까지 이어지는 근육을 느껴 보세요…. 그 근육을 이완하면 엉덩이와 골반, 허리가 이완됩니다…. 당신의 위장 근육을 느껴 보세요…. 그 근육을 이완하면 위장은 이완됩니다…. 횡격막과 가슴의 근육을 느껴 보세요…. 그 근육을 이완하면 당신의 가슴은 이완됩니다…. 어깨와 어깨의 근육, 어깨 뒤쪽의 근육을 느껴 보세요…. 그 근육을 이완하면 어깨는 이완됩니다…. 팔과 손, 손가락과 엄지손가락의 근육을 느껴 보세요…. 그 근육을 이완하면 팔과 손이 이완됩니다. 다시 어깨로 돌아와서 위로 올라가 이제 목과 목구멍으로 올라갑니다…. 그 근육을 이완하면 당신의 목은 이완됩니다…. 얼굴의 근육을 느껴 보세요…. 턱, 코, 눈과 눈 사이, 이마, 정수리까지…. 그 근육을 이완하면 얼굴이 이완됩니다…. 그리고 이제 몸 가득히, 깊숙이 이완된 상태를 느껴 보세요…. 이제 이 편안한 상태에서 음악을 들어 봅니다….

이 유도는 머리부터 발까지 역순으로 할 수도 있다.

음악 종료:
클라이언트를 각성 상태로 되돌리기 위해 제안된 스크립트는 다음과 같다.

● 음악이 끝났습니다…. 주변의 소리에 천천히 귀를 기울여 보세요…. 이 방

안에서 들리는 소리와 밖에서 들려오는 소리들…. 우리가 함께 있는 이 공간을 다시 인식해 보세요(그룹 세션을 위해 방 안에 함께 있는 사람들도)…. 이제 몸을 조금씩 움직여 볼까요…. 팔과 다리를 가볍게 쭉 뻗어 보세요…. 숨을 깊게 들이쉬고…. (치료사가 호흡 소리를 내며 모델링 하며) … 크게 하품도 한번 해 보세요…. (치료사가 하품 소리도 모델링 하며…) 준비가 되었다면 천천히 눈을 떠 보세요….

색을 통한 자율 이완

색(color)은 자율 이완 유도에도 사용할 수 있다. 클라이언트는 몸을 통해 호흡하고 싶은 색상을 선택한다. 치료사는 클라이언트에게 색상이 신체에 가져다주는 느낌(평화, 편안함, 따뜻함 등, 에너지 또는 생동감일 수도 있음)을 인식하도록 제안한다. 치료사는 클라이언트에게 선택한 색이 무엇인지 말해 달라고 요청하고 유도하는 동안 클라이언트가 말한 것을 사용한다. 치료사는 클라이언트가 색에 압도되지 않도록 "필요한 만큼의 색을 받아들이세요."라고 말한다. 또한 치료사는 색이 신체에 가져다주는 효과에 관한 키워드를 반복해서 설명할 수도 있다.

제안된 스크립트는 다음과 같다.

- 천천히 눈을 감아 보세요…. 당신의 호흡에 집중해 보세요…. 들이쉬고 내쉬는 숨의 흐름을 따라가 보세요…. 숨을 들이쉴 때 가슴과 배가 부드럽게 움직이는 것을 느껴 보고, 숨을 내쉴 때 그 공기가 가슴에서 흘러 나가는 것도 알아차려 봅니다…. 지금 당신의 몸이 어떤 느낌인지 살펴보세요…. 몸이 점점 가벼워지는 느낌이 들 수도 있고, 혹은 조금 더 무거워지는 느낌이 들 수도

있어요…. 어느 쪽이든 모두 괜찮습니다…. 이제 서서히 숨을 조금 더 깊이 들이쉬어 봅니다…. 부드럽게 들이쉬고… 부드럽게 내쉬어 보세요…. 그리고 호흡이 스스로 자연스러운 리듬을 찾아가도록 편안히 두세요….

깊은 호흡을 이어가면서, 지금 이 순간 당신의 몸에 받아들이고 싶은 색을 마음속에 떠올려 보세요…. 잠시 시간을 갖고, 그 색을 천천히 떠올려 봅니다…. 그 색은 지금 당신의 감정 상태와 어울리는 색일 수도 있고, 혹은 지금 당신 안으로 들여오고 싶은 색일 수도 있습니다…. 그 색을 마음에 떠올리면서, 그 색의 밝기나 느낌, 질감 같은 것도 함께 느껴 보세요…. 그리고 그 색이 당신에게 어떤 감각이나 느낌을 가져다주는지도 알아차려 봅니다…. 색이 떠오르면, 어떤 색인지 저에게 말해 줄 수 있나요? 이제 그 색을 몸의 여러 부위를 따라 흘려보낼 거예요…. 필요하다면 그 색이 자연스럽게 바뀌어도 괜찮습니다. 그 변화도 그대로 편안하게 받아들여 주세요.

이제 양쪽 발로 색을 가져갑니다…. 발바닥을 채우고 발목까지 그 색으로 채웁니다…. 양쪽 다리를 통해 색이 부드럽게 흘러갑니다…. 종아리를 채우고… 무릎… 허벅지… 엉덩이까지…. 이 색은 당신의 몸에 필요한 것을 가져다줄 것입니다…. 이제 색이 엉덩이를 지나 허리까지 갑니다…. 색이 당신의 몸에 필요한 만큼만 받아들이세요…. 이제 색이 위장으로 이동합니다…. 필요한 만큼만 받아들이세요(이 말은 내부 장기를 다룰 때 특히 중요하다)…. 색이 가슴으로 이동합니다…. 필요한 만큼만 받아들이세요…. 그 색을 뒷부분 등 쪽으로 보냅니다… 색이 부드럽게 등 쪽으로 흐릅니다…. 여기에도 이 색은 등에 필요한 것을 가져올 것입니다…. 색이 어깨를 타고… 팔로 내려갑니다…. 손목을 타고… 손가락… 그리고 엄지까지… 몸에서 필요로 하는 것을 색이 전해 주도록 하세요…. 이제 색은 어깨 윗부분까지 채워 갑니다…. 부드럽게 목을 지나게 하세요…. 그리고 턱으로 갑니다…. 두 뺨을 지나고… 두 눈으로 들어갑니다…. 두 눈의 뒷부분을 지나 이마로 갑니다…. 머리 위 꼭대기까지 채웁니다…. 이제 온몸에 그 색이 머무는 것을 느껴 보세요…. 혹시 아직 색이 더 필요한 곳이 있다면, 지금 그 부위로 색을 보내 주세요…. 그리고 이제, 음악이 당신과 함께 머물 수 있도록 편안히 느껴 보세요….

음악이 종료되면 클라이언트를 각성 상태로 되돌린다.

● 음악이 끝났습니다…. 이제 천천히 주변의 소리에 귀를 기울여 보세요…. 이 방 안에서 들리는 소리들, 그리고 바깥에서 들려오는 소리도 함께 느껴 봅니다…. 우리가 함께 있는 이 공간을 다시 인식해 보세요…. (그룹 세션의 경우 함께 있는 사람들도 느껴봅니다….) 이제 몸을 조금씩 움직여 볼까요? 팔과 다리를 쭉 뻗어 기지개를 켜듯이 가볍게 늘려 보세요… 숨을 깊이 들이쉬고… (치료사가 편안하게 숨을 내쉬는 소리를 들려주며…) 크게 하품도 한번 해 보세요…. (치료자가 하품 소리를 함께 들려주며) … 이제 준비가 되면, 천천히 눈을 떠 보세요….

마음챙김 유도

준비

● 최대한 편안하도록 옷을 느슨하게 풀어 주세요…. 이 방 밖에서 들리는 소리를 인식하였다면, 그 소리에 주의를 기울이게 하는 것들로부터 멀어지도록 허용하세요…. 그리고 이 방 안에서 들리는 소리를 인식하였다면, 그 소리에 주의를 기울이게 하는 것들로부터 멀어지도록 허용하세요…. 매트, 의자 또는 쿠션의 지지를 느껴 보세요….

스크립트

● 숨을 느껴 보세요…. 코로 들어오고 나가는 공기의 움직임과 횡격막의 움직임을 느껴 보세요…. 이 움직임을 느끼기 위해 가슴에 손을 올려놓아도 좋습니다. 가슴으로 들어오는 숨결을 느껴 보세요.

당신은 아무것도 할 필요가 없습니다. 그저 가슴으로 들어오는 숨결을 느끼세요. 가슴의 느낌과 느껴지는 모든 감각을 알아차립니다. 가슴으로 들어오는 숨결을 느끼는 데만 주목하세요.

숨을 내쉴 때 가슴에 대한 의식을 내려놓고 어깨로 이동합니다. 어깨에 대한 인식에만 주목하세요. 어깨의 느낌과 느껴지는 모든 감각을 알아차립니다. 준비가 되면 어깨에 숨을 불어넣어 보세요.

숨을 내쉴 때 어깨에 대한 의식을 내려놓고 팔, 위팔, 팔꿈치, 아래팔, 손목, 손, 손가락으로 의식을 이동합니다. 당신의 팔에 대한 인식에만 주목하세요. 팔의 느낌과 느껴지는 모든 감각을 알아차립니다. 준비가 되면 팔에 숨을 불어넣으세요.

숨을 내쉴 때 팔에 대한 의식을 내려놓고 목으로 이동합니다. 목에 대한 인식에만 주목하세요. 목의 느낌과 느껴지는 모든 감각을 알아차립니다. 준비가 되면 목에 숨을 불어넣으세요.

숨을 내쉴 때 목에 대한 의식을 내려놓고 머리로 이동합니다. 머리에 대한 인식에만 주목하세요. 턱, 뺨, 눈, 이마의 느낌 등 느껴지는 모든 감각을 알아차립니다. 준비가 되면 머리에 숨을 불어넣으세요.

이제 횡격막 호흡에 다시 연결한 다음 복부, 허리와 엉덩이, 위쪽 다리, 아래쪽 다리와 발 등 하반신에 동일한 스크립트를 사용한다.

● 이제 음악이 당신의 의식 속으로 들어오도록 허용하세요.

이완 유도에서 '빛' 사용

여기에는 자율 이완 유도의 두 가지 대안이 있다. 하나는 색 유도처럼 '빛'이 몸을 통과하거나 몸 전체를 덮는 방법이다. 이는 클라이언트가 신체의 모든 부위를 상기시킴에 따라 신체를 진정시키도록 유도한다. 다른 하나는 발산하는 빛 유도법인데, '빛'이 사람의 자아 중심 감각으로부터 발산한다. 그 빛은 '영혼(soul)'을 의미할 수도 있고, '자아의 핵(core of the self)'을 의미할 수도 있다.

빛 유도

준비

● 편안한 자세를 취하세요…. 호흡을 방해하는 모든 것(벨트, 꽉 조이는 옷깃 등)을 느슨하게 합니다…. 매트가(또는 바닥이) 당신을 지지해 주는 것을 느껴 보세요…. 매트에(또는 바닥에) 머리를 지지하고, 어깨, 척추, 등을 지지하고 있음을 느껴 보세요…. 팔과 손… 엉덩이, 다리, 발도 지지하고 있음을 느껴 보세요…. 당신의 몸이 매트에(또는 바닥으로) 가라앉게 하면서, 긴장을 풀기 시작합니다…. 부드럽게 눈을 감아 봅니다….

호흡을 느껴 보세요…. 숨이 빠르거나 불규칙할 수 있습니다…. 호흡의 흐름을 느껴 보세요. 그리고 숨이 당신의 몸속에 들어와 퍼지게 하세요…. 점점 깊게 숨을 쉽니다…. 부드럽게 들이쉬고… 부드럽게 내쉽니다…. 자연스럽게 호흡을 계속합니다….

빛 유도 스크립트

● 이제 공처럼 생긴 빛의 형상을 마음에 떠올려 보세요…. 마음속에 이미지가 형성되도록 충분한 시간을 가지세요…. 빛의 공에 색깔이 있는지 주목하세

요…. 빛의 공이 머리 위를 맴돌고 있어요…. 이제 숨을 들이쉬면서 빛의 공이 머리로 천천히 움직이게 하세요…. 빛이 몸의 이 부분을 채우게 합니다…. 필요한 만큼만 받아들이세요…. 빛의 공이 얼굴과 목을 따라 천천히 부드럽게 움직이도록 허용하세요…. 필요한 만큼만 빛을 흡수하세요…. 빛의 공이 어깨를 지나고… 팔로 내려갑니다…. 손을 지나 손가락으로… 손가락 끝까지 내려옵니다…. 이제 빛은 부드럽게 가슴을 지납니다…. 편안한 만큼만 빛을 흡수하세요…. 가슴을 지나고, 척추를 흐르는 빛을 느껴 보세요…. 폐를 지나고… 위를 지나고 있습니다…. 필요한 만큼만 빛을 흡수하세요…. 이제는 허리와 골반을 지납니다…. 필요한 만큼만 빛을 흡수하세요. 이제 빛은 다리로 내려갑니다…. 허벅지를 지나고… 무릎, 종아리, 발과 발가락까지 내려갑니다. 당신의 몸 전체에서 빛나는 빛을 느껴 보세요…. 이제 음악을 인식해 보고, 음악이 당신에게 무엇을 가져다주는지 느껴 보세요….

음악을 재생한다.

빛 유도법은 몸 전체로 빛을 발산하는 방식으로도 사용될 수 있다. 이 방법은 인간 존재의 가장 중심부를 인식하게 만들어 준다. 대부분의 경우, 이 중심부는 가슴뼈의 중심에 위치한 명치를 의미하기도 한다. 그러나 신체의 특정 부위가 중심부라고 단정 짓지 않는 것이 중요하다. 어떤 사람에게는 중심부가 얼굴이 될 수도 있고 다른 사람에게는 배가 될 수도 있다. 따라서 '존재의 핵'이 어느 부위인지는 가능성을 열어 둔다. 이 유도법은 빛을 어떻게 몸 안으로 들어오게 해야 할지 모르는 사람에게는 적합하지 않다. 실제로 몸이 아프거나 매우 취약해서 그 과정에 압도될 가능성이 있는 경우에도 부적합하다. 인간의 존재(중심)에 초점을 두고자 할 때 사용하는 이 강력한 유도법은 적절한 시기에 사용한다면 클라이언트에게 매우 큰 힘을 줄 수 있다. 몸을 빛으로 채우는 유도 과정에서 일부 클라이언트는 그 감각으로 인해 말 그대로 몸이 커지거나 부풀어 오르는 느낌을 받을 수 있다. '필요한 만큼만' 또는 '편안한 만큼만'이라 말은 지나치게 부풀어 오르는 느낌을 방지하는 데 중요하다. 이 유도법은 이전에 이완 유도를 경험해 본 사람이나 유도 흐름을 잘 관찰하며 따라올 수 있는 클라이언트에게 가장 적합하다.

발산하는 빛 유도

이 유도법은 몸을 통해 발산하는 빛(radiating iight)을 이용한 더욱 발전된 이완 유도법으로, 발산하는 빛을 상상할 수 있는 클라이언트들과 사용할 때 가장 좋다.

준비

● 편안한 자세를 취하세요…. 호흡을 방해하는 모든 것(벨트, 꽉 조이는 옷깃 등)을 느슨하게 합니다…. 매트가(또는 바닥이) 당신을 지지해 주는 것을 느껴 보세요. 매트가(또는 바닥이)… 머리를 지지하고, 어깨, 척추, 등을 지지하고 있음을 느껴 보세요…. 팔과 손… 엉덩이, 다리, 발도 지지하고 있음을 느껴 보세요…. 당신의 몸이 매트에(또는 바닥으로) 가라앉게 하면서, 긴장을 풀기 시작합니다…. 부드럽게 눈을 감아 봅니다….

호흡을 느껴 보세요…. 숨이 빠르거나 불규칙할 수 있습니다…. 호흡의 흐름을 느껴 보세요. 그리고 숨이 당신의 몸속에 들어와 퍼지게 하세요…. 점점 깊게 숨을 쉽니다…. 부드럽게 들이쉬고… 부드럽게 내쉽니다…. 자연스럽게 호흡을 계속합니다….

발산하는 빛 스크립트

● 이제 천천히, 당신 존재의 중심에 집중해 봅니다…. 잠시 시간을 갖고, 당신의 중심이 어디쯤일지 느껴 보세요…. 내면 깊숙한 곳, 당신 자신을 이루는 가

장 핵심적인 부분을 부드럽게 느껴 봅니다…. 그 중심이 당신의 몸 어디쯤 있는지 천천히 느껴 보세요…. 그 중심이 느껴진다면, 그곳으로 숨을 들이쉬어 보세요…. 그 중심이 살아 움직이는 듯한 느낌을 허용해 봅니다…. 이제 그 중심에 한 줄기 빛이 들어오는 것을 상상해 보세요…. 그 빛이 중심에서부터 퍼져 나가며, 주변을 천천히 감싸 줍니다…. 지금 이 순간, 당신이 필요한 만큼의 빛으로 그 중심을 채워 주세요…. 그리고 그 빛이 당신 몸의 구석구석으로 점차 퍼져 나가는 것을 느껴 봅니다…. 천천히, 부드럽게 세포를 따라 이동하면서 당신 존재의 중심에서 나온 빛이 온몸을 채워 나갑니다…. 그 빛이 머리로, 팔과 손, 손가락 끝으로… 등줄기를 따라 다리와 발끝까지 퍼져 갑니다…. 몸 전체가 빛으로 가득 채워지는 느낌을 느껴 보세요…. 이제 음악에 다시 귀를 기울여 봅니다…. 그리고 그 음악이 당신의 중심으로 스며들 수 있도록 허용해 보세요….

음악을 재생한다.

점진적 근육 이완(Jacobson, 1938에 기반)

점진적 근육 이완(Progressive Muscle Relaxation: PMR) 기법의 주요 특징은 몸 전체 근육의 물리적인 긴장과 이완에 초점을 두는 것이다. 이 유도법은 지시해 주는 것을 선호하는 클라이언트에게 더 효과적일 수 있다. 또한 바닥에 누워 근육이 이완되는 것을 상상하는 것이 어려운 에너지 넘치는 클라이언트에게 매우 유용하다. PMR은 명확하고 구체적인 지침과 안내가 필요한 사람들에게 적합하다.

이와 반대로, 창의적으로 생각하기 좋아하는 사람들에게는 너무 직선적인 방법일 수 있어서 지시가 주어졌을 때 약간의 '저항'을 보일 수도 있다.

이완 유도에 대한 훈련이 쌓이면 각각의 상황에 알맞은 유도 기법을 직관적으로 선택할 수 있을 것이다. PMR 과정의 필수 기술은 "조이고(tighten)"라는 지시를 동일한 타이밍에 사용하는 것이다. 신체의 각 부위에 체계적으로 "조이고"라고 두 번(또는 세 번) 말하면 클라이언트는 근육에 힘주는 타이밍을 맞출 수 있을 것이다. 만약 "힘을 주고"라는 말을 다양하게 사용한다면 클라이언트는 각 근육의 힘을 어느 정도로 줘야 할지, 얼마나 지속해야 하는지 알 수 없을 것이기에 이를 염두에 둔다.

목소리 톤

"조이고"라는 말을 반복할 때는 긴장감 상승에 맞춰 목소리가 약간 더 커질 수 있지만, 과하지 않게 해야 한다.

준비

편안한 자세를 취하세요…. 호흡을 방해하는 모든 것(벨트, 꽉 조이는 옷깃 등)을 느슨하게 합니다…. 매트가(또는 바닥이) 당신을 지지해 주는 것을 느껴 보세요…. 매트가(또는 바닥이) 머리를 지지하고, 어깨, 척추, 등을 지지하고 있음을 느껴 보세요…. 팔과 손… 엉덩이, 다리, 발도 지지하고 있음을 느껴 보세요…. 당신의 몸이 매트에(또는 바닥으로) 가라앉게 하면서, 긴장을 풀기 시작합니다…. 부드럽게 눈을 감아 봅니다…. 호흡을 느껴 보세요…. 점점 깊게 숨을 쉽니다…. 부드럽게 들이쉬고… 부드럽게 내쉽니다…. 자연스럽게 호흡을 계속합니다….

스크립트

이제 오른쪽 발 근육에 집중하세요…. 발을 몸쪽으로 당겨서 발 근육을 긴장시킵니다…. 근육을 더 단단히 조이고… 긴장을 풀어 주세요. 오른쪽 다리의 근육을 엉덩이까지 조이고… 근육을 더 단단히 조이고… 풀어 주세요. 왼발의 근육을 긴장시키고… 근육을 더 단단히… 조이고… 조이고… 풀어 주세요. 왼쪽 다리의 근육을 긴장시키고… 근육을 더 조이고… 조이고… 풀어 주세요. 골반으로 올라가 허리까지 지나며 근육에 힘을 주고… 근육을 더 조이고… 조이고… 풀어 주세요. 이번에는 배 근육에 힘을 주고… 조이고… 조이고… 풀어 주세요. 어깨를 타고 가슴까지 오며 근육을 긴장시키고… 근육을 더 단단히 조이고… 조이고… 풀어 주세요. 어깨에서 등을 타고 내려가며 근육에 힘을 주고… 조이고… 조이고… 풀어 주세요. 손을 주먹으로 꽉 쥐면서 손의 근육에 힘을 주고… 더 단단히 조이고… 조이고… 풀어 주세요. 팔에서 어깨까지 근육에 힘을 주고… 더 단단히 조이고… 조이고… 조이고… 풀어 주세요. 이제 어깨 근육을 귀 쪽으로 당겨서 어깨 근육을 긴장시키고… 더 단단히 조이고… 조이고… 풀어 주세요. 베개에서 머리를 들어 올리고 가슴 쪽으로 쭉 뻗어 목 근육을 긴장시키고… 근육을 더 단단히 조이고… 조이고… 풀어 주세요. 이를 꽉 다문 상태에서 턱 근육에 힘을 주고… 근육을 더 단단히 조이고… 조이고… 조이고… 풀어 주세요. 눈을 찡그리면서 눈 근육을 긴장시키고… 근육을 더 단단히 조이고… 조이고… 조이고… 풀어 주세요. 미간을 찡그리면서 이마 근육을 긴장시키고… 근육을 더 단단히 조이고… 조이고… 풀어 주세요. 그리고 이제 당신의 몸이 어떻게 느껴지는지 주목하세요…. 몸이 완전히 이완되어 마지막 긴장이 몸에서 풀리는 것을 느껴 보세요…. 그럼 지금부터 음악에 귀를 기울이세요….

음악을 재생한다.

이 유도법은 거꾸로 머리부터 발까지 내려가는 방식으로 할 수도 있다.

각성 상태로 복귀

● 음악이 끝났습니다…. 이제 천천히 주변의 소리에 귀를 기울여 보세요…. 이 방 안에서 들리는 소리들 그리고 바깥에서 들려오는 소리도 함께 느껴 봅니다…. 우리가 함께 있는 이 공간을 다시 인식해 보세요…. 그리고 방 안에 함께 있는 사람들도 인식해 보세요…. 이제 몸을 조금씩 움직여 볼까요? 팔과 다리를 쭉 뻗어 기지개를 켜듯이 가볍게 늘려 보세요…. 깊게 숨을 쉬어 봅니다…. (치료사가 호흡 소리를 내며 모델링할 수 있다) … 그리고 준비가 되었다면, 천천히 눈을 떠 보세요….

부록 B

이완을 위한 음악 선곡

클래식 음악

CD 음반

From Winter's Stillness, ABC Classics (호주)

Meditations for a Quiet Night

Meditations for a Quiet Dawn

Secret Garden: Songs from a Secret Garden

Tranquility Volumes 1 and 2, ABC Classics (호주)

단기 이완을 위한 선곡(참고: 연주 시간은 음원에 따라 다를 수 있음)

Albinoni: 〈Concerto for Oboe in D minor〉 adagio (5:23)

Bach: 〈Brandenburg Concerto No. 6〉 adagio ma non tanto (5:29)

Bach: 〈Christmas Oratorio〉 'Shepherd's Song' (5:55)

Bach: 〈Suite No. 3〉 Air (5:15)

Beethoven: 〈Piano Concerto No. 5〉 adagio (7:45)

Bizet: 〈Carmen〉 intermezzo (2:32)

Borodin: 〈Symphony No. 1〉 andante (6:12)

Butterworth: 〈The Banks of Green Willow〉 (6:07)

Debussy: 〈Dances Sacred and Profane〉 (8:00)

Delius: 〈1st Aquarelle〉 (2:28)

Dvořák: 〈Czech Suite〉 'Romanze' (4:32)

Elgar: 〈Cello concerto〉 adagio (4:55)

Elgar: 'Sospiri' (4:30)

Fauré: 〈Requiem〉 'In Paradissum' (3:17)

Fauré: 〈Pavane〉 (7:47)

Gluck: 〈Orfeo and Euridice〉 'Dance of the Blessed Spirits' (2:44)

Grieg: 〈Cradle Song〉 (4:07)

Grieg: 〈Holberg Suite〉 'Air' (5:44)

Grieg: 〈Peer Gynt Suite〉 'Morning' (4:00)

Grieg: 〈Peer Gynt Suite〉 'Solveig's Song' (5:00)

Holst: 〈The Planets Suite〉 'Neptune' (7:01)

Holst: 〈The Planets Suite〉 'Venus' (8:07)

Korngold: 〈Much Ado about Nothing〉 'Garden Scene' (4:38)

Mascagni: 〈Cavelleria Rusticana〉 intermezzo (2:59)

Massenet: 〈Thais〉 'Meditation' (5:47)

Mozart: 〈Eine Kleine Nachtmusik〉 'Romance' (6:03)

Pachelbel: 〈Canon in D〉 (7:07)

Puccini: 〈Madame Butterfly〉 'Humming Chorus' (2:46)

Rachmaninov: 〈Songs op. 34〉 'Vocalize' (6:51)

Ravel: 〈Pavane〉 (7:44)

Ravel: 〈Piano Concerto in G〉 adagio (8:59)

Respighi: 〈The Birds Suite〉 'The Dove' (4:30)

Respighi: 〈The Birds Suite〉 'The Nightingale' (4:30)

Respighi: 〈The Fountains of Rome〉 'Villa Guilia at Dawn' (4:28)

Respighi: 〈The Fountains of Rome〉 'Villa Medici at Sunset' (5:45)

Saint−Saëns: 〈The Carnival of the Animals〉 'Aquarium' (2:34)

Saint−Saëns: 〈The Carnival of the Animals〉 'The Swan' (3:07)

Shostakovich: 〈Piano Concerto No. 2〉 andante (7:36)

Sibelius: 〈Scaramouche〉 (4:06)

Sor: 〈Etude op. 35 No. 2 for Guitar〉 (2:20)

Stamitz: 〈Cello Concerto No. 2 in A〉 'Romance' (6:51)

Tchaikovsky: 〈Romance in F minor〉 (5:46)

Warlock: 〈Capriol Suite〉 'Pieds en l'air' (2:21)

Westlake: 〈Antarctica Suite〉 'Wooden Ships' (4:16)

충분한 이완을 위한 선곡 (약 8~10분 이상)

Bach: 〈Concerto for Two Violins〉 largo (8:56)

Chopin: 〈Romance No. 2 in F major〉 (9:47)

Chopin: 〈Piano Concerto No. 1 in E minor〉 'Romance' larghetto (9:19)

Corigliano: 〈Voyage〉 (8:41)

Debussy: 〈Prelude to the Afternoon of a Faun〉 (10:30)

Dvořák: 〈Romance in F minor〉 (12:46)

Haydn: 〈Cello Concerto in C〉 adagio (9:45)

Liadov: 〈The Enchanted Lake〉 (7:58)

Mozart: 〈Concerto for Flute and Harp〉 andantino (9:40)

Mozart: 〈Piano Concerto No. 20 in D minor〉 'Romance' (9:00)

Ravel: 〈Introduction and Allegro for Harp and Orchestra〉 (10:17)

Ravel: 〈Mother Goose Suite, Sleeping Beauty, Pavane and Fairy Garden〉 (6:00)

Ravel: 〈Piano Concerto in G〉 adagio (8:59)

미니멀리즘

Arvo Pärt: 〈Spiegel im Spiegel〉 (10:30)

Eric Satie: 〈Gymnopaedie No. 1〉 (3:36) 〈Gymnopaedie No. 3〉 (4:54)

Ludovico Einaudi: 〈I Giorni〉 [The Days] (5:59) (can fade out at 2:16)

Max Richter: 〈In the Garden〉 (5:16)

Max Richter: 〈On the Nature of Daylight〉 (30 minutes in total, but can be faded out)

Philip Glass: 〈Metamorphosis II〉 (7:30)

Philip Glass: 〈Tissue 7〉 (3:14)

컨템포러리 음악(성악)

John Williams: 'Hymn to the Fallen' (Voces8)

Morten Lauridsen: 〈O Magnum Mysterium〉

Ola Gjeilo: 〈Serenity〉

Ola Gjeilo: 〈The Spheres〉

Trad. 'Es ist ein Ros entsprungen' ['Lo, how a rose e'er bloong'] (Voces8)

영화 음악

Benny Andersson: 〈Song from the Second Floor〉 (3:47)

Ennio Morricone: 〈The Mission〉 ('Gabriel's Oboe', 2:12; 'Brothers', 1:30)

John Barry: Theme from 〈Out of Africa〉 (3:10)

Luis Bacalov: Theme from 〈Il Postino〉 [The Postman] (2:43)

Mozart: 〈Piano Concerto No. 21〉, from 〈Elvira Madigan〉 andante (7:15)

Stanley Myers: 'Cavatina', from 〈The Deer Hunter〉 (4:12)

William Walton: 'Touch her soft lips and part', from 〈Henry V〉 (1:51)

뉴에이지 음악

Daniel Kobialka: 〈Going Home〉

Daniel Kobialka: 〈Timeless Motion〉

Enya: 〈Shepherd Moons〉 (tracks 3, 6, 9 and 10)

Enya: 〈Watermark〉 (tracks 1, 3, 6 and 8)

Liquid nd: 〈Serenity〉

chael Hoppé: 〈Renouncement〉

chael Hoppé: 〈The Unforgetting Heart〉

Secret Garden: 'Dreamcatcher' 〈Songs from a Secret Garden〉

Secret Garden: 'Papillon' 〈Songs from a Secret Garden〉

Secret Garden: 'White Stones' 〈Home〉

Steven Halpern: 〈Natural Light〉

Steven Halpern: 〈Soft Focus〉

다음 스크립트들은 대략 8세 이상의 입원 아동을 위한 것이다. 이 스크립트들은 제7장에서 소개된 것보다 길이가 길기 때문에 음악도 그에 맞춰 더 긴 곡을 선택할 수 있다. 말줄임표(…)는 스크립트를 읽는 중간에 잠시 멈추어 아동이 내용을 자연스럽게 받아들일 수 있도록 하는 시간을 의미한다. 이 멈춤은 아동의 반응에 따라 약 3~5초 정도가 적당하다. 각 예시에서 음악은 스크립트가 끝난 후에도 계속 이어지며, 녹음된 음악의 끝까지 재생하거나, 아동이 더 편안해질 때까지 즉흥적으로 연주를 이어갈 수 있다.

흰 구름 유도

(음악 시작) 푹신하고 하얀 커다란 구름 위에서 쉬고 있다고 상상해 보세요…. 구름은 커다란 베개 같아서 정말 포근하고 따뜻하게 안아 주고 있어요…. 구름이 하늘에서 천천히 움직이고 있다고 상상해 보세요…. 그리고 다른 구름들이 당신을 지나가고 있어요…. 다른 구름에는 당신의 친구들이 있어요…. 누구를 볼 수 있을까요? … 어쩌면, 구름의 색깔이 다를 수도 있겠네

요…. 어떤 색깔이 보이나요?… 이제 구름이 하늘에서 아주 천천히 내려오고 있어요…. 구름이 지구로 내려오고 있어요…. 천천히… 천천히… 천천히…. 이제 땅에 내려와 있어요…. 내리고 싶다면, 이제 구름에서 내려와도 좋아요. (음악은 끝까지 계속된다.)

눈 세상 유도

이 유도는 열이 나고 더위를 느끼는 아동에게 효과적이다.

• (음악 시작) 지금 당신이 눈 세상(snow land)에 와 있다고 상상해 보세요. 이곳은 모든 것이 눈으로 되어 있어요…. 나무도 눈으로 만들어져 있고… 집도 눈으로 만들어져 있고… 동물들도 눈으로 만들어져 있고… 심지어 사람들도 눈으로 만들어져 있어요…. 손으로 눈을 만져 볼 수 있어요. 만지면 시원해요…. 잠시 후 당신은 많은 눈으로 만들어진 사람들이 웃으며 당신에게 인사하는 곳에 왔어요…. 그들은 당신을 알고 있어요…. 그들은 눈사람을 만들고 있는데 씌울 무언가를 달라고 합니다…. 당신은 그들에게 특별한 선물을 주었고 그들은 매우 기뻐합니다…. 그래서 눈으로 만들어진 사람들이 당신에게도 선물을 줍니다…. 그것은 포장되어 있고 당신이 오랫동안 원했던 것입니다…. 조심스럽게 눈으로 만들어진 사람들이 준 선물을 풀고 그들이 당신에게 준 것이 무엇인지 확인합니다. (음악은 끝까지 계속된다.)

소나무 숲 유도

• (음악 시작) 소나무 숲에 들어섰다고 상상해 보세요…. 크고 푸른 아름다운

소나무들이 태양을 향해 손을 뻗고 있습니다…. 따뜻하고 화창한 날입니다. 키가 큰 나무들의 평화로움을 느껴 보세요…. 그리고 그 나무들을 향해 걸어가는 자신을 상상해 보세요…. 나무의 튼튼한 줄기를 보세요…. 만져볼 수 있나요? … 나무 사이로 불어오는 바람 소리가 들린다고 상상해 보세요…. 나무 사이를 지나 맑은 공간으로 걸어가는 자신을 상상해 보세요…. 이제 몸에 닿는 햇살을 느껴 보세요…. 따뜻하고 부드러워요…. 이제 공터로 들어온 동물이 보입니다…. 매우 친근한 동물이고 당신에게 가까이 다가옵니다…. 동물을 쓰다듬어도 좋습니다…. 지금 몸이 얼마나 좋은지 느껴 보세요…. (음악은 끝까지 계속된다.)

바다 위 일출 유도

● (음악 시작) 바다를 바라보고 있다고 상상해 보세요…. 이른 아침이고… 수면 위로 해가 떠오르는 것이 보입니다…. 천천히 노란 태양이 나타나 점점 더 커집니다…. 태양 광선의 따스함이 당신의 몸 위로 퍼지기 시작합니다…. 머리에 따스한 태양이 느껴집니다…. 어깨에도 느껴집니다…. 당신의 팔과 손에도 따스한 태양이 느껴집니다…. 당신의 등과 배에 따스한 태양이 느껴집니다…. 다리와 발에 따스한 태양이 느껴지고, 발아래 모래의 따스함을 느낍니다. 이제 태양은 하늘 높이 떠 있고… 몸은 매우 따뜻하게 느껴집니다. (음악은 끝까지 계속된다.)

산 오르기 유도

● (음악 시작) 당신이 산기슭에 서 있다고 상상해 보세요…. 산을 올려다보세

요…. 산의 색깔과 모양을 보세요…. 당신은 산으로 올라가는 작은 길이 있다는 것을 알아요…. 그 길을 따라 걷기 시작합니다…. 길가에는 꽃도 있고 작은 나무도 있고… 아주 푸르릅니다. 길은 산으로 올라가기 시작합니다…. 쉽게 걸을 수 있고 숨이 차지 않습니다…. 위로 올라갑니다. 점점 더 높이 올라갑니다…. 산 정상에 도착하면 멋진 경치를 볼 수 있습니다…. 주변과 산 정상에서 바라본 풍경을 둘러보세요…. 당신은 영원히 볼 수 있습니다…. 그리고 당신은 정말 행복하다고 느낍니다…. 다시 산 아래로 내려갈 시간입니다…. 부드럽게 길을 다시 내려가기 시작합니다…. 당신은 매우 편안하게 느낍니다…. 산기슭을 돌아가면 당신을 만나기 위한 특별한 사람이 있습니다…. 그들은 당신을 보고 매우 기뻐합니다. (음악은 끝까지 계속된다)

선곡 목록은 부록 B를 참조한다.

역자 후기

음악치료 학문에 대한 깊은 이해와 남다른 애정, 통찰력을 지닌 문소영, 윤주리, 이주영 세 분의 교수님과 함께 이 책을 번역하게 되어 매우 영광이며 감사합니다. 음악치료 분야에 발을 들인지 어느덧 20년이 되었습니다. 임상가로서 클라이언트를 만나고 후배 전문가를 양성하며, 타 분야 전문가들과 소통하는 과정에서 음악을 치료적으로 활용하는 구체적인 방법을 편안하게 풀어낸 교재의 필요성을 절감하였습니다. 그때마다 Denise Grocke 교수님과 Tony Wigram 교수님이 저술하신 이 책의 초판에 의지하였던 날들을 돌아봅니다. 2판을 번역하면서 더 선명해지고 정리되는 부분들이 있어 새로운 깨달음을 얻는 기쁨도 있었습니다. 특히 '수용적인 것의 능동성'에 대해 다른 세 분의 교수님과 깊이 논의하였던 때가 기억에 남습니다. 그 의미를 전하고자 하였던 저자들의 진심이 느껴져 더욱 감동으로 다가왔습니다. 이 책은 잘 정리된 음악적 돌봄을 위한 매뉴얼과 같습니다. 음악치료 전문가뿐만 아니라 다른 심리 상담 분야의 전문가 그리고 음악연주자에게도 깊은 공감이 깃들기를 바랍니다.

박지원

이 책을 번역하는 과정에서 음악치료 임상에서 수용기법이 지닌 깊이와 폭넓은 가능성을 다시금 확인할 수 있었습니다. 특히 Denise Grocke 교수님과 Katrina McFerran 교수님이 제시하는 체계적 임상 전략과 더불어, 치료사로서의 지혜와 통찰이 저에게도 깊은 성찰의 시간을 선사하였습니다. 이 책을 접하는 독자들께서 수용적 음악치료의 본질적 가치와 치유적 가능성을 더욱 깊이 탐구하시고, 임상과 연구 현장에서 실제적인 도움과 영감을 얻으시기를 바랍니다. 번역 과정에서 큰 힘과 지혜를 나누어 주신 문소영, 박지원, 이주영 교수님께 깊은 감사를 드립니다. 마지막으로, 음악과 함께하는 삶의 여정이 우리 모두에게 치유와 성장을 안겨 주기를 진심으로 기원합니다.

윤주리

호주 멜버른 대학교에서 약 15년에 걸쳐서, 훌륭한 음악치료사가 되기 위하여 고군분투하였습니다. 그 과정에서 Denise Grocke 교수님과 Katrina McFerran 교수님의 가르침은 나침반이었고, 큰 언덕이었습니다. 훌륭하신 두 교수님이 출판하신 음악치료 책을, 저를 음악치료의 세계로 인도하신 문소영 교수님을 비롯하여 박지원 교수님 그리고 윤주리 교수님과 함께 한국어로 번역하게 되어 영광입니다. 이 책이 한국의 많은 음악치료사와 음악을 여러 상황에서 사용하고 싶어 하는 전문가들에게 무한한 영감을 제공하고, 나침반이 되는 책이 되기를 소망합니다.

이주영

참고문헌

Aadal, L., Hald, S. V., Setterberg, U. J., & Bonde, L. O. (2021). Music listening to decrease intensity of agitated behaviour after severe acquired brain injury: An exploratory multi-case study. *Music & Medicine, 13*(1), 68-76.

Aasgaard, T. (2001). An ecology of love: Aspects of music therapy in the pediatric oncology environment. *Journal of Palliative Care, 17*(3), 177.

Altschuler, I. M. (1944). Four years experience with music as a therapeutic agent at Eloise Hospital. *American Journal of Psychiatry, 100*(7), 792-794. https://doi.org/10.1176/ajp.100.7.792

Altschuler, I. M. ([1948] 2001). A psychiatrist's experience with music as a therapeutic agent. *Nordic Journal of Music Therapy, 10*(1), 69-76. https://doi.org/10.1080/08098130109478019

Amir, D. (2012). "My music is me": Musical presentation as a way of forming and sharing identity in music therapy group. *Nordic Journal of Music Therapy, 21*(2), 176-193.

Archambault, K., Vaugon, K., Deumie, V., Brault, M., Perez, R., & Peyrin, J. (2019). MAP: A personalised receptive music therapy intervention to improve the affective well-being of youths hospitalised in a mental health unit. *Journal of Music Therapy, 56*(4), 381-402.

Armstrong, B. J., Dirnt, M. & Cool, T. (1997). *Time of your life*(Good riddance) [Song recorded by Green Day]. Nimrod. Reprise Records.

Batt-Rawden, K. B., DeNora, T., & Ruud, E. (2005). Music listening and empowerment in health promotion: A study of the role and significance of music in everyday life of the long-term ill. *Nordic Journal of Music Therapy, 14*(2), 120-136. https://doi.org/10.1080/08098130509478134

Baumel, L. (1973) Psychiatrist as music therapist. *Journal of Music Therapy, 10*, 83-85.

Beck, B. D., Messel, C., Meyer, S. L., Cordtz, T. O., et al. (2018). Feasibility of trauma-focused Guided Imagery and Music with adult refugees diagnosed with PTSD: A pilot study. *Nordic Journal of Music Therapy, 27*(1), 67–86.

Bensimon, M., Bodner, E., & Shrira, A. (2017). The emotional impact of national music on young and older adults differing in posttraumatic stress disorder symptoms. *Aging & Mental Health, 21*(10), 1090–1098.

Bergström–Isacsson, M. (2012). And what about the experience of the music? A response to Jeff Hooper's article. *Australian Journal of Music Therapy, 23*, 73–74.

Bibb, J., & McFerran, K. S. (2018). Musical recovery: The role of group singing in regaining healthy relationships with music to promote mental health recovery. *Nordic Journal of Music Therapy, 27*(3). https://doi.org/10.1080/08098131.2018.1432676

Biswas, A. (2011). The music of what happens. In D. Clarke and E. Clark (Eds.), *Music and Consciousness: Philosophical, Psychological, and Cultural Perspectives* (pp.95–110). Oxford: Oxford University Press.

Bonde, L. O. (2005). *The Bonny Method of Guided Imagery and Music (BMGIM) with cancer survivors. A psychosocial study with focus on the influence of BMGIM on mood and quality of life* [PhD dissertation]. Aalborg University, Denmark.

Bonny, H. (2002). *Music and consciousness*. Gilsum, NH: Barcelona.

Booth, J. (2005~2006). Music, drawing and narrative: An adaptation of the Bonny Method of Guided Imagery and Music. *Journal of the Association for Music and Imagery, 10*, 55–73.

Bower, J., & Shoemark, H. (2012). Music therapy for the pediatric patient experiencing agitation during post–traumatic amnesia: Constructing a foundation from theory. *Music & Medicine, 4*(3), 146–152.

Bower, J., Catroppa, C., Grocke, D., & Shoemark, S. (2014). Music therapy for early cognitive rehabilitation post childhood TBI: An intrinsic mixed methods case study. *Developmental Rehabilitation, 17*(5), 339–346.

Bradt, J., Dileo, C., & Potvin, N. (2013). Music for stress and anxiety reduction in coronary heart disease patients. *Cochrane Database of Systematic Review, 12*, CD006577.

Branch, M., & Shanks, J. (2003). *Are you happy now?* [Song recorded by Michelle Branch]. Hotel Paper. Maverick/Warner Australia.

Brock, M., & Hsu, M. (2005). Courage [Song recorded by Superchick]. *Beauty from Pain*. Inpop Records.

Brooks, D. (1989). Music therapy enhances treatment with adolescents. *Music Therapy Perspectives, 6*, 37–39.

Bruscia, K. E. (1998a). *Defining Music Therapy* (2nd ed.). Gilsum, NH: Barcelona Publishers.

Bruscia, K. E. (1998b). *The Dynamics of Music Psychotherapy*. Gilsum, NH: Barcelona Publishers.

Bruscia, K. E. (2014). *Defining Music Therapy* (3rd ed.). Dallas, TX: Barcelona Publishers.

Burns, D., Meadows, A., Althouse, S., Perkins, S., & Cripe, L. (2018). Differences between supportive music imagery and music listening during outpatient chemotherapy and potential moderators of treatment effects. *Journal of Music Therapy, 55*(1), 83–108.

Burrai, F., Sanna, G., Moccia, E., Morlando, F., et al. (2020). Beneficial effects of listening to classical music in patients with heart failure. *Journal of Cardiac Failure, 26*(7), 541–549.

Butler, B. (1966). Music group psychotherapy. *Journal of Music Therapy, 3*(2), 53–56.

Cannon, J. W., & Greasley, A. E. (2021). Exploring relationships between electronic dance music event participation and well–being. *Music and Science, 4*. doi:10.1177/2059204321997102.

Cepeda, M. S., Carr, D. B., Lau, J., & Alvarez, H. (2006). Music for pain relief. *Cochrane Database of Systematic Reviews, 2*, CD004843.

Chan, M. F., Wong, Z. Y., & Thayala, N. V. (2010). A systematic review on the effectiveness of music listening in reducing depressive symptoms in adults. *JBI Library of Systematic Reviews, 8*(31), 1242–1287.

Chang, J. (2007). *Can't stop won't stop: A history of the hip–hop generation*. New York: St Martin's Press.

Cheong-Clinch, C. (2019). My iPod, YouTube, and our playlists: Connections made in and beyond therapy. In K. S. McFerran, P. Derrington & S. Saarikallio (Eds.), *Handbook of Music, Adolescents, and Wellbeing* (pp.225-236). Oxford: Oxford University Press.

Cheong-Clinch, C., & McFerran, K. S. (2016). Musical diaries: Examining the daily preferred music listening of Australian young people with mental illness. *Journal of Applied Youth Studies, 1*(2), 77-94.

Chodorow, J. (1997). Jung on active imagination. Abingdon: Routledge.

Clark, D., & Kini, T. (2011). North Indian classical music and its links with consciousness: The case of dhrupad. In D. Clark & E. Clark (Eds.), *Music and consciousness: Philosophical, psychological, and cultural perspectives* (pp.137-156). Oxford: Oxford University Press.

Clark, I. N., Baker, F. A., & Taylor, N. F. (2016). Older adults music listening preferences to support physical activity following cardiac rehabilitation. *Journal of Music Therapy, 53*(4), 364-397. Available at: https://doi.org/10.1093/jmt/thw011

Committee on Environmental Health. (1997). Noise: A hazard for the fetus and newborn. *Pediatrics, 100*(4), 724-727.

Copland, A. (1953). What to Listen for in music. London: Penguin Books.

Crenshaw, K. (1991). Mapping the margins: Intersectionality, identity politics, and violence against women of color. *Stanford Law Review, 43*(6), 1241-1299.

Csikszentmihalyi, M. (2002). *Flow: The classic work on how to achieve happiness*. London: Rider (Random House).

DeNora, T. (2021). Book review essay, Can music fight disease? Can cultural sociology help? Norwegian vistas. *Contemporary Sociology, 50*(5), 384-391.

de Witte, M., Spruit, A., van Hooren, S., Moonen, X., & Stams, G. J. (2020a). Effects of music interventions on stress-related outcomes: A systematic review and two meta-analyses. *Health Psychology Review, 14*(2), 294-324. Available at: https://doi.org/10.1080/17437199.2019.1627897

de Witte, M., da Silva Pinho, A., Stams, G.-J., Moonen, X., Bos, A., & van Hooren, S. (2020b). Music therapy for stress reduction: A systematic review and meta-analysis. *Health Psychology Review, 27*, 1–26. doi:10.1080/17437199.2020.1846580.

Díaz de Chumaceiro, C. L. (1992). What song comes to mind? Induced song recall: Transference/countertransference in dyadic music associations in treatment and supervision. *The Arts in Psychotherapy, 19*(5), 325–332.

Dileo, C. (1989). A comprehensive definition of music therapy with an integrative model for music medicine. In R. Spintge & R. Droh (Eds.), *Music medicine* (pp.19–29). St Louis, MO: MMB Music.

Dimiceli–Mitran, L. (2020). Focused Music Imagery (FMI): Pathway through the psyche. *Journal of the Association for Music and Imagery, 17*, 37–54.

Duckworth, K., Williams, P., & Spears, M. (2015). Alright [Song recorded by Kendrick Lamar]. *To Pimp a Butterfly*. Top Dawg/Aftermath/Interscope.

Duncan, B. L., Miller, S. D., & Sparks, J. (2004). *The heroic client: A revolutionary way to improve effectiveness through client–directed, outcome–informed therapy*. San Francisco, CA: Jossey–Bass.

Dylan, B. (1963). Blowin' in the wind [Song recorded by Bob Dylan]. *The Freewheelin Bob Dylan*. Columbia Records.

Dvorak, A. (2017). A conceptual framework for group processing of lyric analysis interventions in music therapy mental health practice. *Music Therapy Perspectives, 35*(2), 190–198. doi:10.1093/mtp/miw032.

Egan, G. (1998). *The skilled helper* (6th ed.). Pacific Grove, CA: Brooks–Cole.

Einstein, A. ([1931] 2009). *Einstein on cosmic religion and other opinions and aphorisms*. New York: Dover Publications.

Erdonmez, D. [Grocke] (1977). Music as a projective technique. *Proceedings of the Third Annual Conference of the Australian Music Therapy Association, Adelaide*, pp.11 17.

Fidler, H., & Miksza, P. (2020). Music interventions and pain: An integrative review and analysis of recent literature. *Approaches: An Interdisciplinary Journal of Music Therapy, 12*(1), 43–71.

Fiore, J. (2018). A pilot study exploring the use of an online pre–composed receptive music experience for students coping with stress and anxiety. *Journal of Music Therapy, 55*(4), 383–407.

Flynn, L. (2014). *The stories we haven't told: The lived experience of music used in therapy for bereaved parents* [Doctoral thesis]. The University of Queensland, Australia.

Freud, S. ([1924] 1956). *A general introduction to psychoanalysis*. New York: Washington Square Press.

Freud, S. (1966). Hysteria. *In The Standard Edition of the Complete Psychological Works of Sigmund Freud, Volume I (1886–1899): Pre–Psycho–Analytic Publications and Unpublished Drafts,* (pp. 37–59). London: Hogarth Press.

Gabrielsson, A. (2001). Emotions in strong experiences with music. In P. N Juslin & J. A. Sloboda (Eds.), *Music and emotion: Theory and research,* (pp.431–449). Series in Affective Science. Oxford: Oxford University Press.

Gabrielsson, A. (2011). Strong experiences with music. In P. N. Juslin & J. A. Sloboda (Eds.), *Handbook of music and emotion: Theory, research, applications* (pp. 547–574). Oxford: Oxford University Press.

Gallagher, L. M., Lagman, R., & Rybicki, L. (2018). Outcomes of music therapy interventions on symptom management in palliative medicine patients. *American Journal of Hospice and Palliative Medicine, 35*(2), 250–257.

Gardstrom, S., & Hiller, J. (2010). Song discussion as music psychotherapy. *Music Therapy Perspectives, 28*(2), 147–156.

Geipel, J. (2019). Between down in the dumps and over the moon: Music therapy for young people with depression. In K. S. McFerran, P. Derrington & S. Saarikallio (Eds.), *Handbook of music, adolescents, and wellbeing* (pp. 53–64). Oxford: Oxford University Press.

George, N. (2005). *Hip hop america*. New York: Penguin Books.

Germer, C. K., Fulton, P. R., & Siegel, R. D. (Eds.), (2016). *Mindfulness and psychotherapy* (2nd ed.). New York: Guilford Press.

Ghent, E. (1990). Masochism, submission, surrender – Masochism as a perversion of surrender. In S. A. Mitchell & L. Aron (Eds.), *Relational psychoanalysis: The emergence of the tradition* (pp. 211–242). London: The Analytic Press.

Ghetti, C. (2012). Music therapy as procedural support for invasive medical procedures: Toward the development of music therapy theory. *Nordic Journal of Music Therapy, 21*(1), 3–35.

Gilboa, A., & Salman, B. (2019). The roles of music in Let's talk music, a model for enhancing communication between Arabs and Jews in Israel. *Nordic Journal of Music Therapy, 28*(3), 256–268.

Gilboa, A., Yehuda, N., & Amir, D. (2009). Let's talk music: A musical–communal project for enhancing communication among students of multi–cultural origin. *Nordic Journal of Music Therapy, 18*(1), 3–31.

Gimeno, M. (2015). MED–GIM adaptations of the Bonny Method for medical patients: Individual sessions. In D. Grocke & T. Moe (Eds.), *Guided Imagery & Music (GIM) and music imagery methods for individual and group therapy* (pp. 179–187). London: Jessica Kingsley Publishers.

Giordano, F., Scarlata, E., Baroni, M., Gentile, E., et al. (2020). Receptive music therapy to reduce stress and improve wellbeing in Italian clinical staff involved in COVID19 pandemic: A preliminary study. *The Arts in Psychotherapy, 70*, 101689.

Gold, C., Rolvsjord, R., Mössler, K., & Stige, B. (2013). Reliability and validity of a scale to measure interest in music among clients in mental health care. *Psychology of Music, 41*(5), 665–682.

Grocke, D. (2014). Imagery. In W. F. Thompson (Ed.) *Music in the social and behavioral sciences: An encyclopedia* (pp.577–581). Thousand Oaks, CA: SAGE Publications Ltd.

Grocke, D. E. (Ed.) (2019). *Guided imagery and music: The Bonny method and beyond* (2nd ed.). Gilsum, NH: Barcelona Publishers.

Grocke, D., & Wigram, T. (2007). *Receptive methods in music therapy*. London: Jessica Kingsley Publishers.

Hanning, B. (2002). *Concise history of western music* (2nd ed.). New York: W. W. Norton & Co.

Hanser, S. (1990). A music therapy strategy for depressed older adults in the community. *Journal of Applied Gerontology, 9*(3), 283–298.

Hanson–Abromeit, D. (2006). Developmentally based criteria to support recorded music selections by neonatal nurses for use with premature infants in the neonatal intensive care unit [Dissertation abstract]. *Dissertation Abstracts International Section A: Humanities and Social Sciences, 67*(4−A), 1143.

Heiderscheit, A., & Madson, A. (2015). Use of the iso principle as a central method in mood management: A music psychotherapy clinical case study. *Music Therapy Perspectives, 33*(1), 42−52.

Hense, C., & McFerran, K. S. (2017). Promoting young people's musical identities to facilitate recovery from mental illness. *Journal of Youth Studies, 20*(8), 997−1012. Available at: https://doi.org/10.1080/13676261.2017.1287888

Hense, C., McFerran, K. S., & McGorry, P. (2014). Constructing a grounded theory of young people's recovery of musical identity in mental illness. *The Arts in Psychotherapy, 41*, 594−603.

Hense, C., McFerran, K. S., & Silverman, M. J. (2018). Using the healthy−unhealthy uses of music scale as a single session music therapy intervention on an acute youth mental health inpatient unit. *Music Therapy Perspectives, 36*(2), 267−276.

Herman, J. (1992). *Trauma and recovery: The aftermath of violence*. New York: Basic Books.

Hooper, J. (2012). Predictable Factors in Sedative Music (PFSM): A tool to identify sedative music for receptive music therapy. *Australian Journal of Music Therapy, 23*, 59−74.

Howlin, C., & Rooney, B. (2020). The cognitive mechanisms in music listening interventions for pain: A scoping review. *Journal of Music Therapy, 57*(2), 127−167. doi:10.1093/jmt/thaa003.

Jacobson, E. (1938). *Progressive relaxation: A physiological and clinical investigation of muscular states and their significance in psychology and medical practice*. Chicago, IL: University of Chicago Press.

Jespersen, K. V., & Vuust, P. (2012). The effect of relaxation music listening on sleep quality in traumatized refugees: A pilot study. *Journal of Music Therapy, 49*(2), 205−229.

Jespersen, K. V., Madsen, J., & Vuust, P. (2020). Bedtime music for sleep problems in older adults with dementia: A feasibility study. *Music & Medicine, 12*(4), 222–230.

Jiang, J., Zhou, L., Rickson, D., & Jiang, C. (2013). The effects of sedative and stimulative music on stress reduction depend on music preference. *The Arts in Psychotherapy, 40*, 201–205.

Jung, C. (1959). *The archetypes and the collective unconscious* (2nd ed.). London: Routledge.

Kabat-Zinn, J. (2005). *Coming to our senses*. New York: Hyperion.

Kees, N. L., & Jacobs, E. (1990). Working with groups: Conducting more effective groups: How to select and process group exercises. *Journal for Specialists in Group Work, 15*(1), 21–29.

Kern, P., & Tague, D. (2017). Music therapy practice status and trends worldwide: An international survey study. *Journal of Music Therapy, 54*(3), 255–286.

Körlin, D. (2019). Music breathing. In D. Grocke (Ed.) *Guided imagery and music: The Bonny method and beyond* (2nd ed.) (pp. 531–560). New Braunfels, TX: Barcelona Publishers.

Krout, R. (2007). Music listening to facilitate relaxation and promote wellness: Integrated aspects of our neurophysiological responses to music. *The Arts in Psychotherapy, 34*, 134–141.

Lecourt, E. (1998). The role of aesthetics in countertransference: A comparison of active versus receptive music therapy. In K. Bruscia (Ed.) *The dynamics of music psychotherapy* (pp. 299–314). Gilsum, NH: Barcelona Publishers.

Lee, J. H. (2016). The effects of music on pain: A meta analysis. *Journal of Music Therapy, 53*(4), 430–477.

Lee-Harris, G., Timmers, R., Humberstone, N., & Blackburn, D. (2018). Music for relaxation: A comparison across two age groups. *Journal of Music Therapy, 55*(4), 439–462.

Lie, J. (2015). *K-pop: Popular music, cultural amnesia, and economic innovation in South Korea*. Berkeley, CA: University of California Press.

Long, E. (2016). Effect of a personalized music playlist on a patient with dementia and evening agitation. *Annals of Long Term Care, 24*(11), 31–33.

Lund, H., Bertelsen, L., & Bonde, L. O. (2016). Sound and music interventions in psychiatry at Aalborg University Hospital. *SoundEffects – An Interdisciplinary Journal of Sound and Sound Experience, 6*(1), 48–68. Available at: https://doi.org/10.7146/se.v6i1.24912

Mårtenson Blom, K. (2011). Transpersonal–spiritual BMGIM experiences and the process of surrender. *Nordic Journal of Music Therapy, 20*(2), 185–203. doi:10.108 0/08098131.2010.48764.

McFerran, K. S., & Saarikallio, S. (2013). Depending on music to make me feel better: Who is responsible for the ways young people appropriate music for health benefits. *The Arts in Psychotherapy, 41*(1), 89–97.

McFerran, K. S., Derrington, P., & Saarikallio, S. (Eds.), (2019). *Handbook of music, adolescents, and wellbeing*. Oxford: Oxford University Press.

McFerran, K. S., Hense, C., Koike, A., & Rickwood, D. (2018). Intentional music use to reduce psychological distress in adolescents accessing primary mental health care. *Clinical Child Psychology and Psychiatry, 23*(4), 567–581. doi: 10.1177/1359104518767231.

McLeod, K. (2001). Genres, subgenres, sub–subgenres and more: Musical and social differentiation within electronic/dance music communities. *Journal of Popular Music Studies, 13*(1), 59–75.

Medcalf, L. (2016). *Musical intimacy and the negotiation of boundary challenges in contemporary music therapy practice* [Doctoral thesis]. Faculty of Fine Arts and Music, University of Melbourne, Australia.

Melzack, R., & Wall, P. D. (1965). Pain mechanisms. A new theory. *Science, 150*, 971–978.

Melzack, R., & Katz, J. (2004). The gate control theory: reaching for the brain. In T. Hadjistavroploulos & K. D. Craig (Eds.), *Pain: Psychological perspectives*, (pp. 13–34). Mahwah, NJ: Lawrence Erlbaum Associates.

Mena, M., & Solvang, A. (2008). Eyesore [Song recorded by Maria Mena]. *Cause and effect*. Sony Music/Columbia.

Ng, R. (2015). Chinese music programme: Harvest. In D. Grocke & T. Moe (Eds.), *Guided Imagery & Music (GIM) and music imagery methods for individual and group therapy* (pp. 319–328). London: Jessica Kingsley Publishers.

Ng, R. (2018). *The application of the Chinese Yin–Yang concept and Chinese musicin guided imagery and music* [PhD dissertation]. University of Melbourne, Australia. Available at: http://hdl.handle.net/11343/215896

Nolan, P. (2005). Verbal processing within the music therapy relationship. *Music Therapy Perspectives, 23*(1), 18–28.

North, A. C., Hargreaves, D. J., & O'Neill, S. A. (2000). The importance of music to adolescents. *British Journal of Educational Psychology, 70*(2), 255–272.

O'Callaghan, C. (1984). Musical profiles of dying patients. Bulletin, Australian Music Therapy Association, 5–11 June.

Ogden, P., Minton, K., & Pain, C. (2006). *Trauma and the body: A sensorimotor approach to psychotherapy*. Norton Series on Interpersonal Neurobiology. New York: W. W. Norton & Co.

Park, J.–S., & Yoo, G.–H. (2012). *Gangnam style [Song recorded by Psy]. Psy6 (6 Rules)*. YG/Universal Republic/School Boy.

Pasiali, V., Quick, D., Hassall, J., & Park, H. (2020). Music therapy programming for persons with eating disorders. *Voices: A World Forum for Music Therapy, 20*(3). Available at: https://doi.org/10.15845/voices.v20i3.2785

Pauker, S. G., & Wong, J. B. (2005). The influence of influence diagrams in medicine. *Decision Analysis, INFORMS, 2*(4), 238–244.

Pelletier, C. (2004). The effect of music on decreasing arousal due to stress: A meta–analysis. *Journal of Music Therapy, 41*(3), 192–214.

Perry, B., Buck, P., Mills, M., & Stipe, M. (1985). Can't get there from here [Song recorded by R.E.M.]. *Fables of the Reconstruction*. IRS Records.

Pinkerton, J. A., & Duggan, R. A. (2020). *Method and system for influencing emotional regulation through assessment, education, and music playlist applications* (USA Patent No. 16/666,378).

Ray, K. D., & Fitzsimmons, S. (2014). Music–assisted bathing: Making shower time easier for people with dementia. *Journal of Gerontological Nursing, 40*(2), 9–13.

Reher, M. (2015). Guided Imagery and Music with children: Exploration of loss from a young age. In D. Grocke & T. Moe (Eds.), *Guided Imagery & Music (GIM) and music imagery methods for individual and group therapy* (pp. 178–188). London: Jessica Kingsley Publishers.

Reik, T. (1953). *The haunting melody: Psychoanalytic experiences in life and music*. New York: Farrar, Straus & Young.

Robb, S. L. (2000). Music–assisted progressive muscle relaxation, music listening, and silence. A comparison of relaxation techniques. *Journal of Music Therapy, 37*(1), 2–21.

Rogers, C. (1951). *Client–centered therapy: Its current practice, implications and theory*. London: Constable.

Rolvsjord, R. (2010). *Resource oriented music therapy*. Gilsum, NH: Barcelona Publishers.

Rose, T. (1994). *Black noise: Rap music and black culture in contemporary america* (Vol. 6). Hanover, NH: Wesleyan University Press.

Rose, T. (2008). *The hip hop wars: What we talk about when we talk about hip hop – and why it matters*. New York: Basic/Civitas Books.

Rudstam, G., Elofsson, U., Søndergaard, H. P., Bonde, L. O., & Beck, B. D. (2017). Trauma–focused group music and imagery with women suffering from PTSD/ complex PTSD. *Approaches, 9*, 202–216.

Ruud, E. (1997). Music and identity. *Nordic Journal of Music Therapy, 6*(1), 3–13.

Ruud, E. (2002). Music as a cultural immunogen: Three narratives on the use of music as a technology of health. In I. M. Hanken, S. G. Nielsen & M. Nerland (Eds.), Research in and for higher music education. *Festschrift for harald jergensen* (pp. 109–120). Oslo: Norwegian Academy of Music.

Saarikallio, S., McFerran, K. S., & Gold, C. (2015). Development and validation of the Healthy–Unhealthy Music Scale (HUMS). *Child and Adolescent Mental Health, 20*(4), 210–217.

Salmon, D. (1989). *Partage: Group–work in palliative care. In the next step forward: Music therapy with the terminally ill, proceedings from a symposium for music therapists working in palliative care* (pp. 47–52). Bronx, NY: Calvary Hospital.

Schwartz, E. K. (2019). *Basic verbal skills for music therapists*. Gilsum, NH: Barcelona Publishers.

Scott, T. (1964). *Music for zen meditation*. Verve.

Scott-Moncrieff, S. (2019). Listening deeply: Using music and imagery in self-care [Conference presentation]. Music and Imagery Association of Australia Conference, Melbourne.

Scott-Moncrieff, S., Beck, B., & Montgomery, E. (2015). North American conference highlights the treatment of trauma utilising Guided Imagery and Music. *Music & Medicine, 7*, 72-75.

Shin, H. (2009). Have you ever seen the Rain? And who'll stop the Rain? The globalizing project of Korean pop (K-pop). *Inter-Asia Cultural Studies, 10*(4), 507-523.

Shoemark, H. (2009). Sweet melodies: Combining the talents and knowledge of music therapy and elite musicianship. *Voices: A World Forum for Music Therapy, 9*(2). Available at: https://voices.no/index.php/voices/article/view/1819/1582

Shoemark, H., Hanson-Abromeit, D., & Stewart, L. (2015). Constructing optimal experience for the hospitalized newborn through neuro-based music therapy. *Frontiers in Human Neuroscience, 9*, 487.

Short, A., & Ahern, N. (2009). Evaluation of a systematic development process: Relaxing music for the emergency department. *Australian Journal of Music Therapy, 20*(1), 3-26.

Siegel, D. J. (1999). *The developing mind: Toward a neurobiology of interpersonal experience*. New York: Guilford Press.

Skänland, M. S. (2011). Use of Mp3-players as a coping resource. *Music and Arts in Action, 3*(2), 15-33.

Small, C. (1998). *Musicking: The meanings of performing and listening*. middletown, CT: Wesleyan University Press.

Smith, M. (2008). The effects of a single music relaxation session on state anxiety levels of adults in a workplace environment. *Australian Journal of Music Therapy, 19*, 45-66.

Spielberger, C. D. (1983). *Manual for the state–trait anxiety inventory*. Palo Alto, CA: Consulting Psychologists Press.

Summer, L. (2009). Client perspectives on the music in GIM [PhD dissertation]. Aalborg University, Denmark. Available at: https://vbn.aau.dk/ws/portalfiles/portal/316409760/6467_lisa_summer_thesis.pdf

Summer, L. (2012). Case examples of levels of Guided Imagery and Music (GIM) therapy: The evolution of a continuum. In K. Bruscia (ed.) *Case examples of guided imagery and music* (pp. 209–214). Gilsum, NH: Barcelona Publishers.

Summer, L. (2015). The journey of Guided Imagery and Music (GIM) training from self–exploration to a continuum of clinical practice. In D. Grocke & T. Moe (Eds.), *Guided Imagery & Music (GIM) and music imagery methods for individual and group therapy* (pp. 339–348). London: Jessica Kingsley Publishers.

Summer, L. (2019). Group music and imagery therapy. In D. Grocke (Ed.) *Guided imagery and music: The bonny method and beyond* (2nd ed.) (pp. 259–266). Gilsum, NH: Barcelona Publishers.

Swift, T., & Martin, M. (2012). We are never ever getting back together [Song recorded by Taylor Swift]. *Red*. Big Machine Records.

Tan, X., Yowler, C., Super, D., & Fratianne, R. (2012). The interplay of preference, familiarity and psychophysical properties in defining relaxing music. *Journal of Music Therapy, 49*(2), 15–179.

Tanhane, A. (2020). How does a critical analysis of the literature inform recommendations for writing about mindfulness in music therapy practice? [Master's thesis]. University of Melbourne, Australia.

Taylor, N., & Dallas, D. (1967). I wish I knew how it would feel to be free [Song recorded by Nina Simone]. *Silk and Soul*. RCA Records.

Thompson, S. (2011). The impact and effect of group music therapy on anxiety, depression, quality of life and coping with women with breast cancer: A mixed methods study [PhD thesis]. Faculty of Music, University of Melbourne, Australia. Available at: http://cat.lib.unimelb.edu.au/record=b4133387

Tomlinson, J., & Habron, J. (2021). How music–for–health practitioners' decision–

making processes inform their practice in paediatric hospitals. *Approaches: An Interdisciplinary Journal of Music Therapy* [online first]. Available at: http://approaches.gr/tomlinson−a20210205

Travis Jr, R. (2015). *The healing power of hip hop*. Westport, CT: Praeger.

van Dort, C., & Grocke, D. (2014). Music, imagery and mindfulness in substance dependency. In L. Rappaport (Ed.) *Mindfulness and the arts therapies* (pp. 117−128). London: Jessica Kingsley Publishers.

Wadge, A., Sheeran, E., & Labrinth (2017). *Save myself. Divide*. Asylum/Atlantic Records.

Wagner, E., Lee, H., & Mason, D. (2016). The effect of a personal playlist on older adults with dementia. *The Advanced Generalist: Social Work Research Journal, 2*(1), 14−27.

Wärja, M. (2015). KMR (Short Music Journeys) with women recovering from gynecological cancer. In D. Grocke & T. Moe (Eds.), *Guided Imagery & Music (GIM) and music imagery methods for individual and group therapy* (pp. 253−266). London: Jessica Kingsley Publishers.

Wärja, M., & Bonde, L. O. (2014). Music as co−therapist: Towards a taxonomy of music in therapeutic music and imagery work. *Music & Medicine, 6*(2), 16−27.

Wheeler, B. L. (1983). A psychotherapeutic classification of music therapy practices: A continuum of procedures. *Music Therapy Perspectives, 1*(2), 8−12.

Wigram, T. (2004). *Improvisation: methods and techniques for music therapy clinicians, Educators and Students*. London: Jessica Kingsley Publishers.

Wooten, M. A. (1992). The effects of heavy metal music on affects shifts of adolescents in an inpatient psychiatric setting. *Music Therapy Perspectives, 10*(2), 93−98.

Yalom, I. (1970). *The theory and practice of group psychotherapy* (3rd ed.). New York: Basic Books.

찾아보기

저자 소개

Katrina Skewes McFerran

Katrina Skewes McFerran 교수는 호주 멜버른 대학교에서 창의 예술치료 학과장 및 창의 예술 및 음악치료 연구소 소장을 맡고 있다. 청소년 대상 음악치료 분야의 세계적인 권위자로, 음악 감상이 음악치료, 심리학, 사회복지, 교육 및 청소년 복지 분야에 미친 영향을 연구해 왔다.

Denise Grocke

Denise Grocke 명예 교수는 40년 동안 음악치료 교육자의 길을 걸어왔다. 세계음악치료협회(WFMT) 회장, 호주음악치료협회(AMTA) 회장, 호주 음악과 심상 협회 회장을 역임하였다. 또한 호주음악치료협회의 평생 공로상과 미국음악치료협회의 공로상을 수상한 바 있다.

역자 소개

문소영(Soyoung Moon)
호주 멜버른 대학교 음악대학에서 음악치료 석사 디플로마(Graduate Diploma in Music Therapy), 동 대학원에서 음악치료 전공으로 석사(M.Mus) 및 박사(Ph.D.) 학위를 취득하였다. Denise Grocke 교수로부터 BMGIM 과정을 사사하였고, 미국 콜로라도 주립대학교에서 Neurologic Music Therapy를 이수하였다. 차의과학대학교 분당차병원 재활의학과에서 음악치료 임상을 수행하였으며, 현재 명지대학교 통합치료대학원 음악치료학과 교수로 재직하며 후학을 양성하고 있다. ㈔전국음악치료사협회 정책연구자문위원장과 한국통합의료교육협회 이사로 활동하며 음악치료사의 권익 향상을 지원하고 있으며, 2026 World Congress of Music Therapy 학술위원회 논문심사위원으로 활동하고 있다.
저서로 『음악의 힘』(다산초당, 2022)과 공저로 『음악치료 기법과 모델』(학지사, 2006)이 있고, 공역으로 『음악치료 수용기법』(1판, 학지사, 2011), 『음악치료핸드북』(시그마프레스, 2016), 『GIM과 MI』(학지사, 2018)가 있다.

박지원(Jiwon Park)
음악학사, 음악치료 석사, 심리재활학 박사로, 현재 성결대학교 기독교교육상담학과의 객원교수 및 한국외국어대학교 미네르바 교양대학의 강사로 재직하고 있다. 병원(요양/폐쇄병동)과 학교, 노인복지센터, 장애인센터 등의 기관에서 다양한 클라이언트와 만나며 폭넓은 임상 경험을 통해 음악치료 전문성을 축적해 왔다. 또한 명지대학교 통합치료대학원에서 다년간 음악치료 강의와 연구, 임상 감독을 수행하며 후학을 양성하고 있다.

윤주리(Juri Yun)

독일 베를린 Institut für Musiktherapie에서 음악치료 석사 학위를, 이화여자대학교에서 음악치료학 박사 학위를 취득하였다. Lisa Summer 교수로부터 Music & Imagery 과정을 사사하였으며, 현재 GIM 레벨 3 수련 과정을 이어 가고 있다. 또한 Diane Austin 교수에게 성악심리치료 과정을 이수하였다. 발달장애 전 연령층과 심리 · 정서적 어려움을 지닌 아동, 청소년, 성인 그리고 웰니스 영역을 대상으로 한 음악치료 임상과 연구를 꾸준히 수행하고 있다. 현재 (사)전국음악치료사협회 회장 및 이사장, 이화여자대학교 음악치료학과 겸임교수로 재직하며, 음악치료의 학문적 · 임상적 지평 확장과 전문 인력 양성에 힘쓰고 있다.

이주영(Juyoung Lee)

호주 멜버른 대학교 음악대학에서 음악치료 석사 디플로마(Graduate Diploma in Music Therapy), 동 대학원에서 음악치료 전공으로 석사(M.Mus) 및 박사(Ph.D.) 학위를 취득하였다. 박사 후에는 멜버른 대학교에서 박사후 연구원과 임상 슈퍼바이저로 연구와 학생 지도를 하였다. 호주 공인 음악치료사로서 약 13년간 멜버른 지역의 아동 호스피스, 비영리 장애인 단체 및 노인복지시설에서 다양한 클라이언트와 임상 경험을 쌓았다. 2019년에 미국 미네소타주 옥스버그 대학교로 이직하여, 음악치료 부교수, 학부와 대학원 학과장으로 재직 중이다.

음악치료 수용기법 (원서 2판)

Receptive Music Therapy (2nd ed.)

2026년 1월 30일 1판 1쇄 인쇄
2026년 2월 5일 1판 1쇄 발행

지은이 • Katrina Skewes McFerran · Denise Grocke
옮긴이 • 문소영 · 박지원 · 윤주리 · 이주영
펴낸이 • 김진환
펴낸곳 • (주) 학지사

04031 서울특별시 마포구 양화로 15길 20 마인드월드빌딩
대표전화 • 02)330-5114 팩스 • 02)324-2345
등록번호 • 제313-2006-000265호

홈페이지 • http://www.hakjisa.co.kr
인스타그램 • https://www.instagram.com/hakjisabook

ISBN 978-89-997-3625-4 93180

정가 22,000원

역자와의 협약으로 인지는 생략합니다.
파본은 구입처에서 교환해 드립니다.